Islamisches Recht in der Moderne. Transformation, Anpassung und Neujustierung

HANDBUCH ZUM ISLAMISCHEN RECHT

BAND V

Serdar Kurnaz

Islamisches Recht in der Moderne. Transformation, Anpassung und Neujustierung

ebv BERLIN

EBVERLAG

Bibliografische Information
der Deutschen Nationalbibliothek

Die Deutsche Nationalbibliothek verzeichnet diese Publikation in der Deutschen Nationalbibliografie; detaillierte bibliografische Daten sind im Internet über http://dnb.d-nb.de abrufbar.

Umschlagmotiv: Derya Kurnaz Eni

Umschlaggestaltung: Rainer Kuhl

Layout: Sina Nikolajew

ISBN: 978-3-86893-414-4

E-Mail: post@ebverlag.de
Internet: www.ebverlag.de

Druck und Bindung: Hubert & Co, Göttingen
Printed in Germany

Inhalt

Abbildungsverzeichnis

Verzeichnis der Textbeispiele

Vorwort

Das Handbuch zum islamischen Recht besteht aus 6 Bänden. Der vorliegende fünfte Band setzt im 19. Jahrhundert an und fasst die moderne Entwicklung im islamischen Recht zusammen. Er hat einen Schwerpunkt auf der Entwicklung in Deutschland, speziell der universitären Auseinandersetzung mit dem islamischen Recht. Diesem Band gehen vier Bände voraus. Band I widmet sich der Entstehung und Entwicklung des islamischen Rechts sowie der Rechtswissenschaften und Rechtsschulen. Band II fasst die theoretische Diskussion um Normkategorien zusammen. Er beinhaltet auch eine Zusammenfassung von ausformulierten Normen aus ausgewählten Bereichen des islamischen Rechts. Band III widmet sich der Frage nach den Quellen des islamischen Rechts und ausgewählten Methoden zur Herleitung von Normen. Band IV geht speziell auf Interpretationsmethoden und damit auf die Frage ein, wie Belege aus den anerkannten Rechtsquellen interpretiert und aus ihnen Normen hergeleitet werden können. Band VI umfasst die wichtigsten Begriffe, ihre Erklärung sowie die Kurzbiographie aller Gelehrten und Wissenschaftler:innen[1], die in den Bänden vorkommen.

Die Reihenfolge der Bände ergibt sich aus meiner Beobachtung zur Entwicklung des islamischen Rechts: Zur Entstehungszeit des islamischen Rechts haben semi-professionelle Richter sowie Rechtsgelehrte

1 Das vorliegende Buch nimmt es sich zum Ziel, eine gendergerechte Sprache zu verwenden. In historischen Bezügen jedoch muss auf das Gendern zumeist verzichtet werden, da der historische Diskurs weit überwiegend männerdominiert war. Gibt es Ausnahmen, wie etwa im Falle von Prophetengefährt:innen, wird auf die gendergerechte Sprache geachtet.

in ihren Unterrichtszirkeln Normen formuliert. Es haben sich unterschiedliche Praktiken entwickelt, aus denen sich Rechtsschulen herausgebildet haben. Rechtstheoretische, -methodische, -dogmatische und -hermeneutische Überlegungen folgten auf bereits etablierte bzw. sich allmählich durchsetzende Korpora von Normen. Größere Umbrüche und die Suche nach Neujustierungsmöglichkeiten sowie neuen Zugängen finden wir ab dem 19. Jahrhundert. Das heißt nicht, dass es vor dem 19. Jahrhundert keine Änderungen gab – der Rahmen, in dem das Handbuch entstanden ist, erlaubt es jedoch nicht, auf alle Entwicklungen einzeln einzugehen, weshalb Band V spät im 19. Jahrhundert ansetzt. Eine differenzierte Betrachtung der verschiedenen Entwicklungsstufen des islamischen Rechts erfolgt in Band I gesondert.

Ziel des Handbuches ist es, Studierenden der Islamischen Theologie, der Islamwissenschaft sowie der Rechtswissenschaft einen Überblick über die islamischen Rechtswissenschaften zu geben und auf zentrale Entwicklungen, Veränderungen und Konzepte des islamischen Rechts sowie auf die Denkweise der muslimischen Rechtsgelehrten aufmerksam zu machen. Das Handbuch adressiert auf dieselbe Weise das interessierte Publikum, das sich mit der muslimischen Rechtstradition auseinandersetzen möchte.

Obwohl alle Bände inhaltlich zusammenhängen, können sie unabhängig voneinander gelesen werden. Sie sind als in sich geschlossene, eigenständige Einführungen in das jeweilige Thema konzipiert. Dennoch gibt es Querverweise innerhalb der Bände, um auf nähere Informationen an anderer Stelle aufmerksam zu machen. Die Bände enthalten Übersetzungen aus Primärquellen, die ich so wörtlich wie möglich vorgenommen habe. Sie sollen das Fremde und Bemerkenswerte des Originals in der Zielsprache Deutsch so verständlich wie möglich wiedergeben und als Diskussions- und Vertiefungsgrundlage des jeweiligen Themas dienen. Sofern die zitierte Quelle des arabischen Originals Vokalzeichen beinhaltete, wurden diese übernommen. Die Vokalisationen in den Textbeispielen sind daher nicht einheitlich. Studierende und Leser:innen ohne Arabischkenntnisse, für die die Auseinandersetzung mit den Primärquellen von sekundärer Wichtigkeit ist, können den Inhalt in jedem Fall auch rein aus der Übersetzung verstehen. Jedes Kapitel endet mit einer Zusammenfassung, die die wichtigsten Punkte des jeweiligen Kapitels zusammenträgt.

Das Handbuch gibt die bekanntesten Theorien und Ansätze zu den islamischen Rechtswissenschaften sowie ihrer Entstehung und Entwicklung wieder. Daher wird nur für solche Informationen im Fußnotenapparat auf Belegstellen verwiesen, für die ein direktes Zitat (inklusive Koran- und Hadithzitate) vorliegt, eine Textstelle übersetzt oder eine bestimmte Deutung wiedergegeben wird, die nur von vereinzelten Personen vertreten wird. Für jeden Band habe ich eine Literaturauswahl getroffen, die als Leitlektüre diente. Das Literaturverzeichnis umfasst daher nicht nur die im Fußnotenapparat vorkommenden Quellen, sondern darüber hinaus auch solche, die ich inhaltlich einbezogen, aber im Fußnotenapparat nicht kenntlich gemacht habe. Ferner umfasst es Literaturempfehlungen und fällt deshalb länger aus als eine reine Auflistung der tatsächlich einbezogenen Quellen. Ich habe alle technischen Begriffe, modernen Konzepte, alle explizit genannten Werke aus den islamischen Rechtswissenschaften und auch die Gelehrten in den folgenden Werken nachgeschlagen und die dortigen Aussagen in paraphrasierter Form angeführt. Da es unzählige Einträge sind, seien hier die Enzyklopädien nur genannt und die konsultierten Einträge nicht gesondert aufgelistet: *Encyclopaedia of Islam*, Second Edition (*EI²*), *Encyclopaedia of Islam – Three* (*EI³*), *Türkiye Diyanet Vakfı İslâm Ansiklopedisi*, *Lexikon für Kirchen- und Religionsrecht*. Für die *EI³* gilt zu beachten, dass einige islamrechtlich relevante Themen nicht mithilfe der Transkription des arabischen Terminus gefunden werden können, sondern mit der englischen Übersetzung, wie etwa *courts of law* und *education*. Die bibliographischen Informationen zu den Enzyklopädien sind im Literaturverzeichnis komplett angeführt; man beachte auch ihre online abrufbaren Versionen. Neben den dortigen Einträgen habe ich mich in diesem Band besonders an einigen Studien orientiert, die ich im jeweiligen Kapitel in Fußnoten angeben werde und im Literaturverzeichnis vollständig aufgelistet habe.

Jeder der Bände des Handbuchs zum islamischen Recht profitierte von kritischen Rückmeldungen von Freund:innen und Kolleg:innen. Einige von ihnen haben einzelne oder alle Bände gegengelesen, manche unterstützten mich bei der Literaturbeschaffung und -auswahl, andere gingen sorgfältig die Konzeption des Handbuchs mit mir durch. Ich habe in diesem Sinne Aydın Süer, Bahattin Akyol, Hatem Elliesie, Hureyre Kam, Irem Kurt, Ufuk Topkara und Usama Abdurahman zu danken. Danken möchte ich auch Sina Nikolajew für das umsichtige Lektorat sowie die geduldige und genaue Publikationsvorbereitung. Derya Kurnaz Eni möchte ich für das schöne Motiv, das sie für das Handbuch entworfen hat, danken. Gedankt sei auch Rainer Kuhl vom EB-Verlag für die Betreuung der Reihe und die Aufnahme in das Publikationsprogramm.

Berlin, im Juli 2023

Einleitung: Rückblick auf das islamische Recht – Was bisher geschah

Berlin, wir schreiben das Jahr 2022: Zwei Studierende der islamischen Theologie bereiten sich auf ihr Referat im Seminar *Islamisches Recht* vor. Ihr Thema ist das Erbrecht. Sie befassen sich mit Aussagen im Koran, in der Sunna und auch mit der Deutung des Erbrechts in den Rechtsschulen. Ihnen fällt auf, dass die Erbverteilung unter bestimmten historischen Umständen entstanden ist. Eine nach der islamrechtlichen Vorstellung vorgenommene Erbverteilung erscheint ihnen ungerecht. Sie bemerken, dass Töchter in bestimmten Konstellationen nur die Hälfte des Erbanteils der Söhne erben und fragen sich, ob diese Regelung so beibehalten werden sollte. Sie schauen sich Gesetze in muslimisch geprägten Ländern an und finden heraus: In einigen Ländern gilt eine Art des islamischen Rechts, in anderen wiederum ist nichts vom islamischen Recht zu finden, wie etwa in der Türkei. Schnell wird ihnen klar, dass dieser Umstand auch für andere Bereiche des islamischen Rechts gilt: Zwar war die Polygamie im traditionellen Recht erlaubt, dennoch gilt sie in einigen muslimisch geprägten Ländern als verboten. Sie fragen sich: Wie kann es sein, dass islamisches Recht in muslimisch geprägten Ländern nicht gilt? Wie werden die Änderungen, die sie feststellen konnten, begründet?

Nach ihrer Präsentation stellen sie den Kommiliton:innen die Frage, ob sich die koranisch begründeten Erbschaftsnormen ändern lassen. Der Kurs ist zwiegespalten: Eine Gruppe Studierender ist der Auffassung, dass, wenn es im Koran konkrete Angaben zu einem Rechtsfall gibt, diese unverändert angewandt werden müssten. Sie seien als göttliches Gebot zu befolgen. Andere wiederum wissen aus ihrem Studium zur Koranexegese und -hermeneutik, dass koranische

Anordnungen in je spezifischen Kontexten entstanden sind. Auf diese historischen Umstände reagiere der Koran und lege also keine endgültigen, für alle Zeiten bestimmten Lösungen fest. Dementsprechend können und sollen koranische Passagen neu gedeutet werden. Wie aber soll diese Neudeutung geschehen? Schnell fällt der Begriff *maqāṣid aš-šarīʿa*: Es gebe übergeordnete Ziele der Scharia, die dazu verhelfen sollen, Neudeutungen vorzunehmen. Man könne sie aus dem Koran herleiten, weshalb Neudeutungen durch ihre Berücksichtigung möglich seien. Was geschieht aber, wenn Muslim:innen in Staaten leben, die keine Gesetze mit islamrechtlichem Inhalt haben? Ist das islamische Erbrecht oder seine unterschiedlichen Formen in den Rechtsschulen in Deutschland überhaupt anwendbar? Wieso sollten Muslim:innen sich überhaupt noch an diesen Vorstellungen orientieren? Die zeitgenössischen Umstände unterscheiden sich doch – so die Wahrnehmung – von denen bis in das 19. Jahrhundert hinein, jedoch habe sich das islamische Recht bis dahin kaum verändert? Tatsächlich kennen die Studierenden das weit verbreitete Narrativ, dass das islamische Recht sich nach dem 10. Jahrhundert nicht mehr weiterentwickelt habe und stagnierte: Wieso also sollten sich Muslim:innen überhaupt an einem rigiden Rechtsverständnis orientieren?

Das oben angeführte Beispiel ist fiktiv, jedoch gibt es Diskussionen wieder, die sich aktuell zutragen. Zum Beispiel: Die Vorstellung, dass das islamische Recht über Jahrhunderte hinweg stagniert habe, beeinflusst sowohl unsere Sicht auf die Geschichte des islamischen Rechts als auch die Anforderungen und Fragen, die an das islamische Recht seit dem 19. Jahrhundert gestellt worden sind. Daher lohnt sich ein kurzer Blick auf Theorien zur Entstehung und Entwicklung des islamischen Rechts, von denen die zeitgenössischen Fragen, die im obigen Beispiel vorkamen, nicht unabhängig gedacht werden können.

Das islamische Recht durchlief mit seiner Entstehung verschiedene Entwicklungsphasen.[2] Diese Phasen haben Forscher:innen des islamischen Rechts nach verschiedenen Gesichtspunkten eingeordnet.

2 Im Folgenden orientiere ich mich im Wesentlich an den Ausführungen von Arslan, »Periodisierung«.

Sie nehmen also unterschiedliche Periodisierungen vor. Die bekannteste unter ihnen, die sowohl von muslimischen als auch nichtmuslimischen Forscher:innen lange Zeit vertreten wurde, geht von einer relativ kurzen dynamischen Entstehungszeit des islamischen Rechts aus. Dem schließt sich eine lange Niedergangs- und Stagnationsphase an, in der sich das islamische Recht nicht weiterentwickelt habe. Diese Stagnation habe dazu geführt, dass ab dem 19. Jahrhundert neue Wege gesucht werden mussten, um das islamische Recht zu reformieren.

Mit unterschiedlichen Nuancen vertraten Forscher:innen wie Joseph Schacht (gest. 1969) diese These. Demnach entstand das islamische Recht zwischen 700 und 850, wonach es sich in der ›klassischen Phase‹ zwischen 850 und 945 weiterentwickelte und schließlich von 945 bis 1900 stagnierte – die sogenannte ›Phase der Nachahmung‹ (*taqlīd*). Nach dieser Vorstellung beginnt das islamische Recht nicht mit der Offenbarung des Korans, sondern erst innerhalb der Auseinandersetzung von Gelehrtenkreisen, die jeweils einen unterschiedlichen Zugang zum Recht haben: So standen die Rationalisten (*ahl ar-ra'y*) den Traditionalisten (*ahl al-ḥadīṯ*) gegenüber. Die Rechtsmeinungen und -methoden, die in diesem Disput entstanden, entwickelten sich zu Rechtsschulen. Ihre Entstehung habe dazu geführt, dass sich die wesentlichen Inhalte des islamischen Rechts etablierten. Hiernach habe es bis in die Moderne hinein keine wesentliche Änderung mehr gegeben. Man sei den Vorgaben der Rechtsschulen (*maḏāhib*, Sg. *maḏhab*) gefolgt und habe nur noch *taqlīd* betrieben. Der Idschtihad (*iǧtihād*), also die freie Rechtsfindung, sei eingefroren, das ›Tor des Idschtihad‹ geschlossen (sogenannter *sadd bāb al-iǧtihād*).

Diesem Narrativ des Niedergangs folgten viele muslimische Wissenschaftler:innen und Gelehrte. Es gibt aber einen wesentlichen Unterschied zur Periodisierung von Schacht: Muslimische Autor:innen lassen die Entstehung des islamischen Rechts mit den Lebzeiten des Propheten beginnen. Ferner wird die Stagnationsphase des islamischen Rechts etwas später angesetzt: Als Datum führen sie das bekannte Narrativ des Mongolensturms auf Bagdad im Jahre 1258 und damit die Zerstörung Bagdads an. Ab diesem Zeitpunkt, als mit der Zerstörung der Bibliotheken die Vernichtung eines großen Bestandes an Werken einherging, habe das islamische Recht stagniert. Damit wird die dynamische Entstehungsphase weit ausgedehnt und reicht von den Lebzeiten des Propheten bis ins 7./13. Jahrhundert. Diese Entstehungsphasen teilen sie wie folgt auf: 1) Das Wirken des Propheten, 2) das Wirken der Prophetengefährten (*ṣaḥāba*) und der rechtgeleiteten Kalifen (*al-ḫulafāʾ ar-rāšidūn*), 3) das Wirken der Nachfolgergeneration (*tābiʿūn*) und 4. die Phase der Entstehung der Rechtssystematik und Rechtsschulen. Die Konsolidierung und Etablierung der Rechtsschulen erstreckten sich laut diesen Wissenschaftler:innen und Gelehrten von 945 bis 1258. Diese Phase benennen manche von ihnen auch nach den muslimischen Dynastien, die an der Macht waren, wie etwa die der Umayyaden, Abbasiden und Seldschuken.

Auch die von vielen muslimischen Autor:innen nachskizzierte Geschichte des islamischen Rechts besagt, dass das islamische Recht nach 1258 bis zur Moderne keine signifikante Änderung mehr durchlaufen habe. Das dominierende Paradigma sei die Nachahmung (*taqlīd*) gewesen. Die muslimischen Gelehrten hätten ab diesem Zeitpunkt nur noch Auswahlentscheidungen unter bereits etablierten, konkurrierenden Meinungen getroffen und nicht selbstständig Recht gesprochen.

Der Grund, weshalb viele dieser Art der Periodisierung folgen, die eine lange Stagnationsphase voraussetzt, liegt womöglich darin, dass zahlreiche Wissenschaftler:innen die Entwicklung des islamischen Rechts aus dem Verstehenshorizont der Moderne heraus lesen. Wir werden im weiteren Verlauf noch sehen, welche Entwicklungen des 19. und 20. Jahrhunderts das islamische Recht und die es bestimmenden Diskussionen beeinflusst haben. Hier seien nur einige hervorgehoben: Insbesondere solche muslimischen Gelehrten, die Lösungen für die diagnostizierte Krise vorschlagen wollten, in der sich die muslimische Tradition in der Moderne befand, blickten auf die islamische Tradition aus dem Blickwinkel der Stagnation. Die Denkweise ist folglich: Da das islamische Recht lange Zeit stagnierte, bedarf es neuerer Ansätze, um es wiederzubeleben. Möglicherweise beeinflusst von der Idee, dass das Ideal die ständige Weiterentwicklung ist, gehen diese Gelehrten davon aus, dass jegliche Standardisierung zur Stagnation führt und eine Entwicklung unterbindet. Umso besser lassen sich Reformansätze begründen, wenn der Geschichte des islamischen Rechts eine Stagnation attestiert werden kann.

Diese Herangehensweise führt zu diversen Problemen, von denen vor allem die Länge der vermeintlichen Stagnationsphase hervorsticht: Vom 13. bis zum 19. Jahrhundert soll es keine signifikanten Entwicklungen im islamischen Recht gegeben haben. Geprägt ist diese Auffassung von der Vorstellung, dass Kommentarwerke, die ab dem 13. Jahrhundert verstärkt entstanden, im Grunde genommen nur das wiedergeben, was bereits als etabliertes Recht in Standardwerken aus früheren Jahrhunderten vorlag. Zwar können wir für die Zeit zwischen dem 13. und 19. Jahrhundert tatsächlich die Entstehung vieler Kommentarwerke feststellen. Diese sind aber bei näherer Betrachtung keine reine Wiedergabe der Originalvorlagen, sondern stellen eine Fortschreibung der Tradition unter spezifischen Gesichtspunkten dar. Erkennt man die Eigenheit der vermeintlichen Stagnationsphase an, so lässt dies eine andere Periodisierung des islamischen Rechts zu. Diesem Verständnis folgende Einteilungen lassen die Entwicklung des islamischen Rechts mit dem Wirken des Propheten beginnen und geben darüber hinaus zu erkennen, dass das islamische Recht im Austausch mit anderen religiösen Kulturen und mit Rücksicht auf das altarabische Recht entstanden ist. Petra Bleisch Bouzar (geb. 1972) etwa unterteilt die Entwicklung ab dem 10. bis zum 19. Jahrhundert in verschiedene Phasen, wobei die gemeinsame Klammer die »Tradierung und Weiterentwicklung des islamischen Rechts« ist:

1) 10. bis 15. Jahrhundert: »Institutionalisierung und Rationalisierung unter regionalen Dynastien«,
2) 16. bis 19. Jahrhundert: »Bürokratisierung und Kodifizierung im Osmanischen Reich.«

Das 19. und 20. Jahrhundert sieht sie als eine Phase, in der »[d]as islamische Recht in den kolonisierten Ländern und den nachfolgenden Nationalstaaten« seinen Platz sucht. Sie unterteilt diese Phase wieder in zwei Abschnitte:

a) »Reformen in der kolonialen Situation«,
b) »Institutionalisierung in Nationalstaaten«.[3]

Rüdiger Lohlker (geb. 1959) differenziert die Phasen noch stärker. Die Zeit ab der zweiten Hälfte des 9. Jahrhunderts bis zum 12. Jahrhundert sei die »formative Phase der Rechtsschulen« und bestimmt durch die »Etablierung von Madrasas (Schulen höherer religiöser Ausbildung) als Ausbildungsinstitutionen«. Das 12. bis 16. Jahrhundert zeichne sich durch »Revisionen der Lehren und Stabilisierung der Rechtsschulen als Institution« aus. Das 17. bis 19. Jahrhundert ist nach Lohlker die Epoche, in der pietistische Reformbewegungen entstehen, »die u. a. die Aufspaltung in Rechtsschulen und deren Praxis kritisierten«. Darüber hinaus werde der Idschtihad neu betont, *taqlīd* als Feindbild gesehen und »Werke zur Unterstützung der vorherigen Revisionen der Lehren der Rechtsschulen« geschrieben. Ab dem 19. Jahrhundert durchdringe der Kolonialismus die islamische Welt; zeitgleich werde Recht nach europäischen Vorbild eingeführt. Das islamische Recht sei erstmals kodifiziert worden, so etwa im Osmanischen Reich, ausgeführt am Beispiel der *Mecelle*. Hybride Rechtssysteme wie das in Südasien herausgebildete *Anglo-Muhammadan Law* »oder [die] *Mixed Courts* in Ägypten« seien weitere Merkmale dieser Phase. Parallel dazu seien modernistische Reformbewegungen entstanden, die den Idschtihad betonen. Das 20. und 21. Jahrhundert sei dagegen die Zeit, in der staatliches Nationalrecht eingeführt und das islamische Recht zurückgedrängt werde. Die Zurückdrängung reduziere vielfach das islamische Recht auf den Bereich des Personenstandsrechts, wie Lohlker anführt. Daneben entstünden Bewegungen, die fordern, das Rechtssystem zu islamisieren bzw. die Scharia anzuwenden. Als Letztes führt Lohlker an, dass sich Frömmigkeitsbewegungen ausbereiteten, »die sich an einer *halal/haram*-Dichotomie orientieren«.[4] Damit transformierte sich die islamrechtliche Tradition im 19. und 20. Jahrhundert wesentlich.

3 Bleisch Bouzar, »Islamisches Recht«, 265.

4 Lohlker, *Islamisches Recht*, 13 f.

Wir können diesen alternativen Periodisierungen entnehmen, dass das islamische Recht auch spezifische Entwicklungen in dieser Phase durchlaufen hat, die gemeinhin als ›Stagnationsphase‹ eingeordnet wird. Sie zeichnet sich, wie Hakkı Arslan (geb. 1983) zusammenfasst, durch die folgenden Punkte aus:

- Rationalisierung des wissenschaftlichen Diskurses,
- Formalisierung des Unterrichtswesens (*madrasa*-Wesen),
- Professionalisierung von Rechtsinstitutionen (*fatwā* [›Rechtsgutachten‹, Anm. S. K.] und *qaḍā'* [›richterliches Urteil‹, Anm. S. K.]),
- Entstehung verschiedener Literaturformen: Epitome (Sg. *muḫtaṣar*), Kommentare (Sg. *šarḥ*), Superkommentare (Sg. *ḥāšiya*), Glossen (Sg. *taʿlīq*), Traktate (Sg. *risāla*) etc. als dynamische Wege zur Fortschreibung der Tradition und
- Ausdifferenzierung in Subdisziplinen: *qawāʿid* [›Rechtsprinzipien‹, Anm. S. K.], *furūq*,[5] *fatwā, qaḍā'* etc.[6]

Arslans Analyse zeigt, dass sich das islamische Recht – zwar nicht in derselben Dynamik wie in seiner Entstehungszeit, aber dennoch fortwährend – weiterentwickelt hat. Vor allem aber steht eines fest: Alle Periodisierungen zeigen, dass mit der Moderne im islamischen Recht einschneidende Entwicklungen stattfanden, die bis heute nachwirken. Diese Entwicklung ist nicht nur vor der Kontrastfolie des stagnierenden islamischen Rechts zu sehen, sollte man sein Stagnieren nicht voraussetzen. Seine Veränderungen in der Moderne scheinen auch durch, wenn man sie differenziert betrachtet. Von den hier vorgestellten Modellen bringt dies Lohlker am deutlichsten zur Sprache: Ab dem 17. und 18. Jahrhundert werden pietistische Reformbewegungen laut, die zum Idschtihad aufrufen und den *taqlīd* verteufeln, zeitgleich verlieren muslimische Länder an politischer und wirtschaftlicher Stabilität und werden von der Kolonialisierung erfasst. Unter

5 *Furūq*-Werke beziehen sich auf Fälle, die ähnlich zu sein scheinen, aber mit Rücksicht auf Rechtsprinzipien anders bewertet werden müssen.

6 Arslan, »Periodisierung«, 301.

dem Eindruck dieser Transformationen stehend, wird das islamische Recht reformiert, nach europäischem Vorbild ersetzt bzw. innerhalb dessen verortet. Damit wird es in einen engen Rechtsbereich verbannt, wie etwa das Personenstands-, Familien- und Erbrecht, ja in vielen Fällen gar nur noch für das religiöse Leben der Menschen relevant.

Dieser äußerst knappe Abriss der Entwicklungen zeigt jedenfalls, dass das islamische Recht ab dem 19. Jahrhundert eine historische Veränderung erfuhr, die in seiner bisherigen Geschichte beispiellos ist. Konnte noch in den früheren Jahrhunderten das islamische Rechtssystem weitgehend ungestört ausdifferenziert und innerhalb eines etablierten Rahmens fortgeschrieben werden, stand es nun in Konkurrenz mit anderen geltenden Rechtssystemen. Dies hat Reformbewegungen provoziert, seien es progressive, traditionalistische, pietistische oder liberale. Betroffen von diesen Entwicklungen waren auch das Bildungssystem und die Ausbildung von Juristen: Waren sie in der Vormoderne noch nach dem traditionellen Medresensystem unterrichtet worden, wurden sie nun für das größtenteils nicht religiöse Rechtssystem an Universitäten nach europäischem Vorbild ausgebildet. Ihre Unterweisung im religiös begründeten islamischen Recht wurde stark reduziert, neu strukturiert oder komplett ausgeschlossen. Hatten sich Richter (Kadis) früher mit Religionsgelehrten (Muftis) beraten, um Gerichtsentscheidungen zu fällen, fiel diese Funktion der Muftis nun weg. Damit verloren die Muftis auch die Funktion, das Recht mitzugestalten. Ihr Tätigkeitsbereich reduzierte sich darauf, Fatwas (Rechtsgutachten im Sinne von Antworten auf private, religiöse Angelegenheiten) zu erstellen.

Mit dieser Verengung des islamischen Rechts ging auch die Entwicklung einher, dass Muslim:innen weltweit verstärkt das Bedürfnis nach Fatwas hatten, um in dem neuen, eher nicht religiös begründeten Recht nach der religionsrechtlichen Legitimität ihrer Handlungen zu fragen. Daneben erstarkten Bewegungen, die ihre Frömmigkeit als innerhalb der *ḥalāl/ḥarām*-Dichotomie verortet verstanden. Diese Entwicklung wurde noch dadurch verstärkt, dass Muslim:innen im 20. Jahrhundert nach Europa und weitere mehrheitlich nichtmuslimisch geprägte Orte auswanderten. Mit ihrer neuen Lebenswirklichkeit konfrontierten sie über ihre Fragen die Gelehrten, die Fatwas erließen und diese neue Situation zu bewerten hatten. Es entstand eine reiche Literatur zu Fragen religiös legitimierter Alltagspraxis, wie sie in der Tradition in dieser Form nicht zu finden war. Dabei entwickelte sich mit der Zeit ein Rechtsverständnis, dass in den 1990er Jahren als ›islamisches Minderheitenrecht‹ (*fiqh al-aqallīyāt*) systematisiert und bezeichnet werden sollte. Es wurden in diesem Rahmen nicht nur religionspraktische Fragen nach altem Muster gestellt und bearbeitet, sondern auch Glaubensfragen und ethische Prinzipien besprochen.

Wie Gudrun Krämer (geb. 1953) betont, entstand in der jüngsten Vergangenheit eine neue Art der Religiosität. Sahen Muslim:innen bisher die gottesdienstlichen Handlungen (*ʿibādāt*) möglicherweise als Kernelement ihrer Religiosität, wurde der Akzent auf Glaubensüberzeugungen, ethische Prinzipien und allgemeine Regeln des Verhaltens verlagert.[7] Gottesdienstliche Handlungen waren zwar immer noch prägend und identitätsstiftend, aber der Fokus scheint auf die zuvor genannten Punkte verschoben worden zu sein, einhergehend mit einer tiefverwurzelten Identitätskrise der Muslim:innen in der Moderne.

Diese Krise begünstigte, dass islamistische Bewegungen entstanden, die nach *dem Islamischen* in allen Konzepten, Haltungen und Handlungen fragen. Sie gehen davon aus, dass dieses ›Islamische‹ sich in Allem zeige und es ermögliche, ein kohärentes System um diese islamische Essenz aufzubauen und ein Set von Normen festzulegen, an denen man sich zu orientieren habe. Es soll das Leben des Individuums und der Gesellschaft formen, ist nach dieser Auffassung göttlich legitimiert und direkt aus Koran und Sunna ableitbar. Alles, was dem widerspricht, wird daher ausgeschlossen und kann keine Normativität beanspruchen.[8]

Aus dieser bisher in aller Kürze beschriebenen Entwicklung des islamischen Rechts ergibt sich die Struktur des vorliegenden Handbuches, die u. a. auf allgemeine Fragen zum islamischen Recht in der Moderne antworten soll, wie sie eingangs am Beispiel der Diskussion der Studierenden angesprochen wurden: Kapitel 1 blickt auf die Umbrüche im islamischen Recht aus der Vogelperspektive, d. h., dass dieses

7 Krämer, »Justice in Modern Islamic Thought«, 20.

8 Krämer, »Justice in Modern Islamic Thought«, 21 f.

Kapitel die allgemeine Entwicklung des islamischen Rechts vom 19. Jahrhundert bis heute betrachtet, ohne dabei die Entwicklungen detailliert aufzuarbeiten. Wie in den vorherigen Periodisierungsmodellen zu sehen war, stehen für die moderne Entwicklung des islamischen Rechts die Kolonialisierung, die Kodifikation des islamischen Rechts sowie seine Einbindung in bzw. sein Ausschluss aus staatliche(n) Strukturen im Vordergrund. Reformbewegungen, die zu dieser Zeit entstanden sind, sollen ebenfalls kurz vorgestellt werden. Beendet werden soll Kapitel 1 mit einem Beispiel aus der veränderten Rechtspraxis.

Kapitel 2 behält die Vogelperspektive auf das islamische Recht bei. Es geht aber auf neue methodische Zugänge im islamischen Recht ein, die sich bis heute auf die islamrechtlichen Diskussionen auswirken. Neue Zugänge, seien es die Neudeutung bestehender Konzepte oder Entwürfe neuer Konzepte, sind Gegenstand dieses Kapitels. Dazu gehören die gesonderte Betrachtung des Idschtihad, der übergeordneten Ziele der Scharia (*maqāṣid aš-šarīʿa*) und der Rechtsprinzipien (*qawāʿid*) sowie die historisch-kritische Koranexegese, die Diskussion um die Normativität der Sunna und die aktuelle Frage nach der Deutung des islamischen Rechts als Ethik.

Kapitel 3 widmet sich der Frage nach Neukonzeptionen und der Institutionalisierung des islamischen Rechts mit besonderem Fokus auf die Entwicklungen in Europa im Allgemeinen und in Deutschland im Besonderen. Das vorliegende Handbuch bezweckt nicht, die Institutionalisierung des islamischen Rechts global zu betrachten. Im Vordergrund stehen Konzepte wie das islamische Minderheitenrecht und der Euro-Islam, universitäre sowie akademische Einrichtungen und das Fatwawesen. Ein Unterkapitel widmet sich zudem der Anwendung des islamischen Rechts in Deutschland.

Kapitel 4 rundet Kapitel 3 ab. Es geht auf die Auswirkungen der Veränderungen im islamischen Recht auf Lehre und Forschung ein: die Art und Weise, wie islamisches Recht gelehrt und islamrechtliche Studien und Forschung betrieben wurde, wandelte sich ebenfalls.

Das Handbuch endet mit einem Schlusswort. Dieses fasst die wichtigen Entwicklungen zusammen und reflektiert über theologische Islamrechtsforschung in Deutschland.

Kapitel 1: Islamisches Recht in Zeiten des Umbruchs

In der Einführung haben wir sehen können, dass das islamische Recht ab dem 19. Jahrhundert Entwicklungen und Herausforderungen erfährt, denen es zuvor nicht ausgesetzt sah. Dazu gehören der Verlust von wirtschaftlicher sowie politischer Macht, die Entstehung von konkurrierenden Rechtssystemen innerhalb muslimischer Länder sowie Reformbewegungen, die der muslimischen Tradition einen Zerfall attestieren und dagegen den Wunsch nach Wiederbelebung und Neudeutung religiösen Wissens setzen. Ferner wird das islamische Recht in dieser Zeit kodifiziert, also vereinheitlicht und in Teilen zu staatlichem Recht weiterentwickelt.

Gänzlich unbekannt sind solche Phasen der Transformation nicht, sie hatten aber bisher nicht dieselbe Tragweite wie in der Moderne. Es gab bereits in der Geschichte Bestrebungen, das islamische Recht bzw. islamrechtliches Wissen zu vereinheitlichen. So haben etwa osmanische Gelehrte Werke für Nichtexpert:innen geschrieben, die Glaubensgrundlagen sowie islamrechtliches Wissen für die Einordnung alltäglicher Handlungen beinhalten. Diese Werke bilden das Genre des *ʿilm al-ḥāl* (türk. *ilm-i hâl*). Auch gab es unter den Osmanen – und nicht nur dort – Institutionalisierungsbestrebungen: Muftis, also Rechtsgelehrte, die Rechtsgutachten (Fatwas) erteilten, wurden von Beamten bzw. einem Obermufti, dem Šayḫ al-Islām, ernannt. Wichtige offizielle Mufti-Ämter waren etwa in Istanbul, Edirne, Bursa und Konya zu finden, so auch die Richterämter. Ab dem 15. Jahrhundert, mit und nach der Herrschaft von Murad II. (reg. 1421–1451), nahm diese Institutionalisierung durch die systematische Einführung und Weiterentwicklung der Medresen zu; es entwickelte sich allmählich eine Gelehrtenklasse, die *ʿilmīye* – neben dem Militär (*sayfīye*) und den Bürokraten (*qalamīye*). Zuvor besuchten die Gelehrten eher Zentren wie Kairo, Damaskus und Samarqand, um eine Ausbildung an Medresen zu genießen – das ist womöglich der Grund für den starken Einfluss kairinischer und samarkandischer Gelehrter auf die osmanische Gelehrsamkeit. Eingesetzt wurden Absolventen der Medresen, also die *ʿilmīye*, als religiöses Personal sowie als Richter und Lehrer an Hochschulen. Damit wurde auch der Abschluss strenger kontrolliert.

Bleiben wir im osmanischen Kontext: Dekrete der Sultane wurden als geltendes Recht in Gerichten angewandt; ihre Sammlung wird als *qānūnnāme* bzw. *yasaqnāme* bezeichnet. Beispiele sind dafür die Dekrete von (Fatih Sultan) Mehmed II. (reg. 1451–1481), Süleyman I. (Qānūnī, reg. 1520–1566) und Selim II. (reg. 1566–1574). Sie beziehen sich eher auf die Bereiche des Rechts, die das islamische Recht (*fiqh*) offenlässt, u. a. Verwaltungs- und Strafrechtliches. Dies ging mit dem Wunsch einher, das Gewohnheitsrecht (*ʿurf* oder *ʿāda*) zu kontrollieren und für Rechtssicherheit zu sorgen. Bekannt sind solche Erscheinungen auch andernorts unter dem Begriff *as-siyāsa aš-šarʿīya*.

Die bis hier beschriebenen Entwicklungen haben das islamische Recht weder in seiner Anwendung gefährdet noch die Ausbildung an Medresen wesentlich verändert, die religiös konnotiert war und nach Jahrhunderte altem Muster fortgeführt wurde. Solche Veränderungen setzten Ende des 18. und im weiteren Verlauf des 19. und 20. Jahrhunderts an. Nähere Betrachtung verdienen die Veränderung des Kontextes in dieser Epoche mit Rücksicht auf den Machtverlust muslimischer Obrigkeiten sowie die Kolonialisierung muslimischer Herrschaftsgebiete. Begleitet wurden diese Entwicklungen mit unterschiedlichen islamischen Reformansätzen, die zwar auch eine Reaktion auf die europäische Vormacht waren, aber grundsätzlich innerislamische Tendenzen aufweisen und damit nicht nur als reine Reaktion auf Europa zu verstehen sind. Gesondert betrachten müssen wir auch institutionelle Veränderungen, die daraus folgten. Im Anschluss werden wir Beispiele veränderter Rechtspraxis in der Moderne kennenlernen. Beginnen wir mit dem historischen Kontext vom 18. bis 20. Jahrhundert.[9]

9 Die nächsten Unterkapitel orientieren sich, sofern nicht anders angegeben, an Krämer, *Geschichte des Islam*, 263–302; Rohe, *Das islamische Recht. Geschichte und Gegenwart*, 167–206; Hallaq, *Sharīʿa*, 357–442.

1.1 Kontextualisierung 1: Machtverlust in und Kolonialisierung von muslimischen Ländern

Die Kolonialisierungsbestrebungen europäischer Mächte erreichten die muslimischen Länder relativ spät. Es gab zuvor im 16. Jahrhundert z. B. in Nordafrika Bestrebungen, die muslimischen Länder zu erobern, konnten die Muslim:innen doch zu dieser Zeit durch die Reconquista bereits aus Spanien vertrieben werden. Eine Eroberung und Etablierung der Herrschaft darüber hinaus blieb jedoch aus; die Europäer waren letzten Endes, trotz einiger Erfolge, militärisch zu schwach, als dass sie muslimische Länder hätten erobern können. Dies änderte sich mit dem Ende des 18. Jahrhunderts. Napoleon Bonaparte (gest. 1821) eroberte im Jahre 1798 Ägypten. Mit diesem Datum setzte in vielen muslimischen Ländern eine Eroberungs- und Kolonialisierungswelle ein. Im 19. Jahrhundert intensivierten sich die Eroberungs- und Kolonialisierungsbestrebungen. Man kann hierbei zwei maßgebliche Arten europäischer Kolonialpolitik erkennen: Entweder wurden Gebiete erobert und direkt beherrscht (*direct rule* in französischen Kolonialgebieten), oder es wurden durch Abkommen und Verträge unabhängige Länder indirekt unter die eigene Herrschaft gebracht (*indirect rule,* wie etwa im British Empire). Dabei galt der Eroberung und Kolonisierung muslimischer Länder gar kein besonderes Interesse; sie waren nur ein Teil größerer Kolonialisierungspläne partikularer europäischer Mächte. Die muslimischen Territorien waren für diesen Zweck gut geeignet; ihr wirtschaftliche und militärische Schwäche erleichterte die Bestrebungen der Kolonialisierung. Das British Empire konnte sich mittels militärischer Gewalt, durch Handelsabkommen mit unterschiedlichen lokalen, regionalen und/oder überregionalen Regenten oder einer Kombination von beidem durchsetzen. Hierdurch nahm man Einfluss auf das wirtschaftliche Leben (Kredit- und Finanzwesen) sowie auf den Ausbau der örtlichen Infrastrukturen. In Indien konnte es sich Mitte des 19. Jahrhunderts durchsetzen; Königin Victoria (gest. 1901) wurde sogar 1877 zur Königin von Indien. Zur selben Zeit fassten die Niederländer in Indonesien Fuß. In beiden Fällen ging es darum, Handelsmonopole aufzubauen und sich durch das Eintreiben von Abgaben und Steuern zu bereichern. Die Besiedlung der Territorien war allenfalls ein sekundäres Ziel. Anders in Algerien, Tunesien und Libyen: Die französischen Bestrebungen waren dort deutlicher auf Neubesiedlung gerichtet. Militärische Gewalt wurde daher auch eher als Mittel zum Zweck eingesetzt. Frankreich beherrschte Nordafrika schließlich nahezu vollständig. So gelang es auch, Marokko unter Kontrolle zu bekommen, wohingegen Ägypten unter britische Herrschaft fiel.

Auf all diese Entwicklungen haben muslimische Gelehrte reagiert. Zum einen bewirkten diese Eroberungs- und Kolonialisierungswellen bei ihnen, dass sie sich die Frage stellten, wie genau man nun das ›Haus des Islam‹ (*dār al-islām*) und das ›Haus des Unglaubens‹ (*dār al-kufr*) bzw. ›des Krieges‹ (*al-ḥarb*) definieren sollte. Daneben gab es Autoren wie etwa Muḥammad Saʿīd al-ʿAšmāwī (gest. 2013), die diese Dichotomie vollständig ablehnten.[10] Dabei bezeichnet ›Haus des Islams‹ ein Gebiet, in dem Muslim:innen entweder in der Mehrheit sind bzw. das islamische Recht angewandt wird, oder zumindest, dass Muslim:innen ihren religiösen Verpflichtungen nachkommen können – die Interpretationen variieren. Das ›Haus des Unglaubens‹ dagegen markiert das Territorium, das nicht unter muslimischer Herrschaft steht bzw. wo Muslim:innen ihren religiösen Verpflichtungen nicht frei nachkommen können.[11] Mit dieser Frage war auch verbunden, ob Muslim:innen ihre Heimat verlassen und auswandern mussten oder ob sie vor Ort bleiben durften. Die Heimat zu verlassen sollte ermöglichen, unter muslimischer Herrschaft zu leben bzw. das Leben nach islamischen Grundsätzen gestalten zu können, wogegen die Migration als Ausweichbewegung auch dazu führte, dass die muslimische Präsenz an einem Ort nicht mehr gegeben war. Das wollten viele Gelehrte verhindern. Am Erhalt des *status quo* hatten auch die Kolonialherren ein reges Interesse: Der Auszug der Muslim:innen bedeutete nämlich in der Konsequenz, dass ihr Einfluss auf Wirtschaft und Handel bzw. die

10 Siehe hierzu Hallaq, *Islamic Legal Theories*, 236.

11 Für diese Interpretationen und die Entwicklung des Begriffs siehe Albrecht, *Dār al-Islām Revisited*.

Eintreibung von Abgaben und Steuern etc. ausfallen würde. Nicht selten haben daher die Kolonialherren einflussreiche Gelehrte um Fatwas gebeten, die den kolonial besetzen Ort als ›Haus des Islam‹ qualifizierten.

Als eine weitere Resonanz auf den Kolonialismus entsprang die Idee des Panislamismus (arab. *ittiḥād al-islām*), also die Vorstellung, Muslim:innen mit Bezug auf eine gemeinsame Geschichte, Kultur und Religion zu vereinen. Eine solche Einheit sollte Muslim:innen ermöglichen, ein gemeinsames islamisches Staatswesen bzw. ein Kalifat zu gründen, das allen Gläubigen eine Heimat bietet und sie vereint. Der Panislamismus ist zwar durchaus als eine Gegenreaktion auf die britischen und französischen Unternehmungen zu verstehen, wurde aber auch vom osmanischen Sultan Abdülhamid II. (reg. 1876–1909), der gute Beziehungen zu den Briten und Franzosen pflegte, als Chance wahrgenommen, wieder an Macht zu gelangen. Er versuchte durch diverse sozio-politische Netzwerke, diese Idee unter muslimischen Akteur:innen zu verbreiten. Abdülhamid II. wurde hierdurch zu einer der bedeutenden Figuren, die das Konzept des Panislamismus vorantrieben. Wichtige Akteure neben ihm waren Ǧamāl ad-Dīn al-Afġānī (gest. 1897), der durch Reiseaktivitäten ebenfalls maßgeblich dazu beitrug, dass der Panislamismus zunehmend eine Verbreitung erfuhr. Er gründete ein Netzwerk von Gelehrten unter dem Titel *al-ʿUrwat al-wuṯqā*[12]. Unter demselben Namen gab al-Afġānī auch eine Zeitschrift heraus. Dieses Netzwerk, das nur aus ausgewählten Gelehrten und Akteuren bestand, verfolgte den Panislamismus weiter und prägte diesen Begriff. Eine zentrale Rolle nahm dabei in der Folge der ägyptische Gelehrte und Reformer Muḥammad ʿAbduh (gest. 1905) ein. Er hatte zwar eine Medrese-Ausbildung genossen, aber durch seine

12 *Al-ʿUrwat al-wuṯqā* ist eine koranische Wendung, die ›das stärkste Band‹ bedeutet. Es heißt zum Beispiel in Q 2:256: »Kein Zwang ist in der Religion. Der rechte Weg ist klar geworden gegenüber dem Trug. Wer nicht an die Götzen glaubt, sondern an Gott, der hat das stärkste Band [*al-ʿurwat al-wuṯqā*, S. K.] ergriffen, das nicht reißt. Gott ist hörend, wissend.«

Aufenthalte in Beirut und Paris kam er auch mit nichtreligiösen Wissenschaften in Berührung und wollte diese für die muslimische Tradition fruchtbar machen. ʿAbduh, der sich politisch engagierte, befürwortete die Bestrebungen von Abdülhamid II. Sein panislamistisches Denken erforderte darüber hinaus, dass man Schulgrenzen – seien es Rechtsschulen oder theologische Schulen – überwinden müsse. Deutlich wurde sein Ansatz in der Zeitschrift *al-Manār*, die er herausgab und deren inhaltliche Ausrichtung sein Schüler Rašīd Riḍā (gest. 1935) maßgeblich verantwortet hat.

Der Panislamismus-Gedanke konnte sich rasch verbreiten und führte dazu, dass ein weiteres Gelehrtennetzwerk in Kanpur, Indien entstand. 1892 wurde dort das reformorientierte *Nadwat al-ʿUlamāʾ* gegründet. Diese Gesellschaft sollte muslimische Gelehrte weltweit vernetzen und es ermöglichen, dass Grenzen der Rechtsschulen sowie der theologischen Schulen überwunden werden konnten. Nicht nur sunnitische Gelehrte unterschiedlicher Ausrichtung, auch schiitische Gelehrte fanden darin Platz. Um das Gedankengut an spätere Generationen weitergeben zu können, gründete das *Nadwat al-ʿUlamāʾ* auch eine Hochschule, Dār al-ʿUlūm in Lucknow, die aber nicht lange bestehen konnte.

Der Panislamismus konnte sich als konzeptionelle Idee nicht lange halten. Bereits nach dem Ersten Weltkrieg und mit dem Vordringen von Nationalstaaten sowie der Abschaffung des Kalifats im Jahre 1924 infolge der Gründung der modernen Türkei verlor der Panislamismus an Überzeugungskraft. Bestandteile dieser Idee erfuhren aber langfristigen Nachhall. Dazu gehört etwa die Gründung der *Organisation für islamische Zusammenarbeit* (OIZ, arab. *Munaẓẓamat at-Taʿāwun al-islāmī*) im Jahre 1969 in Rabat. Diese Organisation versteht sich als eine Plattform für Gelehrte und Expert:innen unterschiedlicher Ausrichtung und mit Expertise in diversen Feldern der Wissenschaft, um islamtheologische, darunter auch islamrechtliche, Themen zu behandeln. Nach diesem Vorbild sind weitere nationale und internationale Organisationen und Akademien entstanden, auf die ich in Kapitel 3.2.2 eingehen werde.

Der Panislamismus bzw. die Kolonialerfahrung hat muslimische Gelehrte dazu bewegt, sich Gedanken darüber zu machen, wie man die

Lage der Muslim:innen verbessern könne. Daher entstanden im 19. und 20. Jahrhundert zahlreiche Reform- und Erneuerungsbewegungen, welche man mit Labeln wie ›Islamismus‹, ›Traditionalismus‹ und ›Modernismus‹ belegt. Ziel war es, eine eigene islamisch geprägte Identität zu wahren und neuartige Wege zu finden, um zu ihrer Wiederbelebung und Stärkung zu gelangen. Darauf basiert auch der Ansatz, wonach der Begriff Idschtihad (*iǧtihād*)[13] im Sinne der eigenständigen Lösungsfindung von muslimischen Gelehrten mit Rücksicht auf die religiösen Quellen zunehmend Zuspruch erhalten hat. Auch wenn diese Herangehensweise den kleinsten gemeinsamen Nenner unter den verschiedenen Reformbestrebungen ausmachte, gab es unterschiedliche Vorstellungen darüber, wie genau der Idschtihad anzuwenden sei. Es wurde möglich, westliches Gedankengut in das Gewand des Idschtihad zu kleiden, es als islamisch zu deklarieren und oft auch zu integrieren. Dies führte zuweilen zur Abwendung von allem, was als ›westlich‹ verstanden wurde. Um die unterschiedlichen Idschtihad-Verständnisse und Entwicklungen im Recht kontextualisieren und verstehen zu können, möchte ich im nächsten Unterkapitel auf eine Auswahl an Reformbewegungen des 19. und 20. Jahrhunderts eingehen.

1.2 Kontextualisierung 2: Reformbewegungen

Religiöse Reformbewegungen stellen keine zeitgenössische Erscheinung dar. Sie sind in der historischen Rückschau auch identifizierbar. Man beruft sich dabei auf einen prophetischen Ausspruch. So habe der Prophet gesagt, dass in jedem Jahrhundert ein Erneuerer (*muǧaddid*)

13 Der Idschtihad ist ein Begriff, der insbesondere im islamischen Recht und der Rechtsmethodik geprägt wurde; in Kapitel 2 werde ich darauf gesondert eingehen.

der Religion kommen werde,[14] der sich dafür einsetze, Fehlentwicklungen zu markieren und neue Wege vorzuschlagen, um nicht vom richtigen Kurs der Religion abzukommen.

Puristische bzw. puritanische Bewegungen sind in der jüngsten Vergangenheit häufig anzufinden, so auch in der Geschichte. Wir wissen, dass etwa die Almohaden (*al-Muwaḥḥidūn*) in Nordafrika und Andalusien dazu aufriefen, zu den Quellen zurückzukehren und die Rechtsschulgrenzen sowie die Grenzen, die durch die theologischen Diskussionen entstanden, zu überwinden. Einen ähnlichen Aufruf dazu, sich wieder zuallererst auf die religiösen Quellen Koran und Sunna und die rechtgeleiteten Altvorderen (*as-salaf*) zu besinnen, finden wir beim einflussreichen Gelehrten Taqī ad-Dīn Ibn Taymīya (gest. 728/1328), der von zeitgenössischen Bewegungen oft zitiert wird. Nicht selten werden solche Richtungen daher *Salafīya*, Salafisten oder Salafiten genannt, da sie sich u. a. auf die Altvorderen beziehen. Ihr Ideal ist es zudem, sich direkt den Quellen zuzuwenden und von dort ausgehend die islamisch-religiöse Tradition vom ›Ballast des Menschengemachten‹ zu befreien. Wiederum Ähnliches können wir im 17. Jahrhundert unter den Osmanen entdecken; die sogenannte Kadizāde-Bewegung, angeführt von Qāḍīzāde Mehmed Efendi (gest. 1045/1635), die mit dem Motto ›*back to the roots*‹ agierte.

Ab dem 18. Jahrhundert finden wir weitere Reformbewegungen. So können wir bei Gelehrten wie Šāh Walīy Allāh ad-Dihlawī (gest. 1176/1762) aus Indien und dem jemenitisch-zayditischen Gelehrten Abū ʿAbdallāh Muḥammad b. ʿAlī aš-Šawkānī (gest. 1250/1834) sehen, dass sie – zwar auf unterschiedlichem Wege, aber dennoch stark – den Idschtihad betonen und somit die Rechtsschulgrenzen zu überwinden versuchen.

Ähnliches Gewicht legte in Ägypten Muḥammad ʿAbduh (gest. 1905) auf den Idschtihad, aber mit einer stark rationalistischen Ausprägung. ʿAbduh ging davon aus, dass der Koran und die rationalen Wissenschaften nicht im Widerspruch zueinander stehen. Rationale

14 Vgl. Abū Dāwūd, *Sunan, Kitāb al-Malāḥim, Bāb* 1, Hadith Nr. 4291, sunnah.com/abudawud:4291.

Wahrheiten seien ein Produkt dessen, wie wir das Buch der Schöpfung Gottes lesen. Diese sei mit dem schriftlichem Buch Gottes, also der Offenbarung, im Einklang; gebe es einen Widerspruch, sei dieser mit Hilfe der Auslegung der religiösen Quellen zu beseitigen. Auch dieses Gedankengut ist nicht neu, jedoch erreicht es hier eine andere Qualität. Säkulare Wissenschaften geben für ʿAbduh die Richtung vor, mit Hilfe derer die religiösen Quellen ausgelegt werden, und zwar in jeder islamischen Wissenschaftsdisziplin. Dies hat für ihn zur Folge, dass das traditionelle Wissen vollständig überdacht und an die neuen Umstände angepasst werden müsse, was zu gravierenden Veränderungen führte, sowohl in der Forschung als auch in der Lehre. Es ist daher nicht verwunderlich, dass ʿAbduh an der Reformierung der Bildungseinrichtungen in Ägypten beteiligt war und sich stark für Neuerungen engagierte. Mit seiner rationalistischen Haltung zu den religiösen Wissenschaften trat aber eine Schriftgläubigkeit in den Vordergrund, der die Gewohnheiten, Sitten und Bräuche der Muslim:innen in den Hintergrund rückte. Getrieben waren diese Bestrebungen von der Idee des Panislamismus.

Etwas früher setzte eine andere Bewegung ein, die an verschiedenen Orten muslimisch geprägter Länder entstand und zu den puristischen Bewegungen gezählt werden kann. Gründer dieser Bewegung ist Muḥammad Ibn ʿAbd al-Wahhāb (gest. 1206/1792), weshalb die Anhänger auch Wahhabiten genannt werden. Ibn ʿAbd al-Wahhāb ist ein hanbalitischer Gelehrter aus Zentralarabien, aus Naǧd. Seine Doktrin lässt sich so zusammenfassen, dass er zum ›reinen Islam‹ zurückkehren möchte, indem er sich wieder auf die religiösen Quellen besinnt und sie so wörtlich wie möglich versteht. Das gilt sowohl für *kalām*-, also systematisch-theologische Fragen, als auch für das islamische Recht. Jeder, der diesem Zugang widerspreche, verbreite Irrlehren und falle vom Glauben ab. Praktiken, die der koranischen Botschaft zuwiderlaufen, sind für die Wahhabiten eine Art Beigesellung (*širk*). Beigesellung im Allgemeinen ist nach der Mehrheit der Gelehrten die größte Sünde. Diese hier stark vereinfachte dogmatische Sicht auf die Quellen konnte sich relativ zügig verbreiten, von Mekka und Medina ausgehend über Irak hinweg bis nach Zentralasien und auf dem Balkan. Der Wahhabismus veränderte auch das Stadtbild in einigen betroffenen Regionen: Kuppeln von Mausoleen, Gräber und Schreine sowie kulturell als ›heilig‹ geltende Orte wurden zerstört. Obwohl sich das wahhabitische Gedankengut verbreiten konnten und heute noch in einer abgeschwächten Form einflussreich ist, stieß die Bereitschaft der Anhänger, gewalttätig vorzudringen, in muslimischen Ländern auf Widerstand; die Osmanen sind sogar mit Gewalt gegen Wahhabiten vorgegangen.

Erscheinungen puristischer und salafitischer Bewegungen, die auch relevant für die Entwicklungen im islamischen Recht sind, sehen wir andernorts ebenso. So entstanden in Ägypten in den 1920er Jahren die Muslimbrüder (*al-iḫwān al-muslimīn*), die dazu aufgerufen haben, die Scharia einzuführen und sich ihr unterzuordnen. Islamistische Konzepte, u. a. die der Muslimbrüder, setzen voraus, dass im islamischen Recht alles zu finden sei, was die Menschen für ein funktionierendes Rechtssystem brauchen. Man müsse nur die Normen aus den Quellen direkt herauslesen und sie passend anwenden. Damit werden Hadithe und Koranverse wie allgemeine Prinzipien gelesen, unter denen viele Fälle subsumiert werden können. Begründet wird dieser Ansatz auch mit einem naturrechtlichen Gedanken: Alles, was in der Scharia zu finden ist, sei rational und zur menschlichen Natur passend. Die Scharia verschließe sich aber dem Menschen; er brauche daher eine Offenbarung, um zu ihr zu gelangen. Damit ordnet sich alles Rationale der Scharia unter. Die Auslegungstechniken, wie wir sie aus der vormodernen Literatur innerhalb der rechtspraktischen (der sogenannten *furūʿ*-) oder rechtstheoretischen (*uṣūl*-)Literatur finden können, werden dabei ignoriert. Ein wörtliches Verständnis der Quellen überwiegt. Prominente Vertreter solcher Auffassungen sind Sayyid Quṭb (gest. 1966) und der pakistanische Gelehrte Abū l-ʿAlāʾ Mawdūdī (gest. 1979).[15]

Reformbewegungen anderer Art finden wir etwa in Indien, in Deoband. Dort versuchten Gelehrte, das Bildungs- und Erziehungswesen zu reformieren, indem sie moderne Elemente mit der vormodernen Medrese-Ausbildung zu kombinieren suchten. Für diesen Zweck wurde

15 Für das islamistische naturrechtliche Denken siehe Griffel, »The Harmony of Natural Law«.

1866–87 das Dār al-ʿUlūm in Deoband gegründet. Ausschlaggebend dafür war nicht nur das in Indien bekannte Medrese-Curriculum, sondern auch der Ansatz von Šāh Walī Allāh ad-Dihlawī, der ein hadithzentriertes Verständnis von religiösen Wissenschaften hatte. Beeinflusst war und ist die Deoband-Tradition auch von sufischen Elementen; sie beruft sich daneben auf die hanafitische Tradition. Sie versteht sich mit dieser Ausrichtung als Bewahrerin der sunnitischen Orthodoxie. Eine Gegenbewegung, die sich aber mittlerweile inhaltlich kaum von der Deoband-Tradition unterscheidet, ist die auf Mirza Ḫān Biralwī (auch: Barelwī, gest. 1921) zurückgehende Barelwi-Bewegung.

Ein wirkliches Gegengewicht zur Deoband-Tradition sollte unter der Leitung von Sir Sayyid Aḥmad Ḫān (gest. 1898) entstehen. Obwohl er sich ebenfalls auf die Autorität von Šāh Walī Allāh berief, entstand unter seiner Führung das Muhammedan Anglo-Oriental College in Aligarh (Alīgarh), das später Aligarh Muslim University heißen sollte. Es wurde dem Vorbild von Oxford und Cambridge nachgebildet, weshalb die modernen, westlichen Wissenschaften als zentrales Element des Studiums gesehen wurden. Einen mittleren Weg suchte eine Gruppe von Gelehrten in Lucknow und gründete 1893 das *Nadwat al-ʿUlamāʾ*. Sie versuchten, reformorientierte Ansätze mit traditionellen zu verbinden und konnten die indische Gelehrsamkeit ebenfalls beeinflussen.

In Indien finden wir eine weitere Bewegung, die zunächst bis in die Türkei hinein einflussreich war, aber auch wieder rapide an Anhänger:innen verlor: die Koranisten (*qurʾānīyūn*). Sie bestanden darauf, den Koran als zentralen Text in den Kern theologischer Reflexionen zu setzen. Alles, was dem Koran widersprach, sollte verworfen werden, auch Hadithe.

Neben diesen Ansätzen gab es auch viele traditionell orientierte Gelehrte, die versucht haben, im Rahmen bestehender rechtstheoretischer und -methodischer Annahmen neue Lösungen zu finden. So etwa hoben viele Gelehrte noch den *qiyās* (Analogieschluss) hervor, betonten den traditionellen Begriff des Idschtihad und weitere Rechtsfindungsmechanismen wie die Berücksichtigung von Rechtsprinzipien (*qawāʿid*) und die übergeordneten Ziele der Scharia (*maqāṣid aš-šarīʿa*); sie werden wir noch in Kapitel 2 gesondert betrachten. Auch bediente man sich hier der vormodernen Erkenntnislehre: Islamrechtliches Wissen ist nach ihr überwiegend präsumtiv (*ẓannī*), man weiß also nur wahrscheinlich, wie eine Handlung zu vollziehen ist bzw. dass sie zu unterlassen ist. Solange das Wissen präsumtiv ist, sei eine Auslegung und Neudeutung nicht ausgeschlossen. Auch dazu werden wir in Kapitel 2 Beispiele sehen.

Daneben gab es auch viele Stimmen, u. a. inspiriert von den bisher beschriebenen Persönlichkeiten und Bewegungen, die ebenfalls neue Wege suchten, aber von einer historisierenden Lektüre der Tradition sowie der religiösen Quellen Koran und Sunna ausgingen. So schlug der sudanesische Gelehrte Ḥasan at-Turābī (gest. 2016) vor, ein Rechtssystem zu entwickeln, das den Nutzen für den Menschen in den Vordergrund stellen solle. Das islamische Recht sei rigide und repräsentiere die Vorstellungen vormoderner Gelehrter davon, wie Recht sein könne.

Andere Gelehrte gehen sogar weiter: Sie fordern, dass auch der Koran und die Sunna in ihrem jeweiligen Kontext gelesen werden müssen, weshalb diese beiden Quellen keine überzeitlichen Handlungsanweisungen beinhalteten. Vielmehr könne man Prinzipien in diesen Quellen entdecken, die es erlaubten, die konkreten Lösungen in Koran und Sunna neu zu deuten.

So etwa werden in vielen Kreisen Aussagen in Koran und Sunna zu Frauenrechten historisiert und es wird darauf verwiesen, dass die aus unserer Perspektive empfundene Benachteiligung der Frau aus damaliger Sicht gar keine Herabsetzung war, sondern im Gegenteil ein Schritt zur Etablierung von Frauenrechten. Muslimische Gelehrte hätten es verpasst, den Weg des Korans und der Sunna zu gehen, um für die Gleichberechtigung zu streben. Hier scheiden sich die Geister: Insbesondere feministische Theologinnen nehmen an, dass der Koran keine Trennung zwischen den Geschlechtern vorsehe, andere wiederum, die zu diesem Themenkomplex forschen, zeigen, dass der Koran zu einer patriarchalen Gesellschaft spricht und in diesem Rahmen Lösungen vorschlägt. Das hindere aber nicht daran, die dortigen Lösungen zu überdenken und im Sinne der Gleichberechtigung neu zu deuten.[16] Beispiele unterschiedlicher Ansätze innerhalb dieser historisierenden Lesart werden wir ebenfalls in Kapitel 2 sehen.

Nicht nur die sunnitische Tradition, die bisher zur Sprache kam, erlebte diese Reformbewegungen und Neuorientierungen. Ab dem 17. Jahrhundert gab es auch eine Auseinandersetzung innerhalb schiitischer Kreise: Eine traditionalistisch orientierte Strömung, die *aḫbārīyūn*, setzte die *uṣūlīyūn*-Gelehrten, die einen rationalistischen Ansatz verfolgten, unter Druck. Die Traditionalisten forderten, dass man stärker die Überlieferungen des Propheten und der Imame in den Vordergrund rückte, was aber nicht hieß, dass sie rationalistisches Gedankengut vollständig ablehnten. Im Endeffekt setzten sich die Rationalisten durch, die sich, so wie viele Sunniten, auf den Idschtihad konzentrierten und diesen weiterdenken wollten. Mit dieser Entwicklung setzte sich auch eine Hierarchie unter den Gelehrten fest, die es in dieser Form innerhalb der Sunniten nicht gibt; dort hat man zwar auch Überlegungen zur Hierarchie und einige Hierarchisierungsbestrebungen, die aber kaum praktische Relevanz haben.[17] Es entstanden stattdessen sogenannte ›Quellen der Nachahmung‹ (Sg. *marǧiʿ at-taqlīd*), also hoch qualifizierte Gelehrte, Mudschtahids, die den verborgenen Imam nach zwölferschiitischer Auffassung vertreten, weshalb schiitische Muslim:innen ihnen in ihrer religiösen Orientierung folgen müssen.

All diese Entwicklungen sind jüngeren Ursprungs; sie reagieren auf historische Ereignisse des 18., 19. und 20. Jahrhunderts und setzen bestimmte Grundsätze voraus, wie etwa die Eindeutigkeit der Quellen, die Vorzüglichkeit säkularer Wissenschaften oder die Suche nach dem Islamischen, das alles dominieren soll. Thomas Bauer (geb. 1961) bescheinigt daher der Moderne eine Tendenz, die er als ›Vereindeutigung der Welt‹ beschreibt: Während so viele unterschiedliche Meinungen in der Vormoderne nebeneinander existieren konnten, trete in der Moderne das Phänomen auf, Konkurrierendes zu tilgen und nur

16 Für verschiedene feministisch-theologische Ansätze an unterschiedlichen Themenkomplexen siehe Şeker, *Koran und Gender*.

17 Für eine Zusammenfassung solcher Bestrebungen siehe Band I, Kapitel 4.

eine Form des religiösen Denkens durchzusetzen.[18] Folgenlos für die islamische Rechtstradition blieben diese bisher beschriebenen Entwicklungen nicht. Die nächsten beiden Unterkapitel werden sich daher von der Darstellung der allgemeinen historischen Entwicklungen loslösen und genauer auf das islamische Recht schauen.

1.3 Kontextualisierung 3: Kodifikation des islamischen Rechts und Einbindung in staatliche Strukturen

Reformen und Reformbewegungen bezogen sich im 19. und 20. Jahrhundert nicht nur auf das Religiöse und Religionsrechtliche. Sie erstreckten sich über verschiedene Ebenen und umfassten etwa die Verabschiedung von Verfassungen sowie Reformen im Militär, in der Verwaltung, im Steuer- und Bildungssystem. Größere Reformen gab es auch im geltenden Recht der jeweiligen Rechtssysteme. Eine der berühmten Reformbewegungen – über alle genannten Bereiche hinweg – finden wir im 19. Jahrhundert unter den Osmanen: die sogenannte Tanẓīmāt (wörtl. ›Anordnung‹). Die Tanẓīmāt-Zeit erstreckt sich auf die Jahre 1839 bis 1876. Auf die weitreichenden Reformen im Bereich der Verwaltung, des Steuersystems und dem Militär kann hier nicht näher eingegangen werden. Zusammenfassend ist aber zu sagen, dass diese Reformen nach europäischem, genauer nach französischem Vorbild vorgenommen wurden. Für einen genaueren Blick auf die Entwicklung des islamischen Rechts in der Moderne können wir die Entstehung des ersten kodifizierten islamischen Rechts betrachten: die *Mecelle-i aḥkām-ı ʿadlīye* (fortan: *Mecelle*).

Die *Mecelle* entstand in den Jahren 1868–1876 und wurde von einem Ausschuss verfasst, den Ahmed Cevdet Paşa (gest. 1895) leitete. Das Werk, das in Anlehnung an bekannte hanafitische Quellen entstand, bestand aus einer Einleitung und 1851 Paragraphen, die in 16 Büchern

18 Für eine kurze Darstellung siehe Bauer, *Die Vereindeutigung der Welt.*

geordnet waren. Die Einleitung ist besonders: Sie umfasst eine Definition des *fiqh* in einem Paragraphen und 99 Rechtsprinzipien (*qawāʿid*). Beispiele dafür sind Regeln wie »Gibt es einen autoritativen Text, ist Idschtihad ausgeschlossen« und »Mit der Veränderung der Zeit ändern sich auch Normen«. Neben dieser Einleitung umfassen die 16 Bücher Zivilgesetzliches und teilweise Prozessrechtliches; das Ehe- und Familienrecht kommt nicht vor. Dies hat mit der Organisation der Gerichtsbarkeit unter den Osmanen zu tun. Im 19. Jahrhundert wurden neben den Scharia-Gerichten, die z. B. die Felder Ehe- und Familienrecht abdeckten, staatliche Gerichte gegründet, die all das, was das islamische Recht offenließ, regelten. Solche Gerichte trugen den Namen *niẓāmīye*-Gerichte.

Der Wirkungsbereich der *Mecelle* war groß; sie wurde bald in vielen muslimischen Ländern eingeführt. Obwohl das islamische Recht in verschiedenen Regionen unter dem Einfluss unterschiedlicher Rechtsschulen gestaltet war, konnte die nach hanafitischem Vorbild geschriebene *Mecelle* vielerorts fußfassen, so etwa in Ägypten. (Dort allerdings wurde sie aber bereits nach kurzer Zeit wieder abgeschafft und durch staatliche Gesetze ersetzt.)

Staatliche Gesetze entstanden in muslimisch geprägten Ländern mit wenig Rücksicht auf das islamische Recht. Es wurde zumeist nur in Teilbereichen wie etwa dem Personenstandsrecht, Familien- und Erbrecht eingeführt. Dabei genossen bekannte Meinungen innerhalb der Rechtsschulen besondere Beachtung. Ein einheitliches Recht, das in allen muslimischen Herrschaftsgebieten galt, gab es in der vormodernen Tradition ohnehin nicht. Die islamrechtliche Tradition war durch die Rechtsschulen vielfältig und auch innerhalb der Rechtsschulen heterogen. Eine direkte Übertragung vormodernen islamischen Rechts unterschiedlicher Ausprägung in ein staatliches Recht war also nicht möglich.

Hier geschah nun etwas Bemerkenswertes: Wohl wegen der Betonung zur Überwindung der Rechtsschulgrenzen in vielen Gelehrtenkreisen entstanden Rechtsnormen, die eine Kombination aus unterschiedlichen Rechtsschulen erlaubten, um restriktive Meinungen aufzulockern und dem Recht mehr Flexibilität zu ermöglichen. Hinter dieser ›Kombinationsfreude‹ stehen Konzepte wie *taḫyīr* bzw. *taḫayyur*, also die Wahl von gut begründeten Meinungen aus verschiedenen Rechtsschulen zu unterschiedlichen Fragen, und *talfīq*, die Kombination von Rechtslösungen aus unterschiedlichen Rechtsschulen, um eine neue Meinung zum selben Fall zu bilden. Damit verloren die islamischen Rechtsschulen allerdings an Bedeutung und Relevanz für das moderne islamische Recht, nachdem sie zuvor durch Reformbewegungen, die nach ihrer Überwindung strebten, bereits geschwächt worden waren.

In einigen Ländern war islamisches Recht in unterschiedlicher Prägung kodifiziert und teilweise zum staatlichen Recht geworden. Was damit einherging bzw. -geht, war/ist die Transformation islamischer Normvorstellungen in staatlich gesetztes Recht (also Gesetze); ein Vorgang, der sich als »Kodifizierung« zusammenfassen lässt. In anderen Ländern, beispielsweise Albanien, Bosnien und der Türkei sowie in zentralasiatischen Staaten, wurde das islamische Recht komplett aufgehoben.

Obwohl man in vielen Bereichen des Justizwesens bzw. in den Gerichten das islamische Recht nicht mehr anwandte, spielte es in der Bildung und Erziehung immer noch eine wichtige Rolle. Der Grund liegt darin, dass das islamische Recht für das alltägliche Leben der Muslim:innen weiterhin maßgeblich war und immer noch ist. So müssen viele alltägliche Handlungen, unabhängig vom geltenden Recht, danach befragt werden, ob sie religionsrechtlich legitim sind. Nehmen wir ein Beispiel aus unserem heutigen Kontext: Das deutsche Recht verbietet es nicht, mit Alkohol zu handeln oder verzinste Kredite aufzunehmen bzw. mit verzinsten Verträgen Handel zu treiben. Beides ist aber im islamischen Recht problematisch. Daher ist es für Muslim:innen wichtig zu erfahren, ob solche Vertragsschlüsse gültig sind, unabhängig davon, ob das geltende staatliche (säkulare) Recht es erlauben würde. Ähnliche Konstellationen lassen sich auch in Ländern finden, in denen prägende Elemente des islamischen Rechts als geltendes Recht überleben konnten. Natürlich spielt das islamische Recht für die religiösen Rituale oder Fälle, in denen eine Entscheidung aus ethischen Gesichtspunkten heraus getroffen werden muss, überall auf der Welt für Gläubige noch eine zentrale Rolle: Dabei kommen in deren alltagspragmatischen Lebenswelten Fragen dazu auf, ob etwa die Sterbehilfe erlaubt ist, wie mit Umweltfragen umgegangen werden muss und wie Ritualpflichten – wie das Freitagsgebet, das tägliche Gebet, das Fasten, die Almosensteuer, die Pilgerfahrt, welche Lebensmittel konsumiert werden dürfen u. v. m. – praktiziert werden sollen bzw. wie diese zu bewerten sind.

Insgesamt können wir aber beobachten, dass das islamische Recht als geltendes Recht an Bedeutung verlor und in das Private, den sozioreligiösen Lebensbereich der Gläubigen gedrängt wurde. Es wurde damit mehrheitlich Gegenstand des Fatwawesens. Aus diesem Grund erfuhr auch das Fatwawesen institutionelle Veränderungen. Obwohl es auch schon in der Vormoderne Vorläufer gab, entstanden im nun einsetzenden Entwicklungsprozess Mufti-Ämter, die unter staatliche Kontrolle gestellt wurden, wie etwa das Dār al-Iftāʾ in Ägypten oder das Fatwa-Amt der Diyanet in der Türkei. Auch konnten sich Fatwa-Gremien als Sharia-Boards im Finanzsektor etablieren. Diese überwachen und überprüfen die Konformität von Finanzprodukten und -techniken mit islamrechtlichen Prinzipien. Außerdem entstanden aus ähnlichen Gründen interdisziplinär arbeitende islamrechtliche Akademien. Solche institutionellen Entwicklungen werden wir in Kapitel 3 noch näher betrachten.

Die Kodifikationsbestrebungen und auch das Ersetzen des islamischen Rechts blieben nicht ohne Folgen. Die traditionelle Gelehrsamkeit versuchte sich dagegen zur Wehr zu setzen, indem sie betonte, dass in der Vergangenheit ähnliche Entwicklungen von Gelehrten vereitelt worden sind. Dies wurde damit begründet, dass das islamische Recht durch die gesetzliche Verstetigung an Flexibilität verliere. Die mangelnde Einbindung islamrechtlicher Normen in staatliches Recht oder gar ihre Abschaffung führte zudem zu puristischen und islamistischen Bewegungen, die – wie wir bereits im letzten Unterkapitel gesehen haben – die Wiedereinführung des islamischen Rechts bzw. ›der Scharia‹ forderten.

Betroffen von all diesen Veränderungen waren auch die Gerichtsorganisation, das Richteramt und die Richterausbildung. Scharia-Gerichte wurden sukzessive abgeschafft und durch staatliche Gerichte ersetzt, an denen das staatliche Recht galt und gilt. Wo das geltende Recht islamrechtliche Elemente beinhaltet(e), wie zum Beispiel in

Ägypten, konnte bzw. kann es dort auch Anwendung finden. Die Ausbildung der Richter:innen erfuhr durch das neue geltende Recht ebenfalls eine Reform. Das vormoderne islamische Recht wurde dabei entweder insofern eingebunden, als es weiterhin geltendes Recht war, oder es spielte gar keine Rolle mehr und wurde obsolet. Islamrechtliche Lehre und Forschung wird im Zuge dessen meist nicht an der Juristischen Fakultät, sondern an theologischen Fakultäten angeboten. Insgesamt kann man sagen, dass Muftis, die in der Vormoderne noch Juristen beraten und das Recht mitgestalten konnten, diese ihre Rolle nahezu gänzlich verloren. All das hat auch Auswirkungen auf das Bildungssystem und mithin das Selbstverständnis der Gelehrten dessen, wie islamisches Recht in die Lebenswirklichkeit eingebettet sein kann. Näheres dazu folgt in Kapitel 4.

Mit diesen Entwicklungen haben wir eine neue Situation vorliegen: Islamisches Recht wurde von einem konkurrierenden, staatlichen Recht aus seiner traditionellen Rolle verdrängt. Eine Konkurrenzsituation kannte das islamische Recht ja bereits durch die oben genannten *qānūnnāmes* und das Konzept des *as-siyāsa aš-šarʿīya*. Doch diese verdrängten das islamische Recht nicht, sondern hatten ihre Berechtigung *durch* das islamische Recht, indem sie in ihm ungeregelte Bereiche abdeckten. Die Situation in der Moderne ist allerdings anders: Das staatliche Recht *kann* Islamrechtlichem die Möglichkeit geben, normative Kraft auszuüben, sofern es in das geltende Recht eingebunden wird oder sich in dessen Rahmen entfalten kann. Dagegen wahrt das islamische Recht im privaten, sozio-religiösen Leben der Muslim:innen seinen Legitimitätsanspruch und autoritative Macht. Damit hat die Unterscheidung zwischen Rechtlichem und Religiösem in der jüngeren Vergangenheit eine andere Qualität angenommen.

1.4 Beispiele veränderter Rechtspraxis

All diese Entwicklungen führten dazu, dass sich die Rechtspraxis wandelte und das islamrechtliche Erbe nicht ohne Veränderungen als nationales Recht kodifiziert werden konnte. Es ist nicht der Ort, an dem Veränderungen detailliert besprochen werden können. Hier im vorliegenden Band sollen nur einige Beispiele zusammenfassend und exemplarisch genannt werden.

Wir können etwa beobachten, dass insbesondere im Bereich der Rechte der Frauen viele Veränderungen stattfanden. Die Begründung solcher Veränderungen – oder ihrer Unterlassung – kann variieren; von historisch-kritischen Ansätzen über die Berücksichtigung der übergeordneten Ziele der Scharia bis hin zu feministisch theologischen Ansätzen und der Orientierung an der Vielfalt der islamrechtlichen Tradition. Veränderungen in diesem Bereich erstrecken sich vom Eherecht hin zum Familien- und Erbrecht, obwohl Vieles aus dem vormodernen Recht nach modernen Kodifikationsmaßnahmen letztlich Eingang in Gesetze fand. Zu den Veränderungen gehört nahezu flächendeckend die Verhinderung bzw. Eindämmung der Polygamie. Nicht selten bedient man sich dabei Argumenten wie der Gleichberechtigung oder der historischen Deutung von Q 4:3. Die Eindämmung konnte etwa dadurch geschehen, dass mit Gesetzen festgelegt wurde, die erste Ehefrau müsse der zweiten Ehe zustimmen. Solche Bedingungen, die unterschiedliche Auswirkungen auf die bestehende Ehe haben können, sind bereits in der vormodernen Literatur bekannt.

Bekannt ist auch, dass die Minderjährigenehe Veränderungen erfahren hat: Sie wurde entweder abgeschafft oder mit unterschiedlichen Bedingungen zu unterbinden versucht. Eine probate Maßnahme ist die Festlegung des Heiratsmindestalters in der Regel zwischen 15 bis 20 Jahren. Auch die Freiheit der Frau zur Entscheidung für oder gegen eine Ehe wurde mit neuen Regelungen gewährleistet. So wird z. B. dem Vormund entweder gar kein Recht zugesprochen, über die Eheschließung zu entscheiden, oder nur in abgeschwächter Form, wobei dies wieder von der jeweiligen Rechtsschulprägung abhängig sein kann.

Auch im Scheidungsrecht finden wir weitgehende Veränderungen der Rechtspraxis. Einschränkungen gab es im einseitigen Scheidungsrecht des Ehemannes, der sog. Verstoßung mittels des *ṭalāq*-Scheidungsausspruch. Auch wird der Scheidungsausspruch des Ehemannes oft nur unter der Bedingung akzeptiert, dass er dem Gericht oder den Registrierungsstellen entsprechende Dokumente vorlegen kann. Demnach muss entweder die Scheidung dokumentiert bzw. registriert oder offiziell gerichtlich entschieden werden. Dies dient dem Zweck der Transparenz und dem Schutz der Ehefrauen vor willkürlicher Ausübung des männlichen Scheidungsrechts und dem beliebigen Zurückziehen des Scheidungsausspruchs. Oft wird auch die Zustimmung der Ehefrau gefordert, damit der Scheidungsausspruch wirksam wird; erfolgt dies nicht, können hohe Schadensersatzansprüche entstehen, die über die gewöhnliche Summe der Unterhaltszahlungen, welche drei Monate lang gezahlt werden, hinausgehen.

Auf der anderen Seite wurden auch die Scheidungsrechte der Ehefrauen ausgeweitet, die nach der vormodernen Literatur gegenüber denen der Ehemänner geringer ausfallen.[19] Der Weg zu den Gerichten, unter Angabe von Scheidungsgründen, wurde für sie erleichtert. Dabei werden Scheidungsgründe aus vormoderner Literatur übernommen und im großen Stil erweitert; von häuslicher Gewalt hin zu Alkohol- und Drogenkonsum sowie erneuter Heirat ohne Zustimmung der ersten Frau und amoralischem Verhalten. Die modernen Gesetze gebrauchen aber selbst auch Scheidungsformen aus der Vormoderne. Angepasst werden zudem Unterhaltsansprüche bei Scheidungsfällen, denen die Ehefrauen nicht zustimmen. Diese gehen über die drei Monate deutlich hinaus, die eigentlich nach vormodernen Regelungen fällig wären.

Insgesamt lässt sich beobachten, dass oft solche Koranpassagen wie Q 4:34, die die Ehemänner über die Ehefrauen stellen, neu gedeutet werden. Damit sollen geschlechterbasierte erbrechtliche Änderungen vorgenommen werden können, sodass Töchter und Söhne denselben Anteil erben. Diese Änderungen sind aber von Kontext zu Kontext unterschiedlich.

Ähnliches lässt sich auch im Bereich des Zeugenrechts sehen: Q 2:282 wurde in der vormodernen Literatur oft als allgemeine Anordnung verstanden, dass zwei Zeugenaussagen von Männern stammen sollen, und, falls keine zwei Männer zur Verfügung stehen, zwei Frauen und ein Mann den Fall bezeugen sollen, was den Wert der

19 Für eine Zusammenfassung des vormodernen Scheidungsrechts siehe Band II, Kapitel 5.2.1.

Zeugenaussage von Frauen niedriger ansetzt. Die vormoderne Literatur kennt allerdings Ausnahmen zu dieser Bestimmung, sodass in der modernen Deutung des islamischen Rechts auch hier Änderungen vorgenommen wurden.

Neu verhandelt wird auch die Frage, inwiefern Frauen offizielle Ämter bekleiden können; die Antworten auf diese Frage können je nach Kontext unterschiedlich ausfallen.

Weitgehende Veränderungen sehen wir auch im Straf-, Vertrags- und Wirtschaftsrecht. Das Strafrecht wird so, wie wir es in der vormodernen Literatur finden, kaum angewandt. Ersetzt wurde es in der Regel durch die Einführung von Gesetzen, die sich am Beispiel zumeist westlicher Rechtsordnungen orientieren. Es gibt aber Staaten – wie etwa Saudi-Arabien, Teile Nigerias, Somalia, Iran und Pakistan –, die das Strafrecht noch im vormodernen Sinne anwenden und praktizieren. Dort hat eine Kodifizierung nicht, nur teilweise oder in starker Anlehnung an koranische Vorgaben stattgefunden. Seine Ausführung widerspricht zumeist der vormodernen Literatur, innerhalb derer es ja entstanden ist: Die strengen Bedingungen, die für die Ausführung gestellt werden, werden kaum eingehalten. Meist dient die Anwendung der Strafen, die aus vormoderner Literatur stammen und in Koran und Sunna vorkommen (sogenannte *ḥadd*-Strafen), dem Zweck, die ›Islamizität‹ einer Regierung bzw. eines Staates zu unterstreichen. In vielen Staaten wurden sie dagegen abgeschafft – erstaunlicherweise ohne große politische oder gesellschaftliche Debatten. Es lassen sich auch hier verschiedene Argumentationsmuster sehen, die sich gegen die Anwendung aussprechen, wie etwa der Bezug auf die übergeordneten Ziele der Scharia. Man solle sich, so diese Haltung, auf die Ziele konzentrieren, die die Strafmaßnahmen schützen sollten. So könne das Hab und Gut der Menschen auch mit anderen Strafen geschützt werden, anstatt – wie Q 5:38 es unter bestimmten Bedingungen, die die Hadithe vorlegen, vorsieht – die Hand zu amputieren. Eine andere Möglichkeit ist es, die traditionelle Literatur als Maßstab zu nehmen und in jedem Strafdelikt nach Bedingungen zu suchen, die eine Ausführung der *ḥadd*-Strafen untersagen; man ist also bemüht, die Bedingungen, die für die Ausführung notwendig sind, auszuschließen.

Neben dem Strafrecht gab und gibt es fruchtbare Diskussionen im Vertrags- und Wirtschaftsrecht, insbesondere bezüglich des als allgemein verstandenen Verbots von Zinsen (*ribā*) und Spekulation (*ġarar*). Nach staatlichem Recht werden Zinsen oft zugelassen. Die Entstehung der Idee des Islamischen Wirtschaftens (Islamic Finance und Islamic Banking) ermöglichte dagegen, Wege zu finden, Zinsen und Spekulationen in Geschäften zu umgehen bzw. unterbinden. Dabei werden viele traditionelle Vertragsformen übernommen, so etwa der Aufschlag vom Gewinn (*murābaḥa*) in einem Kaufgeschäft, in dem ein Kaufobjekt z. B. von der Bank erworben und mit einem Zuschlag an den Endkonsumenten weiterverkauft wird. Damit werden Zinsen umgegangen. Dennoch müssen muslimisch geprägte Staaten Zinsen für den internationalen Handel erlauben; dies geschieht dann oft durch Rückgriff auf Rechtsprinzipien wie dem, dass in Notsituationen verbotene Dinge erlaubt sind. Ähnliches lässt sich bezüglich des Spekulationsverbots beobachten, insbesondere in Börsengeschäften.

Insgesamt hängen Veränderungen in islamrechtlichen Traditionen von dem jeweiligen Kontext und den sozialen Gegebenheiten ab. Eine allgemeine Darstellung der Reformen und Änderungen ist demnach kaum möglich; sie müssten jeweils gesondert betrachtet werden. Es gibt also kein einheitliches, modernes islamisches Recht, sondern unterschiedliche moderne Erscheinungen islamrechtlicher Entwicklungen.

Zusammenfassung

Das islamische Recht erlebte in der Moderne einen einschneidenden Wandel. Es wurde von konkurrierenden staatlichen Rechtssystemen entweder vollständig verdrängt oder ihnen untergeordnet. Damit konnten sich bekannte Meinungen aus unterschiedlichen Rechtsschulen als Teil des geltenden Rechts durchsetzen. Unverändert blieben sie nicht; viele vormoderne Regelungen, die zu Gesetzen wurden, mussten neuen Umständen angepasst und oft neugedeutet werden. Vieles konnte dennoch überdauern. Seine wichtige

Rolle für die Einordnung der Legitimität alltäglicher Praxis der Muslim:innen aus religiöser Sicht behielt das islamische Recht dennoch bei. Die Kolonialerfahrung sowie wirtschaftliche und politische Missstände muslimischer Länder hatten Auswirkungen auf das Bestreben muslimischer Gelehrter und Autor:innen, u. a. das islamische Recht neu zu deuten. Es sind damit unterschiedliche Reformbewegungen entstanden, die vom islamistischen hin zum rationalistischen, traditionalistischen sowie modernistischen und fundamentalistischen Spektrum reichen. Sowohl durch diese Bewegungen als auch die Integration des islamischen Rechts in staatliche Institutionen fand sich das islamische Recht nun eingebettet in eine durchaus unterschiedliche Lage im Vergleich zur Vormoderne. Das 18. und 19. Jahrhundert leiteten damit eine neue Phase für die Entwicklung des islamischen Rechts ein, die sich von vorherigen Phasen stark unterscheidet.

Kapitel 2: Auf der Suche nach neuen Wegen: ein erkenntnistheoretischer Wandel?

Die Entwicklungen, die wir im vorherigen Kapitel sahen, hatten direkte Auswirkungen darauf, wie Akteur:innen des islamischen Rechts sich mit Rücksicht auf relevante Themen positioniert haben. Die neuen Umstände, unter denen Muslim:innen weltweit lebten, lenkten die Aufmerksamkeit der Gelehrten auf Grundsatzdebatten. Zu den Herausforderungen gehören etwa die Konkurrenzsituation im Spannungsverhältnis zwischen staatlich gesetztem Recht jüngeren Ursprunges und dem traditionellen islamischen Recht, die sich rasant wandelnden Umstände in vielen Lebensbereichen und die konkurrierenden modernistischen, reformistischen und traditionalistischen islamrechtlichen Ansätze. Sahen Traditionalisten noch die Lösung neuer Probleme und der Krise muslimisch geprägter Länder sowie die Lösung auch der Probleme der Muslim:innen, die in mehrheitlich nicht-muslimischen Ländern lebten, in der Fortführung der Tradition, suchten viele Gelehrte neue Wege. Die Frage lautete: Wie können wir mit der Spannung zwischen Traditionsrezeption, Innovation und Traditionsfortschreibung umgehen? Wie ist die Tradition insgesamt zu bewerten: als Hemmnis dynamischer Entwicklung oder Garant dafür? Können vormoderne Konzepte aktualisiert und neujustiert werden oder braucht es vollständig neue Konzepte, um den zeitgenössischen Bedürfnissen der Muslim:innen gerecht zu werden und die islamrechtliche Tradition entsprechend fort- bzw. neuzuschreiben? Die Unterpunkte des Kapitels 2 haben diese Fragen im Blick. Es sollen im Folgenden Vorschläge für die Lösung solcher Fragen präsentiert werden, wie sie Akteur:innen des islamischen Rechts häufig anführen. Dazu gehören:

1) Idschtihad (*iǧtihād*),
2) *maqāṣid aš-šarīʿa* (die übergeordneten Ziele der Scharia),
3) *al-qawāʿid al-fiqhīya* (Rechtsprinzipien),
4) historisch-kritische Koranhermeneutik,
5) Normativität und Historizität der Sunna,
6) Islamisches Recht als Ethik.

Die genannten Punkte lassen sich in zwei Gruppen zusammenfassen: Die ersten drei Konzepte können wir als Neudeutung und Neujustierung bekannter Konzepte aus der Vormoderne verstehen. Die letzten drei dagegen lassen sich als neue Zugänge bzw. der letzte Punkt als neue Betrachtungsweise des islamischen Rechts als Ganzes beschreiben. Die oben angeführte Liste hat keinen Anspruch auf Vollständigkeit, sondern zeichnet einige bekannte Diskussionen nach. Beginnen möchte ich zunächst mit der Darstellung der ersten drei Konzepte, worauf die der neueren Zugänge gesondert folgen werden.

2.1 Neujustierung methodischer und rechtstheoretischer Konzepte

2.1.1 ›Neuentdeckung‹ des Idschtihad: Ankerpunkt der Anpassung und Veränderung

Das einflussreichste und meistbetonte Konzept ab dem 19. Jahrhundert, insbesondere seit dem 20. Jahrhundert, ist Idschtihad (*iǧtihād*).[20] Idschtihad bedeutet im Allgemeinen die Bestrebung der Gelehrten, einen für das islamische Recht relevanten Fall den islamrechtlichen und

20 Die folgenden Ausführungen in Kapitel 2.1, sofern nicht anders vermerkt, basieren auf der folgenden Literatur: Hallaq, *Islamic Legal Theories*, 207–254; Hallaq, »Was the Gate of Ijtihad Closed?«; El-Wereny, »Reichweite«; Krawietz, *Hierarchie*, 70–86; Rohe, *Das islamische Recht. Geschichte und Gegenwart*, 182–206; al-ʿAlwānī, *Ijtihad*; Erdoğan, *İslâm Hukukunda Ahkâmın Değişmesi*.

theologischen Grundsätzen entsprechend zu regeln. Auch wenn Definitionsvarianten des Idschtihad im Wortlaut abweichen, trifft diese Beschreibung auf beinahe alle neuzeitlichen Ansätze des Idschtihad zu. Sie ist sogar gültig für Definitionen von Idschtihad in vormodernen Werken. Und genau hierin liegt die Stärke des Begriffs Idschtihad: Obwohl man unter Idschtihad unterschiedliche Konzepte fassen kann, suggeriert der Bezug auf ihn eine konzeptionelle Kontinuität traditioneller Rechtsgelehrsamkeit. Wir werden im Folgenden sehen, dass man unter Idschtihad durchaus Unterschiedliches meinen kann, sich jedoch die Mehrheit zeitgenössischer Autor:innen auf diesen Begriff bezieht.

Idschtihad war nicht nur in der Moderne prominent. Vormoderne Gelehrte waren bedacht, ebenfalls über Idschtihad zu sprechen und Formen des Idschtihad zu bestimmen sowie die Bedingungen für die Möglichkeiten der Anwendung des Idschtihad festzulegen. Lange Zeit wurde angenommen, dass der Idschtihad seit dem 4./10. Jahrhundert kaum praktiziert worden sei. Es hieß, das Tor des Idschtihad sei geschlossen worden – ein Phänomen, dem wir auch eingangs in der Periodisierung des islamischen Rechts begegneten. Ein genauer Blick in die Geschichte zeigt jedoch, dass Idschtihad bis in das 11./17. Jahrhundert hinein sowohl auf theoretischer Ebene diskutiert wurde als auch in der Praxis verschiedene Formen annahm. Wir können also beobachten, dass mit den voranschreitenden Jahrhunderten der Idschtihad unter verschiedenen Formen in Erscheinung trat, wie etwa im Sinne von *qiyās* (Analogieschluss oder verwandte Schlussformen), einer Wahrscheinlichkeitsabwägung (sogenannter *tarǧīḥ*) unter konkurrierenden Meinungen, einer Rechtsfortbildung mit Rücksicht auf Rechtsprinzipien, einer Aktualisierung von Normen auf der Fatwa-Ebene und durch Rückgriff auf das Gewohnheitsrecht (*ʿurf*). Diese Entwicklung geht mit dem Wunsch der Gelehrten einher, das Recht zu standardisieren, Rechtssicherheit zu gewährleisten und das Recht berechenbar zu machen. Dies war insofern wichtig, als dass nicht die Herrscher die Rechtsprechung und die Ausbildung der Juristen kontrollierten, sondern dies ein relativ autonomer Prozess war, der durch die Gelehrsamkeit gesteuert wurde. Entsprechend nahmen über die Jahrhunderte hinweg verschiedene Bedingungen überhand, die einen freien und unberechenbaren Idschtihad unterbinden sollten. Die

Rechtsschulzugehörigkeit und die Erwartung, dass man sich an den bekannten Meinungen der Rechtsschulen orientiert, sind nur einige dieser Kontrollmechanismen.[21]

Bereits im 18. Jahrhundert wurde diese Entwicklung mit Argwohn betrachtet. Obwohl die bisherige Tradition eine kontrollierte, aber durchaus schwierig umzusetzende Flexibilität des Rechts ermöglichte, wurde sie als Hemmnis für den Idschtihad wahrgenommen. So riefen bereits Gelehrte wie Šāh Walīy Allāh ad-Dihlawī (gest. 1176/1762), Ibn ʿAbd al-Wahhāb (gest. 1206/1798) und Abū ʿAbdallāh Muḥammad aš-Šawkānī (gest. 1250/1834) dazu auf, die Quellen Koran und Sunna direkt zu konsultieren und von neuem Idschtihad auszuüben. Es gab auch Gelehrte, die die Idschtihadbestrebungen im Rahmen des traditionellen Rechts und der Rechtssystematik verorteten, wie etwa der osmanische Gelehrte Abū Saʿīd al-Ḫādimī (gest. 1175/1762), der sich insbesondere mit den Rechtsprinzipien (*qawāʿid*) befasste.[22] Der Idschtihad konnte dagegen bei den Befürwortern einer Neuausrichtung unterschiedlich ausfallen: Bei Ibn ʿAbd al-Wahhāb (gest. 1206/1792), dem Gründer der Wahhabiten, führte dies zu einem literalistischen Zugang zum Koran und zur Sunna und damit einer extremen Position innerhalb der muslimischen Tradition. Aš-Šawkānī (gest. 1250/1834) konnte einen freien Idschtihad befürworten und dazu aufrufen, bestehende Meinungen zu überdenken. Er hat sich dem *taqlīd*, der Nachahmung einer Rechtsschulmeinung, widersetzt.

Wir können auch Gelehrte aus früheren Jahrhunderten finden, die sich dem *taqlīd* widersetzten. Eine der prominentesten Figuren ist Taqī ad-Dīn Ibn Taymīya (gest. 728/1328). Er rief dazu auf, sich vom *taqlīd* zu verabschieden und selbstständig Idschtihad auszuüben. Zeitgenössische Befürworter eines solchen Idschtihads zitieren daher oft Ibn Taymīya, der aber genauso von traditionalistischen bis fundamentalistischen Kreisen – namentlich den Wahhabiten und Salafiten – zitiert wird. Am Beispiel von Ibn Ḥazm (gest. 456/1064) lässt sich erkennen, dass die Ẓahiriten den *taqlīd* ebenfalls nicht akzeptierten und

21 Für solche Entwicklungen innerhalb der Rechtsschulen siehe Band I, Kapitel 3.

22 Für ihn und seine Herangehensweise siehe Karacan, *Traditionsbegründung*.

dazu aufriefen, stets einen textzentrierten Idschtihad befürworteten, der sich am äußeren Wortlaut der Quellen orientieren sollte.

Festhalten lässt sich darüber hinaus, dass wir auch in der Geschichte das Motto ›Zurück zu den Quellen‹ bzw. den Aufruf zum selbstständigen Idschtihad finden können. Ein besonderes Beispiel in diesem Rahmen finden wir im Andalusien des 6./12. und 7./13. Jahrhunderts: Eine Gruppe elitärer Gelehrter (sogenannte *ṭalaba*) riefen dazu auf, zu den Quellen zurückzukehren und die Rechtsschulen zu überwinden, wohingegen der malikitische Richter, Jurist, Philosoph und Mediziner Ibn Rušd (gest. 595/1198) zeigen wollte, dass die konkurrierenden Rechtsschulmeinungen zwar legitim seien, aber die Gelehrten selbst Idschtihad ausüben sollten, indem sie nach den Prinzipien (*qawāʿid*) des islamischen Rechts argumentieren und Recht finden. Das bloße Auswendiglernen bekannter Meinungen war Ibn Rušd ebenso ein Dorn im Auge.[23]

Also ist weder der Aufruf zur Betonung des Idschtihad neu noch die Ausübung des Idschtihad, wenn auch je nach Zeit und Ort die Relevanz des Idschtihad variierte. Es ist also nicht gerechtfertigt, von einer wirklichen ›Schließung des Tores des Idschtihads‹ auszugehen. Klar ist aber auch, dass der Aufruf zum Idschtihad ab dem Ende des 19. und dem Beginn des 20. Jahrhunderts im Vergleich zu früheren Bestrebungen von einem anderen Charakter geprägt ist. Die Gelehrten reagieren nun mehr auf die sich stark verändernden Umstände, unter denen das islamische Recht sich wiederfand. Das islamische Recht war (und ist) weitestgehend kein angewandtes Recht; im globalen Vergleich befinden sich die muslimisch geprägten Länder in einer schwachen Machtposition, und die religiöse Gelehrsamkeit sieht sich in einer Autoritätskrise, geprägt von Entwicklungen einer sich verstärkt säkularisierenden Gesellschaft. Entsprechend war der Aufruf für eine Neuorientierung und -ausrichtung des Idschtihad von großer Tragweite – und ist es heute immer noch. Neben solchen Gelehrten, die die traditionellen Strukturen wahren wollten, wurden Stimmen

23 Siehe hierfür Kurnaz, *Tradition und Fortschreibung*.

prominent – und haben sich im Endeffekt durchgesetzt –, die entweder die Tradition anpassten (Neujustierung) und/oder vollständig neue Wege suchten (Neukonzeption).

Zu den prominentesten Vertretern einer Neujustierung des Idschtihad gehört Muḥammad ʿAbduh (gest. 1905). ʿAbduh rief dazu auf, die bestehenden Vorstellungen im islamischen Recht komplett zu überdenken. Er wählte dafür eine theologische Grundhaltung aus, die als muʿtazilitisch bezeichnet werden kann: Er geht von rational begründeten Konzepten und von Vernunftwahrheiten aus, im Lichte derer die religiösen Quellen Koran und Sunna ausgelegt werden sollen. Der bis dahin dominierenden ascharitischen Haltung wirft er vor, eine schwache Erkenntnistheorie begründet zu haben. Verkürzt dargestellt besagt die ascharitische Lehre, dass der Mensch das Gute und Böse nicht unabhängig von der Offenbarung erkennen kann, weil diese als solche nicht existieren. Ob etwas gut oder böse ist, jenseitig bestraft wird oder nicht, bestimmt nach dieser Lehre Gott. Somit kann nur die Offenbarung uns darüber aufklären. ʿAbduh macht hier eine Wende und dreht den Spieß um: das Gute und Böse existierten; der Mensch könne sie erkennen. Die Vernunfterkenntnis widerspreche der Erkenntnis durch die Offenbarung nicht. Überall dort, wo ein Widerspruch zu erkennen ist, werde dieser durch Auslegung der Quellen behoben; ein Ansatz, der in der Geschichte nicht unbekannt ist.

Beeinflusst von diesem Wandel bzw. der Neuausrichtung in der Erkenntnislehre führte Rašīd Riḍā (gest. 1935) den Ansatz seines Lehrers ʿAbduh fort. Riḍā gibt an, dass die meisten Aussagen in Koran und Sunna ausgelegt und die Lösungen, die man aus ihnen herleitet, an neue Umstände angepasst werden können bzw. müssen. Auslegung und Idschtihad ist für ihn nur dann ausgeschlossen, wenn eine Textstelle in diesen Quellen definitiver Natur ist, also wenn eine Lösung eindeutig abzuleiten ist. Er geht also von der traditionellen Erkenntnislehre aus, die nach zwei Dingen fragt:

1) Wie sicher kann man feststellen, dass die Quellen Koran und Sunna auf den Propheten Muhammad zurückgehen? Das ist die Frage nach dem *ṯubūt*, der Feststellbarkeit.

2) Wie sicher kann ich mir sein, dass die Bedeutung, die ich aus den Quellen herleite, die korrekte ist? Das ist die Frage nach dem Hinweischarakter (*dalāla*) von Aussagen.

Es gibt zwei Optionen für die Beantwortung dieser Fragen: Eine Aussage in den Quellen ist entweder definitiv (*qaṭʿī*) oder präsumtiv (*ẓannī*), sowohl auf der Ebene der Feststellbarkeit, ob sie auf den Propheten zurückführbar ist, als auch auf der Bedeutungsebene. Für Riḍā sind nur solche Aussagen – und das sind nicht viele –, die auf beiden Ebenen definitiv sind, vom Idschtihad ausgeschlossen.

Weitere Einschränkungen sehen wir nach dieser Lehre von Riḍā im Bereich der gottesdienstlichen Handlungen, die sich einer Neudeutung entziehen. Ähnliches gilt für die Sunna: Legt eine Sunna eine auf diese Weise erwiesene Koranstelle aus, kann diese nicht neugedeutet werden. Legt sie aber etwas fest, was nicht im Koran zu finden ist, ist sie historisch zu verorten und neu zu deuten. Gleiches gilt für alle Fälle, die nicht in den Quellen definitiv erwiesen sind. Dann steht der Schutz des Interesses (*maṣlaḥa*, Pl. *maṣāliḥ*) der Menschen und der Notwendigkeiten (*ḍarūrāt*), also Interessen, die notwendigerweise geschützt werden müssen, im Vordergrund. Dies gilt insbesondere dann, wenn die Quellen sich zu einem Fall nicht äußern, also eine Rechtslücke vorliegt. Es bedarf dann einer entsprechenden Rechtsfindung und eines Idschtihads. Das Interesse der Menschen und die übergeordneten Ziele der Scharia, die Riḍā vom Koran herleitet, werden zu eigenständigen Rechtsquellen – auf beide wird noch im nächsten Kapitel einzugehen sein. Riḍā autorisiert seinen Vorschlag durch den Rückbezug auf die Ausführungen des hanbalitischen Gelehrten Naǧm ad-Dīn aṭ-Ṭūfī (gest. 716/1316) und des andalusisch-malikitischen Gelehrten Abū Isḥāq aš-Šāṭibī (gest. 790/1388), die sich eingehend mit *maṣlaḥa* beschäftigt haben – auch auf sie werde ich im nächsten Unterkapitel eingehen.

Einen ähnlichen Ansatz wie Riḍā verfolgen Gelehrte wie ʿAbd al-Wahhāb Ḫallāf (gest. 1956) und ʿAllāl al-Fāsī (gest. 1974). Auch bei ihnen sehen wir, dass sie mit Rückgriff auf die Theorien von aṭ-Ṭūfī und aš-Šāṭibī den *maṣāliḥ* eine zentrale Rolle beimessen. Methoden wie *qiyās* (Analogieschluss bzw. verwandte Schlussverfahren) werden zu

Methoden umgedeutet, bei denen überwiegend das Interesse der Menschen berücksichtigt wird, wie etwa *istiṣlāḥ*. *Istiṣlāḥ* ist eine Methode, die die schützenswerten Interessen als Begründung einer Norm erlaubt und den Gelehrten dazu befähigt, eine Norm zu formulieren, die den Schutz der Interessen als Rechtsgrund hat. Ferner erweitern viele Gelehrte das Spektrum der anerkannten Rechtsquellen und Methoden zur Herleitung von Normen, wie etwa die Berücksichtigung vom Gewohnheitsrecht (*ʿurf*). *ʿUrf* ist in der vormodernen Literatur keine unabhängige Quelle, zumindest keine unumstrittene Quelle. Lösungen, die mit Rücksicht auf das Gewohnheitsrecht begründet wurden, können durch seine Änderung angepasst werden. Die Kritik gegenüber dem Konsens der Gelehrten (Idschma) wird bei modernen Gelehrten deutlicher als bei vormodernen Gelehrten. Für sie gibt es nahezu keinen Fall von Konsens in der Geschichte des islamischen Rechts, der eine neue Lösung unterbinden würde.

Im Gegensatz zu den bisherigen Autoren gibt es Personen wie Ḥasan at-Turābī (gest. 2016), die einen Bruch zur vormodernen *uṣūl al-fiqh* und damit einen vollständigen Neuanfang fordern. Dieser geht davon aus, dass die *uṣūl al-fiqh* den zeitgenössischen Fragen keine Antwort liefern können. Da sich alles in der Geschichte verändere, müsse man stets nach neuen Wegen suchen. Obwohl at-Turābī neue Methoden vorschlägt, bleiben seine Ausführungen vage und unklar. So wird etwa nicht deutlich, was unter dem ›holistischen, umfassenden Schlussverfahren‹ (*al-qiyās al-iǧmālī al-wāsiʿ*) zu verstehen ist; er setzt dies nur mit der umfassenden Berücksichtigung der Interessen (*maṣāliḥ*) der Menschen gleich. Detaillierter sind seine Ausführungen zum ›umfassenden *istiṣḥāb*‹. *Istiṣḥāb* ist nach der traditionellen Lehre die Vermutung, dass etwas fortbesteht. Ein Beispiel: Solange nicht nachgewiesen ist, dass der verschollene Ehemann einer Frau verstorben ist, wird angenommen, dass er lebt; die Ehefrau gilt als verheiratet. At-Turābī weitet dieses Prinzip der Vermutung aus: Islamrechtliche Prinzipien gelten solange, solange nicht das Gegenteil bewiesen ist. Zu diesen Prinzipien gehört, dass alles erlaubt ist, solange nicht bewiesen ist, dass eine Handlung verboten ist, oder auch, dass alles, was zum Nutzen führt, auch zulässig sei. At-Turābī zeigt nicht genau, wie diese seine Annahmen auf tatsächliche Fälle angewandt werden sollen. Er geht davon aus, dass die gelebte Realität der Menschen nicht außer Acht gelassen werden soll. Man gehe zwar von den religiösen Quellen aus, doch dürfen sie nicht ohne Rücksicht auf die Lebensrealität der Menschen und ihre Interessen ausgelegt werden. Damit willkürliche Auslegungen unterbunden werden, schlägt at-Turābī vor, sich in schwerwiegenden Fällen des Instruments der Beratung (*aš-šūrā*) im weitesten Sinne zu bedienen, um einen Konsens zu erreichen; ansonsten seien die politischen Autoritäten gefragt. Insgesamt bleibt at-Turābī in seinen Ausführungen vage, sodass er der traditionellen Methodik keine Alternative bieten kann.

Im Endeffekt kann die Grundhaltung der bisher angeführten Autoren so wiedergegeben werden, dass sie annehmen, Aussagen in Koran und Sunna seien überwiegend auslegungsbedürftig, weshalb neue Auslegungen nicht kategorisch ausgeschlossen werden könnten. Obwohl viele Gelehrte diese Ansicht vertreten – und damit die Grundzüge der Haltung zum neuartigen Idschtihad beschrieben sind –, möchte ich auf die Ausführungen von zwei Gelehrten eingehen, die eine zentrale Rolle für den europäischen Kontext spielten: Ṭāhā Ǧābir al-ʿAlwānī (gest. 2016) und Yūsuf al-Qaraḍāwī (gest. 2022). Sie gehören zu den Gelehrten, die maßgeblich dazu beigetragen haben, das islamische Minderheitenrecht (*fiqh al-aqallīyāt*) zu begründen (siehe Kapitel 3). Beide Gelehrte äußern sich zum Idschtihad im Allgemeinen und im Rahmen des *fiqh al-aqallīyāt* im Besonderen.

Al-Qaraḍāwī unterscheidet, wie zuvor Riḍā, zwischen gottesdienstlichen Handlungen und den restlichen Bereichen des Rechts. Aktualisierungen und Anpassungen schließt al-Qaraḍāwī für gottesdienstliche Handlungen aus. Neudeutungen für den restlichen Bereich des Rechts schränkt er ebenfalls ein: Ist etwas in den religiösen Quellen klar und eindeutig geregelt, wie etwa die Erbschaft, sind Neudeutungen ausgeschlossen. Denn in diesem Falle handelt es sich um definitiv erwiesene Handlungsnormen, sogenannte *qaṭʿīyāt*. Befindet man sich aber im Bereich der präsumtiv erwiesenen Normen, den *ẓannīyāt* – was den Großteil des islamischen Rechts ausmacht –, sind Neudeutungen nach al-Qaraḍāwī möglich. Konkrete Formen des Idschtihad in diesem Bereich entsprechen bei al-Qaraḍāwī den bereits etablierten Methoden und der Herleitung von Normen mit Rücksicht auf

Quellen, die wir in vormodernen Werken sehen, wie etwa *maṣlaḥa*, *ʿurf* und *istiḥsān* (das Für-gut-Halten von alternativen Lösungen im Vergleich zu bereits etablierten Normen und allgemeinen Prinzipien). Dabei deutet al-Qaraḍāwī diese Quellen durchweg positiv, selbst wenn vormoderne Quellen sie kritisch betrachten.

Ferner teilt al-Qaraḍāwī den Idschtihad in zwei Arten auf. Die erste Art ist der abwägende selektive Idschtihad (*iǧtihād tarǧīḥī intiqāʾī*). Bereits formulierte Meinungen in der Tradition – und zwar alle auffindbaren und nicht nur die in den bekannten Rechtsschulen – sollen einer Analyse unterzogen werden. Die geeignetste Lösung wird dann für zeitgenössische Probleme in Betracht gezogen. Die zweite Art des Idschtihad ist originell kreativ (*ibdāʿī inšāʾī*). Mit Rücksicht auf die Rechtsquellen können neue Lösungen vorgeschlagen werden. Al-Qaraḍāwī plädiert hier für einen kollektiven Idschtihad (*iǧtihād ǧamāʿī*): Ein Ausschuss von Rechtsgelehrten und Expert:innen aus diversen Disziplinen soll Fragen interdisziplinär untersuchen und gemeinsam Lösungen finden. Der geeignete Ort dafür sind für ihn unabhängige islamrechtliche Akademien (Sg. *maǧmaʿ fiqhī*) – wir werden noch in Kapitel 3 sowohl auf den kollektiven Idschtihad als auch auf islamrechtliche Akademien eingehen. Einen individuellen Idschtihad schließt al-Qaraḍāwī nicht vollständig aus. Als Beispiele für den kollektiven Idschtihad können bioethische Fragen dienen, etwa die Bewertung der Sterbehilfe, die diese Akademien kollektiv bearbeiten.

Diese beiden Idschtihadarten, der abwägend-selektive und der originell-kreative Idschtihad, schließen sich nach al-Qaraḍāwī nicht gegenseitig aus; man könne sie kombinieren. So können bereits erfolgte Idschtihade aktualisiert werden, ohne dabei einen völlig neuen Weg gehen und vorherige verwerfen zu müssen. Bei beiden Idschtihad-Arten sehen wir, dass al-Qaraḍāwī der Tendenz folgt, Meinungen aus unterschiedlichen Rechtsschulen zu kombinieren, also *taḫayyur* bzw. *talfīq* zu betreiben. Obschon ab dem 20. Jahrhundert solche Kombinationen üblich sind, erwecken sie oft den Eindruck unsystematischer Zusammenstellungen, was al-Qaraḍāwī auch mit *talfīq* zusammenbringt. Deswegen betont al-Qaraḍāwī, dass sein abwägender Idschtihad keiner willkürlichen Zusammensetzung gleichkomme und unterscheidet die beiden oben erwähnten Idschtihad-Typen voneinander.

Die Quellen, die al-Qaraḍāwī für beide Arten des Idschtihad anführt, sind neben Koran und Sunna die übergeordneten Ziele der Scharia (*maqāṣid*), das Interesse der Menschen (*maṣlaḥa*) sowie die Befolgung des Prinzips der Erleichterung (*taysīr*), die Berücksichtigung der Lebenssituation der Menschen und die Befolgung von etablierten Rechtsprinzipien (*qawāʿid*) wie zum Beispiel »Grundsätzlich sind Dinge erlaubt« (*al-aṣl fī l-ašyāʾ al-ibāḥa*) und »Es gibt weder Schaden-Erleiden noch Schaden-Zufügen« (*lā ḍarara wa-lā ḍirāra*). Solche Rechtsprinzipien berücksichtigt al-Qaraḍāwī vermehrt im Bereich des islamischen Minderheitenrechts, worauf noch einzugehen sein wird.

Kommen wir nun auf al-ʿAlwānī zu sprechen: Obschon al-ʿAlwānīs Idschtihadtheorie sich von den Rechtsquellen her nicht sonderlich von al-Qaraḍāwīs Theorie unterscheidet, ist sein Idschtihad-Konzept deutlich anders. Al-ʿAlwānī geht im Gegensatz zu al-Qaraḍāwī davon aus, dass außer den gottesdienstlichen Handlungen alle Normen Gegenstand von Neudeutungen sein können. Er achtet nicht gesondert darauf, ob eine Norm nach der Vorstellung der vormodernen Rechtstheorie definitiv oder präsumtiv erwiesen sind. Seine Koranhermeneutik besteht darin, dass man den Koran mit Hilfe des ›Buches der Schöpfung‹ lesen solle. Im Grunde genommen heißt dies, dass man den Koran mit Rücksicht auf historische, soziale und politische Entwicklungen lesen müsse. Jede Auslegung solle darüber hinaus den übergeordneten Zielen der Scharia gerecht werden.[24] Al-ʿAlwānī steht dabei der Haltung kritisch gegenüber, mekkanische Suren anders als medinensische Suren zu behandeln. Damit reagiert er auf die Vorstellung, dass medinensische Suren konkrete Handlungsanweisungen beinhalten, deren ethische Prinzipien in mekkanischen Suren zu finden seien. Damit sind – nach dieser Auffassung – medinensische Suren historisch bedingt und aktualisierbar, die mekkanischen hingegen nicht. Mekkanische Suren sind solche, die vor dem Auszug der Muslime von Mekka nach Medina im Jahre 622 herabgesandt wurden; medinensische wurden danach herabgesandt. So geht etwa Abdullahi

24 Albrecht, »al-ʿAlwānī, Ṭāhā Jābir«.

an-Naʿim (geb. 1946) wie viele andere zeitgenössische Autoren auch davon aus, dass mekkanische Suren Grundprinzipien beinhalten. Die medinensischen Suren setzen diese um und sind demnach historisch bedingte Lösungsvorschläge. Also sind spezifische Handlungsanforderungen im Koran und in der Sunna insgesamt historisch bedingte Lösungen und keine überzeitlichen Anordnungen. Sie können daher den sich verändernden Umständen angepasst werden.

Al-ʿAlwānī sieht ferner in der Sunna eine historisch bedingte Quelle, die stets aktualisiert werden kann. Sie ist eine Art, wie man das göttliche Wort mit Rücksicht auf spezifische historische Umstände umsetzen könne. Al-Qaraḍāwī geht hier einen anderen Weg als al-ʿAlwānī: Er betont eher den universalen Charakter der Sunna. Jedoch gesteht er, dass sie sich nach unterschiedlichen Gesichtspunkten kategorisieren lässt. Je nach Kategorie ist dann zu entscheiden, ob eine bestimmte Sunna aktualisiert werden kann oder ob sie in ihrer überlieferten Form universelle Gültigkeit besitzt. So können beispielsweise Entscheidungen des Propheten, die sich auf die Staatsführung beziehen, aktualisiert werden.

Im Gegensatz zu diesen Ansätzen gibt es weitere Formen des Idschtihad, die nicht unbedingt als solche bezeichnet werden. Sie rufen dennoch dazu auf, die Quellen Koran und Sunna historisch zu verorten, entsprechend zu deuten und neue Lösungen vorzuschlagen. Diese Theorien unterscheiden sich insofern von den bisher beschriebenen, als dass sie weder die *maṣlaḥa* noch die *maqāṣid* als Ziel jeder Auslegung oder als ihre Quellen bestimmen. Ihr Hauptmerkmal ist der historisch-kritische Umgang mit den Quellen Koran und Sunna und den Prinzipien, die sie von ihnen herleiten. Mithilfe dieser kann dann neue Auslegung betrieben werden. Die Grundhaltung der Vertreter:innen dieses Ansatzes ist, dass der Koran und die Sunna mit der Geschichte verwoben sind und sie nicht unabhängig von der Erfahrung der damaligen Adressaten verstanden werden können. Ändern sich die Umstände, müssen die Deutung und Umsetzung der Quellen dementsprechend angepasst werden. Um ihre Botschaft zu verstehen, müssen beide im historischen Kontext verortet werden; nur so sei eine adäquate Deutung möglich – dazu später mehr.

Wir können also mit Blick auf diese konkurrierenden Ansätze festhalten, dass zum einen die *maṣlaḥa,* die *maqāṣid* und die Rechtsprinzipien bei einer großen Gruppe von Gelehrten im Vordergrund stehen, sei es für den kollektiven oder den individuellen Idschtihad. Auffällig ist, dass im kollektiven Idschtihad Wissensquellen einbezogen werden, die aus anderen, nichtreligiösen Wissenschaftsdisziplinen stammen und damit die erkenntnistheoretischen Grenzen des traditionellen Rechts durchbrechen. Damit wird der Wissensbestand für die Bewertung islamrechtlicher Fragen beträchtlich erweitert. In der vormodernen Literatur ist der Einbezug solchen Wissens selten anzutreffen. Entscheidungen, die auf Erfahrungswerten basierten, wie etwa die Feststellung, ob ein Getränk unrein geworden ist, weil es sich mit unreinen Substanzen wie etwa Wein vermischt hat, wurden zum Beispiel nach Kriterien wie Farb- und Geruchsveränderung entschieden. Heute werden dagegen in Laboren minutiöse Analysen vorgenommen, um etwa bewerten zu können, ob eine Substanz so stark denaturiert ist, dass entschieden werden kann, ob eine neue Substanz vorliegt. Haben die Gelehrten früher nach Geruch und Geschmack entschieden, ob Wein zu Essig geworden ist, und infolgedessen erlaubt, Essig zu konsumieren oder zu verkaufen, der aus Wein gewonnen wurde, stellen sich viele heute dagegen, aus Schweinsknochen hergestellte Gelatine zu konsumieren, weil man auf Mikroebene nachweisen könne, dass sie vom Schweinsknochen stamme. Ist das Schwein als Tier vollständig als unrein zu betrachten, so ist die Gelatine, die aus Schweinsknochen hergestellt wird, ebenfalls als unrein zu bewerten. Damit wären ihr Verkauf und Konsum verboten.[25]

Es wäre also nicht falsch, in den oben beschriebenen Idschtihaddeutungen eine Neujustierung erkenntnistheoretischer Annahmen zu erkennen. Wir können damit festhalten, dass die Grenzen der traditionellen Rechtstheorie überwunden werden: Entweder wird nur ein Teil davon beibehalten, und zwar dann, wenn es um die Bestimmung

25 Kurt, »Die Frage nach der Umwandlung (*istiḥāla*) von unreinen Objekten in reine – Herausforderungen der Halal-Ernährung im globalen Diskurs der islamischen Speisegebote«.

gottesdienstlicher Handlungen geht, oder sie wird komplett ausgeschaltet. Jedenfalls konzentrieren sich die Gelehrten mehrheitlich auf die *maṣāliḥ* und *maqāṣid* oder einen historisierenden Ansatz. Werden die *maqāṣid* und *maṣāliḥ* zu anerkannten Rechtsquellen, so hat dies auch eine Auswirkung auf die Erkenntnistheorie, schließlich sind sie in den Quellen nicht direkt zu finden. Dass die historisierenden Ansätze einer anderen Erkenntnistheorie und Hermeneutik folgen als die traditionelle Literatur, liegt auf der Hand: Nicht der äußere Wortlaut der Quellen zeigt, welche Bedeutung ihnen zu entnehmen und welche Handlungsanweisung die aktuell gültige ist, sondern der Mensch muss die Aussagen in den Quellen historisch verorten, die Botschaft erkennen, eine Neudeutung vornehmen und selbst entscheiden, welche Handlungsanweisung die wahrscheinlich passendste für die jeweilige Zeit ist. Wir dürfen aber auch nicht vergessen, dass insbesondere im Bereich der gottesdienstlichen Handlungen und auch anderer Bereiche traditionelle Fatwas befürwortet werden.

Aus den bisherigen Beobachtungen ergeben sich die Inhalte der nächsten drei Unterkapitel. Wir werden zunächst betrachten, wie die Gelehrten *maṣāliḥ, maqāṣid* und Rechtsprinzipien (*qawāʿid*), die innerhalb des Idschtihad verortet werden, begründen und wie sie sie verstehen. In den darauffolgenden zwei Unterkapiteln werden wir den historisierenden Ansatz mit Bezug auf Koran und Sunna näher betrachten.

2.1.2 Neue Quellen: *maqāṣid* und *qawāʿid*

Viele zeitgenössische Gelehrte beschäftigen sich mit den übergeordneten Zielen (*maqāṣid*) der Scharia.[26] Was genau darunter zu verstehen ist, kann von Gelehrtem zu Gelehrtem stark variieren. Sie beziehen

26 Die folgenden Ausführungen basieren auf der folgenden Literatur, sofern nicht anders angegeben: Opwis, *Maṣlaḥa*; Opwis, »New Trends«; Kurnaz, »Der Diskurs über *maqāṣid*«; Bassiouni, *Menschenrechte*; Johnston, »Maqāṣid«.

sich bei ihren Vorschlägen auf vormoderne Konzepte. Das prominenteste Konzept dabei ist *maṣlaḥa* (das Interesse der Menschen). Bei ihrer Konzeptionalisierung in der Systematik von drei vormodernen Vertretern rezipieren die zeitgenössischen Gelehrten am stärksten Abū Ḥāmid al-Ġazālī (gest. 505/1111) sowie die bereits zuvor genannten aṭ-Ṭūfī und aš-Šāṭibī. Bevor wir also auf zeitgenössische Ansätze eingehen, lohnt sich ein kurzer Blick auf die Herangehensweise dieser Gelehrten.

Al-Ġazālī gehört zu den meistzitierten Gelehrten, da er zu den ersten zählte, die mithilfe des Gedankens der schützenswerten Interessen (*maṣāliḥ*, Sg. *maṣlaḥa*) der Menschen einige *maqāṣid* formuliert haben. Um entscheiden zu können, ob man für die Herleitung von Normen das Interesse der Menschen berücksichtigen kann, teilt er die Interessen in drei Arten auf:

1) solche, die von den Quellen akzeptiert werden, wie etwa das Verbot aller alkoholischen Getränke, um die Vernunft zu schützen,
2) solche, die von ihnen verworfen wurden, wie etwa die Beschränkung von Sühnehandlungen für Vergehen, unter denen man eine Auswahl treffen kann, wie etwa zu fasten oder Arme zu speisen, mit der Begründung, man dürfe die Auswahlmöglichkeit nicht außer Kraft setzen, und
3) solche, die von den religiösen Quellen nicht angesprochen, also offengelassen werden; sie werden weder negiert noch befürwortet.

Für diese Arten entwickelte sich eine einheitliche Terminologie: 1) *maṣlaḥa muʿtabara,* 2) *maṣlaḥa mulġā* und 3) *maṣlaḥa mursala.* Die Einordnung der ersten beiden Kategorien ist klar. Wie man mit Interessen umgehen soll, die die Quellen nicht bewerten und offenlassen, ist umstritten. Um eine Entscheidung treffen zu können, unterteilt al-Ġazālī diese Interessen in drei Arten: 1) notwendig (*ḍarūrī*) zu schützende, 2) bedürfnisorientierte (*ḥāǧī*) und 3) verschönernde (*taḥsīnī*) Interessen. Notwendig zu schützende Interessen sind solche, ohne deren Schutz eine Gesellschaft nicht existieren kann. Dazu gehören mit Rücksicht auf die koranischen Strafen, von denen sie al-Ġazālī ableitet, der Schutz des Lebens (*ḥifẓ an-nafs*), der Religion (*ad-dīn*), der Vernunft (*al-ʿaql*), des Vermögens (*al-māl*) und der Nachkommenschaft (*an-nasl*). Die bedürfnisorientierten und verschönernden Interessen befinden sich außerhalb dessen und sind unbestimmt. Zu den ersteren gehören etwa juristische Lizenzen (*ruḫaṣ*, Sg. *ruḫṣa*); zu den letzteren etwa Handlungen, die zur Vervollkommnung der Ethik und des Menschen dienen. Einige Interessen bilden dabei sogenannte *tatimmāt*, also vervollkommnende Zwischenstufen, die nicht genau in eine der drei zuvor genannten Kategorien eingeordnet werden können. Für al-Ġazālī gilt, dass neben den anerkannten Interessen nur die notwendig zu schützenden für die Herleitung von Normen berücksichtigt werden dürfen. Die Methode, die dies erlaubt, ist der *qiyās*. Unter *qiyās* ist es für al-Ġazālī möglich, die notwendig zu schützenden Interessen zu integrieren und entsprechend Normen herzuleiten. *Maṣlaḥa* wird dann in diesem Prozess als *waṣf al-munāsib* bezeichnet, ›eine passende Eigenschaft‹. Sie fungiert dann wie eine *ʿilla*, ein Rechtsgrund. Al-Ġazālī erweitert diesen seinen Ansatz unter *qiyās* und inspiriert auch Faḫr ad-Dīn ar-Rāzī (gest. 606/1210), der diesen Ansatz im Rahmen des *qiyās* weiterdenkt.[27]

Im Gegensatz zu al-Ġazālī befreit aš-Šāṭibī *maṣlaḥa* von den Ketten des *qiyās*. Das ist zwar im Kern kein Novum, zumal auch vor seinem Konzept Normen mit Rücksicht auf *maṣlaḥa* begründet wurden; man spricht in diesem Falle von *istiṣlāḥ*. Neu ist aber, dass wir bei aš-Šāṭibī eine *maṣlaḥa*-zentrierte, umfassende Rechtstheorie finden. Obwohl aš-Šāṭibī alle oben genannten Kategorien von *maṣlaḥa* in der beschriebenen Form übernimmt, gewichtet er alle Arten der *maṣlaḥa mursala* gleich. Seiner Meinung nach führt die Vernachlässigung von bedürfnisorientierten Interessen zur Schädigung der notwendig zu schützenden und die der verschönernden zur Schädigung der bedürfnisorientierten Interessen. Daher sieht aš-Šāṭibī unter den

27 Für die detaillierte Analyse beider Herangehensweisen siehe Opwis, *Maṣlaḥa*, Kapitel 2.

verschiedenen Stufen eine Interdependenz: Der Schutz bzw. die Vernachlässigung einer bestimmten Stufe hat Auswirkungen auf die anderen beiden. Die Berücksichtigung der *maṣlaḥa* begründet aš-Šāṭibī auf seine eigentümliche Weise durch Induktion (*istiqrā'*): Viele Passagen in den Quellen bestätigen, dass man die *maṣlaḥa* berücksichtigen soll. Daher haben die *maṣāliḥ* für ihn einen definitiven Charakter, weshalb sie direkt in die Rechtsprechung einbezogen werden können. Bei aš-Šāṭibī sticht zudem hervor, dass er den Wandel der Normen als gegeben ansieht, da die meisten Normen auf der Gewohnheit der Menschen beruhen. Ändern sich diese, müssen die Normen dementsprechend angepasst werden. Das sehe man auch im Koran: In Mekka wurden noch allgemeine Prinzipien formuliert, in Medina dagegen wurden diese je nach Kontext konkret vom Koran umgesetzt. Nun könnte sich der Ansatz von aš-Šāṭibī an dieser Stelle so deuten lassen, dass er soweit gehe, zu sagen, man könne koranische Handlungsanweisungen dem Kontext entsprechend abändern und anpassen. Das scheint aber nicht der Fall zu sein. Konkrete Handlungsanweisungen im Koran dürfen nach aš-Šāṭibī nicht angepasst werden. Der Rest des Rechts außerhalb der gottesdienstlichen Handlungen dagegen könne (müsse gar) angepasst werden. Dadurch werde man dem Anspruch gerecht, das Interesse der Menschen zu schützen.

Da aš-Šāṭibī von einer Interdependenz der Arten und Stufen der *maṣlaḥa* ausgeht, macht er sich auch Gedanken darüber, wie man sich entscheiden kann, wenn verschiedene *maṣāliḥ* untereinander kollidieren. Hinzu kommt der Gedanke, wie man mit dem Gegensatz von *maṣlaḥa*, dem Schaden (*mafsada*), umgehen kann. Aš-Šāṭibī geht hierzu wie andere vor ihm, allerdings detaillierter, auf Konstellationen ein, in denen *maṣlaḥa* und *mafsada* untereinander und innerhalb der eigenen Kategorie kollidieren. Es stelle sich etwa die Frage, welcher Schaden in Kauf genommen werden müsse, wenn zwei Schadensfälle kollidieren. Leitgedanke bei solchen Entscheidungen ist die Grundregel, die Gelehrte wie der Schafiit al-ʿIzz ibn ʿAbd as-Salām (gest. 660/1262) formulierten: Es gilt, das Nützliche herbeizuführen und den Schaden abzuwehren (*ǧalb al-manāfiʿ wa-dafʿ al-mafāsid*).

Neben diesen beiden Herangehensweisen wurden *maṣāliḥ* auch im Rahmen von Rechtsprinzipien (*qawāʿid*) berücksichtigt. Es gibt viele Prinzipien, die dazu verhelfen, dem zuvor genannten Ziel gerecht zu werden. Sie ermöglichen es festzustellen, was Schaden ist, wie Schaden vermieden und wie Nutzen herbeigeführt werden kann. Neben Ibn ʿAbd as-Salām konzentrierte sich auch sein malikitischer Schüler Šihād ad-Dīn al-Qarāfī (gest. 684/1285) auf Rechtsprinzipien. Dieser erwog ebenfalls, mit ihrer Hilfe Handlungen zuzulassen, die zu einem guten Ergebnis bzw. zum Erlaubten führen, und solche zu verbieten, die zu Verbotenem oder Bösem führen. Dies fällt neben anderem unter die Methode der Versperrung bzw. Öffnung von Rechtsmitteln (*sadd* bzw. *fatḥ ad-ḏarāʾiʿ*). Rechtsprinzipien begründen also Normen nicht selbstständig, sondern sie verhelfen meist dazu, eine Entscheidung unter konkurrierenden Normen zu treffen und dadurch Schaden abzuwehren bzw. Nutzen herbeizuführen.

Einen davon abweichenden Ansatz hat aṭ-Ṭūfī (neben weiteren Gelehrten, auf die wir hier nicht eingehen können). Aṭ-Ṭūfī wird seit dem 20. Jahrhundert als jemand wahrgenommen, der der *maṣlaḥa* eine zentrale Rolle in der Rechtstheorie zugeordnet hat. Das Besondere dabei ist, dass er seine Überlegungen dazu – obwohl er ein dezidiertes *uṣūl*-Werk geschrieben hat – in einem Hadithkommentar zur Sprache bringt. In seinem rechtsmethodischen Werk reizt er die Grenzen der *uṣūl al-fiqh* nicht so sehr aus, wie er es in seinem Hadithkommentar tut. Er kommentiert den Hadith »Es gibt kein Schaden-Zufügen und kein Schaden-Erleiden« und merkt an, dass in allen Fällen, in denen die Anwendung von bereits etabliertem Recht zu einem Schaden führe, eine alternative Lösung mit Rücksicht auf *maṣlaḥa* formuliert werden müsse. Ausgenommen davon seien gottesdienstliche Handlungen und definitiv festgelegte Regelungen (sogenannte *muqaddarāt*). Aṭ-Ṭūfī betont darüber hinaus, dass man sich über die Berücksichtigung der *maṣlaḥa* unter den Gelehrten einig sei, wohingegen sogar die Auslegung von Koran und Sunna umstritten sei. Daher sei der *maṣlaḥa* besondere Aufmerksamkeit zu schenken. Bei näherem Blick ist aber zu sehen, dass sich aṭ-Ṭūfī auf Fälle außerhalb der gottesdienstlichen Handlungen bezieht, die selbst präsumtiver Natur sind. Führen sie nicht zu einer *maṣlaḥa*, kann eine neue Lösung vorgeschlagen werden. Also ist die radikale Zuwendung von aṭ-Ṭūfī zur *maṣlaḥa* nicht direkt aus seinen Ausführungen zu entnehmen, obwohl er ab dem 20. Jahrhundert oft so gelesen wird. Aṭ-Ṭūfī unterstreicht zudem, dass sein alternativer Vorschlag als eine Spezifikation (*taḫṣīṣ*) allgemeiner Annahmen durch den oben genannten Hadith zu verstehen ist. Wird bei der Rechtsfindung auf *maṣlaḥa* Rücksicht genommen, dann konkretisiert der Gelehrte durch diesen Hadith den bewerteten konkreten Einzelfall. Damit ist aṭ-Ṭūfī bemüht, sich bereits etablierter Methoden zu bedienen und nicht vollständig aus dem Rahmen der erkenntnistheoretischen Grenzen der traditionellen *uṣūl al-fiqh* zu fallen.

Zusammenfassend lässt sich erkennen, dass diese divergierenden Ansätze dennoch im weitesten Sinne im Rahmen der erkenntnistheoretischen Grundlagen der *uṣūl al-fiqh* funktionieren. Darüber hinaus spielen die *maṣāliḥ* eine zentrale Rolle, wenn es um die Lösung von konkreten Rechtsfragen geht. Sie wurden immer dann herangezogen, wenn bereits etablierte Normen bzw. Prinzipien zu Erschwernis führten bzw. nicht umsetzbare Lösungen begründeten. Ferner konnten die *maṣāliḥ* bestehende Normen bestätigen. Sie verhalfen auch dazu, unter konkurrierenden Meinungen eine auszuwählen. Obwohl manchmal *maṣlaḥa* als übergeordnetes, abstraktes Ziel der Scharia verstanden wurde, dominierte in der vormodernen Literatur die Funktion, ein fallbezogenes Entscheidungskriterium bzw. ein solcher Rechtsgrund zu sein.

Mit den Bestrebungen zeitgenössischer Gelehrter ändert sich der Umgang mit *maṣlaḥa*. Die *maṣlaḥa* wird zu *maqāṣid*, also zu abstrakten Kategorien, denen konkrete Rechtsmeinungen gerecht werden sollen. Damit sollen alle Rechtsfindungsmethoden dazu dienen, diesen abstrakten Kategorien und Zielen gerecht zu werden. Hanafitische Kreise deuten heute daher den *istiḥsān* im Sinne einer Methode, die die *maqāṣid* berücksichtigt haben. Denn *istiḥsān* ist das Für-gut-Halten von Meinungen, die etablierten Prinzipien und Meinungen widersprechen und über sie hinaus gehen, Alternativlösungen zulassen und einen Nutzen für die Menschen herbeiführen. Damit wollen diese Kreise zeigen, dass Hanafiten in ihrer Geschichte immer eine *maqāṣid*-zentrierte Methode zur Herleitung von Normen befürwortet haben.[28] Dieser Anspruch

28 Kamali, »*Istiḥsān* and the Renewal of Islamic Law«.

verwundert nicht, denn die meisten, die sich zu *maṣāliḥ* äußerten, waren schafiitische, malikitische und hanbalitische Gelehrte; Hanafiten dürfen also nicht fehlen. Das Fehlen hatte wiederum damit zu tun, dass die Hanafiten einer anderen Ontologie folgten als die genannten Rechtsschulen.[29]

Blicken wir nun auf die zeitgenössischen *maqāṣid*- bzw. *maṣlaḥa*-Diskussionen. Sie sind so zahlreich, dass wir nicht alle erfassen können. Daher seien sie hier in Grundzügen zusammengefasst. Die meisten Gelehrten akzeptieren die *maṣlaḥa*-Arten, die die vormodernen Gelehrten entwickelt haben. Damit suggerieren sie eine Kontinuität der Tradition und die Anknüpfungsfähigkeit ihrer Theorien. Diese Kontinuität stellen sie auch her, indem sie Namen wie aṭ-Ṭūfī und aš-Šāṭibī zitieren, obwohl sie sie für ihre eigenen Theorien entsprechend umdeuten müssen und nicht unbedingt darauf achten, sie akkurat zu zitieren. Die Werke dieser beiden Gelehrten, die sich explizit mit *maṣlaḥa* befassen, erlangten durch die Edition von Ǧamāl ad-Dīn al-Qāsimī (gest. 1914) und Rašīd Riḍā ihre heutige Berühmtheit. Riḍā selbst hat eine eigene *maqāṣid*-Theorie entwickelt, mit zehn *maqāṣid*, die er aus dem Koran herleitet. Dazu gehören etwa

1) ›die drei Säulen des Glaubens‹, das ist der Glaube an Gott, die Auferstehung und gute Handlungen als Garant für den korrekten Glauben,
2) Anerkennung der Prophetie,
3) Läuterung und Vervollkommnung der Seele,
4) Reformen im politischen, sozialen sowie dem Finanzsystem,
5) gleiche Rechte für Frauen und
6) Beendigung der Sklaverei.[30]

29 Dies auszuführen bedürfte einer gesonderten detaillierten Darstellung der Ontologie und Epistemologie beider Richtungen, die hier den Rahmen sprengen würde.

30 Siehe für die Besprechung dieser *maqāṣid* Ibrahim, »Rashīd Riḍā«.

Wir können bei Riḍā unter diesen zehn *maqāṣid* abstrakte Ziele finden, wie zum Beispiel Gerechtigkeit, Wahrheit, Treue, Barmherzigkeit, Rechtschaffenheit und Aufrichtigkeit.[31] Riḍās Kategorien wurden in späteren Arbeiten allerdings weitestgehend unberücksichtigt gelassen. Stärker wurden die Vorschläge von aṭ-Ṭāhir ibn ʿĀšūr (gest. 1973), ʿAllāl al-Fāsī und ʿAbd al-Wahhāb Ḫallāf rezipiert. Durch ihre Werke, die sich den *maqāṣid* widmeten, begründeten sie sogar ein eigenständiges Genre zu den *maqāṣid*. Auffällig bei aṭ-Ṭāhir ibn ʿĀšūr ist zum Beispiel, dass er sowohl die oben beschriebene Tradition rezipiert als auch selbst neue Kategorien vorschlägt. Er verbindet sogar die *maqāṣid*-Diskussion mit theologischen Konzepten wie der *fiṭra*, der Natur bzw. natürlichen Veranlagung des Menschen, nach dem Guten zu streben, sodass Rechtsnormen der Natur des Menschen entsprechend begründet werden müssen. Ändern sich die schützenswerten Interessen, die der *fiṭra* des Menschen entsprechen, müssen nach seiner Theorie die Normen ihnen angepasst werden. Man könnte also von einem naturrechtlichen Ansatz sprechen.

Nach aṭ-Ṭāhir ibn ʿĀšūrs Werk sind zahlreiche Studien zu den *maqāṣid* entstanden, und dies in verschiedenen Sprachen. Fast alle Autor:innen versuchen über die *maṣlaḥa*-Arten und -Stufen hinauszugehen, die in der vormodernen Literatur zu finden sind. Die vormodernen Ansätze werden zudem dafür kritisiert, die *maqāṣid* auf die oben erwähnten fünf Notwendigkeiten reduziert zu haben. So können wir beobachten, dass Gelehrte wie aṭ-Ṭāhir ibn ʿĀšūr, al-Qaraḍāwī und Ǧamāl ad-Dīn ʿAṭīya (gest. 2017) unterschiedliche *maqāṣid* in stark variierendem Umfang vorschlagen. Alle teilen die Kritik, dass die vormodernen Gelehrten restriktiv mit den *maṣāliḥ* umgegangen seien. Sie sind sich auch darin einig, die *maṣāliḥ* bzw. *maqāṣid* den tradierten islamischen Rechtsregelungen überzuordnen. Jede Methode, jede Rechtsfindung solle ihnen gerecht werden und sie umsetzen. Begründet werden die *maqāṣid* zwar mit Rückbezug auf Koran und Sunna, jedoch werden viele mit zeitgenössischen Ideen in Verbindung

31 Bassiouni, *Menschenrechte*, 209–212.

gebracht und sind eigentlich ein Produkt vernunftbasierter, mehr oder weniger offenbarungsunabhängiger Überlegungen und Argumente. Dies ist insbesondere daran zu erkennen, dass auch Güter als schützenswert eingeordnet werden, die den allgemeinen Menschenrechten zuzuordnen sind, was noch anzusprechen sein wird.

Die Perspektive der *maqāṣid*, so die allgemeine Kritik moderner Autor:innen, solle von den Individuen zur Gesellschaft und zur muslimischen Umma insgesamt geöffnet werden. Der Grund, weshalb nur fünf notwendig zu schützende Interessen formuliert worden seien, liege darin, dass die Gelehrten sich auf die Individuen konzentriert hätten. Um dies zu überwinden, schlagen die Autor:innen abstrakte Kategorien wie Solidarität, Barmherzigkeit, Ordnung, Wohlbefinden der muslimischen Gemeinschaft und der Menschheit sowie Ausgewogenheit, Freiheit und Gleichheit vor, die vom Koran hergeleitet werden können. Genauso streng kritisieren sie, wie die fünf notwendig zu schützenden Interessen in der vormodernen Literatur verstanden wurden. So etwa heißt es, dass die Gelehrten den Schutz des Vermögens durch das Diebstahlverbot im Koran im engeren Sinne ausgelegt hätten. Zeitgenössische Autoren erwarten eine allgemeinere Zuordnung, wie etwa öffentliche Sicherheit.

Die oben aufgezählten Kategorien haben die Gelehrten unabhängig voneinander und nach eigenem Ermessen systematisiert, weshalb wir in der Literatur unterschiedliche Vorschläge finden können. So gelten Gleichheit und Freiheit etwa bei Ibn ʿĀšūr als fundamentale Ziele (*maqāṣid aṣlīya*). Bei al-Qaraḍāwī können Gleichheit, Freiheit, Brüderlichkeit, Solidarität und Menschenrechte mit den traditionellen fünf notwendig zu schützenden Interessen gleichgesetzt, ja sogar ihnen übergeordnet sein. Aḥmad al-Ḫamlīšī bezeichnet Gleichheit, Gerechtigkeit, Freiheit sowie soziale, wirtschaftliche und politische Rechte als übergeordnete Ziele (*al-maqāṣid al-ʿulyā*). Obwohl die Systematik je unterschiedlich ausfallen kann, sind sich die Gelehrten über die abstrakten Kategorien im Grunde genommen einig: Sie zählen hier oft Freiheit, Gleichheit, Gerechtigkeit und weitere Grundrechte auf. Die Zahl der vorgeschlagenen *maqāṣid* kann dagegen stark variieren. So zählt etwa ʿAṭīya 24 *maqāṣid* auf, die er auf den vier Ebenen des Individuums, der Familie, der muslimischen Gemeinschaft

(Umma) und der Menschheit insgesamt verortet. Es seien hier beispielhaft nur einige davon genannt: Unter die *maqāṣid,* die sich auf Individuen beziehen, fallen zum Beispiel der Schutz des Lebens und der menschlichen Grundbedürfnisse. Zu den *maqāṣid,* die sich auf die Familie beziehen, gehören zum Beispiel Regelungen zu ehelichen Verhältnissen und der Zusammenhalt des ehelichen Bundes durch Barmherzigkeit. Auf die Umma beziehen sich *maqāṣid* wie das Prinzip der Beratung (*šūrā*), Gerechtigkeit und Solidarität. Auf der letzten Ebene befinden sich *maqāṣid* wie die Bekämpfung von Kriminalität, Umweltschutz, Gerechtigkeit und Frieden.

Die Zahl der Ziele der Scharia steigt sogar auf 41, wie etwa bei Tariq Ramadan (geb. 1962). Er entwickelt

> »eine mehrstufige und -dimensionale Konzeption der *maqāṣid,* an deren Spitze einerseits der Schutz der Religion (*dīn*) ›im Sinne einer Auffassung von Leben und Tod, die auf der Anerkennung Gottes und *des Weges* [der Scharia] beruht‹,«

und andererseits »der Schutz des menschlichen Wohlergehens (*maṣlaḥa*) ›im Sinne des allgemeinen Wohls und Interesses der Menschen und des Universums steht‹.«[32] Deren Schutz geschieht durch den Schutz von drei Säulen: des Lebens, der Natur und des Friedens. Der Schutz dieser Säulen zeige sich auf einer dritten Ebene, wie etwa dem Schutz der Würde, des Wohlergehens, des Wissens, der Kreativität, der Gleichheit, der Gerechtigkeit, der Autonomie und der Liebe. Auf einer vierten Ebene, die mit der dritten in Verbindung steht, befinden sich drei unterschiedliche Arten des Schutzes von Interessen, die sich auf das innere (dazu gehören Bildung, Aufrichtigkeit und Ausgeglichenheit), das individuelle (wie zum Beispiel körperliche Unversehrtheit, Gesundheit, Lebensunterhalt, Arbeit und Eigentum) oder kollektive Leben beziehen (wie zum Beispiel Rechtsstaatlichkeit, Unabhängigkeit, Pluralismus, Religion und Kultur).

32 Bassiouni, *Menschenrechte,* 221, inkl. Zitat von Ramadan, *Radikale Reform,* 179.

Unabhängig von der Frage, welche *maqāṣid* berücksichtigt werden sollten, stellen viele Gelehrte zudem eine direkte Verbindung zum Idschtihad her: Orientiert sich der Idschtihad als Quelle bei den *maqāṣid*, sprechen viele von *iǧtihād maqṣadī*. Man fragt also nicht danach, wie die autoritativen Quellen ausgelegt werden sollen, sondern welche Ziele sie befolgen. Diesem Ziel entsprechend wird ein neuer Idschtihad ausgeübt.

Aus diesen wenigen Beispiel ist zu erkennen, dass zeitgenössische Autor:innen eher von abstrakten Kategorien ausgehen, wenn sie über die Ziele der Scharia sprechen. Ihr Bezug zu den Quellen Koran und Sunna ist zwar gegeben, aber es ist auch anhand der bisherigen Beschreibung zu erkennen, dass die aufgezählten Kategorien den modernen Vorstellungen von Grundrechten, oder sogar der Implementierung von Menschenrechten gleichkommen. Damit werden die *maqāṣid* bzw. *maṣāliḥ* von der Verortung innerhalb der etablierten Methoden in den *uṣūl al-fiqh* emanzipiert. Man geht sogar einen Schritt weiter: Konzepte, die mit Rücksicht auf vernunftbasierte Argumentation hergeleitet worden sind, werden auf die Quellen bezogen, um sie zu legitimieren, anstatt durch die religiösen Quellen selbst begründet zu sein. Auffällig ist dabei, dass sich ein erkenntnistheoretischer Wandel zeigt: Man geht von abstrakten Kategorien aus, deren Begründung oft schleierhaft ist, ja sogar willkürlich erscheint. Ferner ist es fraglich, wie genau diese *maqāṣid* zu ermitteln sind und wie sie konkret verstanden werden können. Gleichlautende *maqāṣid* können von Gelehrten und Autor:innen unterschiedliche Deutungen erfahren, die sich zum Teil diametral entgegenstehen. So kann ʿAṭīya unter ›Schutz der Familie‹ die Wahrung des traditionellen Familienrechts verstehen, wogegen Adis Duderija (geb. 1977) von der Geschlechtergleichheit ausgeht, wobei sich beide auf Ziele wie Barmherzigkeit in diesem Rahmen berufen.[33]

Die vormodernen Gelehrten waren sich solcher Willkürlichkeiten bewusst. Der von modernen Gelehrten zuweilen stark kritisierte al-

33 Für diese unterschiedliche Deutung siehe Opwis, »New Trends«, 30.

Ġazālī etwa bezog sich nicht willkürlich auf die notwendig zu schützenden Interessen. Damit ein Interesse in der Rechtsprechung berücksichtigt werden konnte, formulierte er drei Bedingungen, die zu erfüllen waren: sie sollten definitiv (*qaṭʿī*) bzw. empirisch fassbar, universal (*kullī*) und notwendig (*ḍarūrī*) sein. Mahmoud Bassiouni (geb. 1980er) bescheinigt den zeitgenössischen Autor:innen, im Grunde genommen willkürlich *maqāṣid* zu bestimmen und betont für die vormodernen Ansätze:

> »[W]ie sich aus der Argumentation der klassischen Juristen ersehen lässt [...], handelt es sich bei den von ihnen identifizierten Gütern nicht um bloße intellektuelle Spekulationen oder um das Ergebnis willkürlicher theologischer Bestimmungen. [...] Vielmehr handelt es sich den klassischen Gelehrten zufolge um solche Güter, die in der menschlichen Natur verwurzelt sind und dementsprechend *die empirisch feststellbaren, notwendigen* und *universalen* Grundbedingungen der menschlichen Existenz darstellen.«[34]

Damit soll nicht gesagt sein, dass die Kategorien, die die Gelehrten in der Vormoderne bestimmt haben, unproblematisch sind. Was genau zum Beispiel unter Schutz der Vernunft und der Religion zu verstehen ist und wie sie begründet werden, ist nicht unproblematisch.[35] Ob nun vormoderne oder moderne Konzepte, beide laufen Gefahr, von Menschen gemachtes, positives Recht auf die Stufe eines göttlichen Rechts zu heben, sodass man zeitlich bedingte (kontingente) Lösungen und Konzepte als überzeitlich gültig verstehen könnte.

Wir können also festhalten, dass zeitgenössische Autor:innen versuchen, von abstrakten Ideen ausgehend *maqāṣid* zu bestimmen, die sowohl in Form einer Rechtsquelle oder in konkreterer Form als Rechtsprinzipien die Rechtsfindung und das Fatwawesen leiten sollen. Bezüge zum *maqāṣid* sahen wir bereits unter den diversen Idschtihad-Verständnissen. Da die *maqāṣid* meist unabhängig von den religiösen Quellen begründet, aber mit ihrer Hilfe legitimiert werden,

34 Bassiouni, *Menschenrechte*, 226.

35 Für eine gründliche Kritik siehe Bassiouni, *Menschenrechte*, Kapitel 9.

ändert sich auch ein Stück weit die Denkweise im Vergleich zu den Vorgaben der Vormoderne. Jede Rechtsfindung muss nun den *maqāṣid* gerecht werden, was wir in vormodernen Ansätzen nicht wahrnehmen. Besonders eindrücklich ist dies darin zu sehen, dass allgemeine Menschenrechte unter die *maqāṣid* aufgenommen werden. Entsprechend kommt es oft vor, dass die *maqāṣid* mit Diskussionen um die allgemeinen Menschenrechte in Verbindung gebracht werden.[36] Trotz der genannten Schwächen erlauben die abstrahierten *maqāṣid* nach den modernen Autoren, dem islamischen Recht auf verschiedenen Ebenen eine größere Dynamik zu verleihen, obwohl sie willkürlich bestimmt sind. Es sei auch ein weiterer Vorteil für die derart Argumentierenden genannt: Solche abstrakten Ideen lassen es zu, sich politisch zu positionieren und den Religionsgelehrten – je nach Kontext – dazu zu verhelfen, das moderne Recht, die Politik oder gar die Staatsideologie mitzugestalten.

2.2 Neue Zugänge 1: Historisch-kritische Koranhermeneutik

Wir haben bisher sehen können, dass sich mit den Erneuerungsbestrebungen unterschiedlicher Art der Fokus der Diskussion auf Koran und Sunna richtete.[37] Jedoch hat bei vielen Autor:innen der Koran Vorrang gegenüber der Sunna. Das ist nichts Neues, zumal in der Geschichte der Koran der Sunna ebenfalls übergeordnet wurde. Der Grund liegt in der Erkenntnistheorie, die ich zuvor angesprochen habe: Von der Feststellbarkeit her, ob der Koran, wie er uns vorliegt, zum Propheten als Verkünder der göttlichen Offenbarung zurückgeführt werden kann, ist der Koran klarer als die Feststellbarkeit, ob

36 Die verschiedenen Haltungen zu den Menschenrechten beschreibt Bassiouni, *Menschenrechte*, Kapitel 4–6. Siehe außerdem Johnston, »*Maqāṣid*«.

37 Die folgenden Ausführungen basieren auf Gleave, *Islam and Literalism*; Kurnaz, *Methoden*.

die Sunna wirklich auf ihn zurückgeht. Anders gesagt: Die Feststellbarkeit des Korans ist definitiv (der Koran ist *qaṭʿī ṯ-ṯubūt*), die der Sunna kann definitiv und präsumtiv sein, d. h. die Sunna kann auch *ẓannī ṯ-ṯubūt* sein. Deswegen gehen viele Autor:innen verstärkt auf die Zentralität des Korans ein, wie etwa al-ʿAlwānī. Andere Autor:innen versuchen eine ausgewogene Balance zwischen Koran und Sunna zu finden und betonen die Historizität beider. Da es aber im Vergleich zur Sunna schwieriger ist, die Historizität des Korans zu begründen konzentrieren sich viele Autor:innen gesondert auf seine Historizität. Obwohl die meisten der zeitgenössischen Autor:innen sowie einige Gelehrte aus der Vormoderne zumindest einen Teil als historisch erachten, ist der Nachweis dessen, dass das direkte Wort Gottes, dem ein Anspruch auf Universalität bescheinigt wird, historisch-kritisch zu lesen ist, durchaus umstritten.

Bevor wir nun einige Ansätze zur historischen-kritischen Lesart besprechen können, sei hier kurz die vormoderne Koranhermeneutik in Grundzügen dargestellt. Solche allgemeinen Darstellungen übersehen natürlich Nuancen in unterschiedlichen Ansätzen von Gelehrten aus den verschiedenen Jahrhunderten. Dennoch kann man hier eine Grundhaltung wiedergeben, die die Mehrheit der Gelehrten geteilt hat.

Vormoderne Autoren, seien sie schiitische oder sunnitische Gelehrte, gehen davon aus, dass man sich am Wortlaut der Quellen zu orientieren habe. Maßgeblich sei der äußere Wortlaut der Aussagen Gottes und seines Gesandten – bei den Zwölferschiiten auch der Aussagen der Imame. Dies zeigt sich in der Formel »Berücksichtigt wird der allgemeine Wortlaut, nicht der spezifische Anlass« (*al-ʿibra bi-ʿumūm al-lafẓ lā bi-ḫuṣūṣ as-sabab*). Damit zeigen aber die Gelehrten, dass sie sich dessen bewusst sind, dass der Koran nicht unabhängig von historischen Ereignissen entstanden ist. Das historische Bewusstsein ist also da. Und weil sie dieses Bewusstsein haben, reagieren sie auch auf die Frage der Historizität, lösen sie aber dergestalt, dass der historische Anlass, auf den der Koran jeweils reagiert, nicht berücksichtigt wird. Diese Vorgehensweise geht wahrscheinlich auf die Vorstellung zurück, dass der Koran mit einem Male auf eine Himmelssphäre herabgesandt worden ist, die den Namen Bayt al-ʿizza (Haus der Erhabenheit) trägt. Von dort aus sei der Koran stückweise über 23 Jahre hinweg zu verschiedenen Anlässen herabgesandt worden. Außerdem sei der Koran in der Urschrift (*umm al-kitāb*) bei Gott bewahrt. Damit determinierten nicht die historischen Geschehnisse, was im Koran steht, sondern die Anlässe würden vielmehr Ereignisse darstellen, die es begünstigten, die jeweils relevante Passage aus dem Koran herabzusenden. Ferner geht die Mehrheit der Gelehrten davon aus, dass Gott die Botschaft auf Arabisch selbst formulierte, womit der universale Charakter des Korans untermauert werden soll. Diese Vorstellung hat Auswirkungen auf die Koranhermeneutik und die Methoden zur Herleitung von Normen. Da nun der äußere Wortlaut im Fokus steht, sind die historischen Anlässe keine Bedeutungsdeterminanten, sondern zusätzliche Informationen, die *eine* Bedeutungsebene des Wortlautes beleuchten. Ohne den historischen Kontext haben nun die Aussagen eine evidente Bedeutung, also die, die beim ersten Hören und Lesen den Rezipient:innen klar wird. Damit sind weitere sekundäre Bedeutungen und Implikationen nicht ausgeschlossen. Sofern der Wortlaut Bedeutungen zulässt, die nicht dem äußeren Wortlaut der Aussage widersprechen und somit impliziert sind, können sie in die Rechtsprechung einbezogen werden.

Mit diesem Ansatz etablieren die Gelehrten einen Kontrollmechanismus über die Deutung der religiösen Quellen: Eine Auslegung ist solange gültig, solange sie nicht dem Wortlaut der Quellen widerspricht. Eine Auslegung wird nur dann ausgeschlossen, wenn der Wortlaut so klar ist, dass keine Auslegung mehr möglich ist – was auf die wenigsten Fälle zutrifft. Andere Passagen sind dagegen unklar bzw. lassen mit gleicher Wahrscheinlichkeit mehrere Bedeutungen zu. Dann müssen die Gelehrten sogar eine Auslegung betreiben. Diese methodische Herangehensweise hat in einem System, in dem keine übergeordnete Autorität die Auslegungstätigkeit kontrollieren kann, Vorteile: Idealerweise entscheidet das Gottes-Wort über die Zulässigkeit einer Auslegung. Dass aber Auslegungen unterschiedlich ausfallen können und die Subjektivität der Gelehrten nicht ausgeschlossen werden kann, nehmen die Gelehrten offensichtlich in Kauf.

Ausgelegt werden müssen die Textstellen im Koran nicht nur mit Rücksicht darauf, ob sie klar sind, sondern die Gelehrten müssen jetzt für jede allgemeine Aussage im Koran mit Rücksicht auf andere Stellen im Koran und auf Hadithe aus der Sunna entscheiden, wer alles von einer allgemeinen Aussage adressiert wird. Ferner müssen sie entscheiden, ob eine allgemeine Regelung für alle erdenklichen Fälle gilt, die unter den Wortlaut einer Aussage, von der die Reglung hergeleitet wurde, subsumiert werden können.

Ein Beispiel sei angeführt dafür, wie weit die Auslegung gehen kann: In Q 9:103 heißt es u. a.: »Nimm von ihrem Besitz Almosen!« (*ḫuḏ min amwālihim ṣadaqatan*). Es muss geklärt werden, welchen normativen Status diese Aussage hat. Denn ein Gebieten (*al-amr*), hier der Imperativ »Nimm«, kann als Empfehlung oder auch Verpflichtung gedeutet werden. Grundsätzlich werden im islamischen Recht Handlungen als verpflichtend, empfohlen, freigestellt, verpönt und verboten eingeordnet.[38] Wie allgemein ist die Aussage »von ihrem Besitz«: Fällt darunter alles, was Muslim:innen besitzen, oder nur ein bestimmter Teil? Müssen alle Muslim:innen Almosen entrichten oder nur solche, die eine bestimmte Summe an Besitz haben? Wie oft müssen diese Almosen entrichtet werden: einmalig, monatlich, jährlich? Auf all diese Fragen müssen die Gelehrten mit Rücksicht auf andere Textstellen, Beweise und Argumente antworten und eine Norm herleiten.[39]

Auf diese Herangehensweise, die sich über Jahrhunderte hinweg etabliert hat, reagieren Gelehrte, die Konzepte einer historisch-kritischen Lesart vorschlagen.[40] Sie fordern dazu auf, den Koran in seiner eigenen Geschichte zu verorten, ihn den sozialen, historischen und politischen Umständen entsprechend zu lesen und jede Aussage dort zu verorten. Dies ist insofern wichtig, als dass solch eine Lesart direkte Auswirkungen auf die rechtsrelevanten Passagen hat. So etwa könnte man argumentieren, dass die Erbverteilung im Koran (siehe Q 4:11 f.) nur eine beispielhafte Umsetzung einer gerechten Verteilung des Erbes unter Rücksicht auf Großfamilienstrukturen in einer patriarchalen Stammesgesellschaft des 7. Jahrhunderts der arabischen

38 Für diese und weitere Normkategorien siehe Band II.

39 Band IV widmet sich der Besprechung ebensolcher Fragen.

40 Die folgenden Ausführungen basieren auf Hallaq, *Islamic Legal Theories*, 241–245; Özsoy, »Pioniere«; Özsoy, »Das Unbehagen«.

Halbinsel ist. Da heutige Menschen in verschiedenen Kontexten unter gänzlich anderen Umständen leben, könnte man nun eine vollständig davon abweichende Erbverteilung vornehmen. Gleiches gilt dann auch für Strafen im Koran, wie etwa die Diebstahlstrafe. (Meist werden gottesdienstliche Handlungen aber aus dem Spektrum der veränderbaren Regelungen ausgenommen, da man grundsätzlich akzeptiert, dass sie keinen Rechtsgrund besitzen und somit eine Gehorsamspflicht darstellen.)

Als ein prominentes Beispiel soll die Herangehensweise von Fazlur Rahman (gest. 1988) dienen, der sich sowohl mit dem Umgang mit dem Koran befasste als auch die Frage stellte, was genau unter Sunna zu verstehen ist. Rahman genoss sowohl eine traditionelle Medresen- als auch eine universitäre Ausbildung mit einem Schwerpunkt auf islamischer Theologie und Philosophie. Er moniert, dass die Tradition den oben beschriebenen Weg gegangen sei. Der Koran habe dadurch den Bezug zur Geschichte verloren und sei zu einem Referenztext geworden, der viele Bedeutungen zulasse. Dies sei aber nicht verwunderlich, da der Koran nicht nur abstrakte Prinzipien formuliere, sondern darüber hinaus konkrete Handlungsanweisungen ausspreche. Das Problem liege darin, dass man diese konkreten Handlungsanweisungen verabsolutiere. Rahman kritisiert auch reformistische Idschtihad-Ansätze, die in den vorherigen Ausführungen dieses Bandes zur Sprache kamen: Sie berufen sich zwar auch auf den Wortlaut des Korans, allerdings ohne auf die historischen Umstände zu achten. So könne man alles, was man mit modernistischem Blick für richtig halte, den Koran sagen und bestätigen lassen. Damit sei es möglich, die ursprüngliche Botschaft des Korans zu entstellen, auch wenn man es nicht wolle.

Rahman fährt fort: Das Problem liege in der Art und Weise, wie man mit koranischen Aussagen umgehe, und meint damit ihre isolierte Betrachtung vom eigenen historischen Kontext sowie dem Normengeflecht innerhalb des Korans. Hinzu komme auch, so Rahman, dass der Koran nicht im Lichte der Sunna als Ganzes gelesen werde. Koran und Sunna sind für Rahman so stark verwoben, dass eine getrennte Lektüre beider Quellen in Form einzelner Berichte und selbstständiger Referenztexte nicht möglich sei. Dementsprechend solle der

Koran im Entstehungskontext verortet, gelesen und ausgelegt werden. Das ist dann auch der erste Schritt, der erfolgen solle, bevor man Normen formulieren könne. So etwa sollten alle für die Eheschließung relevanten Passagen zusammengelegt und im historischen Kontext gelesen werden, ehe man Normen herleite. Damit werde z. B. klar, dass der Koran sich nicht vorbehaltlos über die Polygamie (siehe Q 4:3) äußert, sondern diese Passage sich auf eine Situation bezieht, in der viele Frauen ihre Ehemänner in Schlachten verloren hätten und als Witwen finanzielle Unterstützung brauchten. Diese Regelung stehe auch mit Q 4:2 in Verbindung, wo der Koran davor warnt, »die Güter der Waisen« unrechtmäßig zu verzehren. Damit sei Q 4:3 – eine medinensische Sure – keine allgemeine Regel für eine Mehrehe, sondern ein konkreter Lösungsvorschlag mit Rücksicht auf die Geschehnisse in Medina. Dort, so wird es überliefert, hatten die Muslime mehrere kriegerische Auseinandersetzungen mit den nichtmuslimischen Mekkanern. In diesen Konflikten verloren viele Muslime ihr Leben, was zur Folge hatte, dass die Anzahl der Witwen und Waisen zunahm.

Nachdem dieser kontextualisierende Schritt unternommen wurde, muss man sich nach Rahman in einem zweiten Schritt fragen, welche Prinzipien den Textstellen zu entnehmen sind und wie sie aktualisiert werden können. Wenn wir wissen, dass solche Passagen eine konkrete Antwort auf eine konkrete Situation sind, wie können wir sie für eine koranadäquate Rechtsfindung deuten? Rahman schlägt vor, sich über die historisierende Analyse dazu verhelfen zu lassen, das dahinterstehende Prinzip der konkreten Handlungsanweisung zu verstehen. Habe man das Prinzip erfasst, diene sie als Richtlinie dafür, eine aktuelle Handlungsanweisung zu formulieren, die der koranischen Botschaft gerecht wird. Wir dürfen nicht vergessen, dass Rahman hier ganzheitlich denkt und auch die Sunna miteinbezieht (siehe Kapitel 2.3). Da Rahmans Methode diese oben beschriebenen zwei Schritte umfasst, bezeichnet er sie auch als solche: *the double movement*.

In diesem zweiten Schritt liegt jedoch die Schwäche der Herangehensweise Rahmans. Im Gegensatz zum ersten Schritt ist beim zweiten nicht klar, nach welchen Kriterien die Prinzipien herausgelesen werden. Es besteht darüber hinaus die Gefahr, vor der er selbst warnt: modernistische Tendenzen in den Koran insofern hineinzulesen, als dass sie in Form von koranischen Prinzipien wiedererkannt werden. Bereits der erste Schritt hat aber auch einige Schwächen, denn die Rekonstruktion der historischen Umstände kann subjektiv sein. Es gibt konkurrierende Überlieferungen zu den Herabsendungsanlässen von Koranpassagen, ihre Datierung ist nicht immer einwandfrei nachweisbar und weitere Überlieferungen, die Aufschluss über die historischen Begebenheiten versprechen, sind oft nicht sicher auf die Tradenten zurückzuführen. Wir haben auch nicht immer gesicherte Informationen über die historischen Umstände von damals. Dennoch erlaubt eine solche Betrachtungsweise, zumindest in den Grundzügen zu rekonstruieren, auf welche Situation der Koran reagiert. Wir wissen, auch von vormodernen Gelehrten, dass die meisten Handlungsanweisungen im Koran an die altarabische Tradition anknüpfen. Der Koran geht auf aktive Anfragen seiner Adressat:innen ein, ist dem Wesen nach dialogisch gestaltet und dadurch mit örtlichen und zeitlichen Geschichtsmomenten verwoben. Somit beziehen sich die koranischen Bestimmungen auf historische Momentaufnahmen und sind nicht repräsentativ für die islamische Geschichte als solche. Davon kann man Allgemeingültigkeitsdogmen trennen, die sich auf die Zeit nach der Offenbarung ausgewirkt haben.

Ausgehend von dieser Verwobenheit formulieren darüber hinaus auch weitere Autor:innen eine noch ausgefeiltere Koranhermeneutik. Zu ihnen gehört Nasr Hamid Abu Zayd (gest. 2010). Er befasste sich zwar nicht ausschließlich mit normativen Aussagen des Korans, deutlich ist jedoch in jedem Falle, dass seine Lesart und sein konzeptionelles Verständnis den kommunikativen Charakter des Korans hervorheben. Dies hat einen höheren Grad des Bewusstseins über die Historizität geschaffen. So geht auch er davon aus, dass die koranische Rede aufgrund der Adressierung an Menschen nicht unabhängig von menschlicher Erfahrung und Geschichte verstanden werden könne. Der Koran nehme in der Geschichte Gestalt an und gebe der Geschichte auch selbst Gestalt.[41] Bereits klassische Koranwissenschaften

41 Er gibt dies mit den Begriffen der absteigenden und aufsteigenden Dialektik wieder.

zeigten, dass der Koran innerhalb der Geschichte verortet werden müsse. Dazu gehören entweder die Unterscheidung von mekkanischen und medinensischen Suren, die Frage nach den Offenbarungsanlässen sowie die Abrogation (*nasḫ*), die der Koran ja selbst in Q 2:106 anspreche. Nach dieser Theorie abrogiert ein jüngerer Vers einen älteren, da sich die Umstände verändert haben.

Solch eine Koranhermeneutik erfordert natürlich, dass sowohl die vormoderne juristische Hermeneutik als auch die Erkenntnistheorie komplett verändert werden müssen. Es stehen nicht mehr der Wortlaut der Quellen, ihre Feststellbarkeit, ob sie vom Propheten stammen und der Hinweischarakter dieser Aussagen im Vordergrund. Im Fokus stehen stattdessen die historischen Ereignisse, die unsere eigentlichen Quellen sind: Auf sie reagiert der Koran. Die Universalität des Korans – und sie wird von den hier genannten Gelehrten nicht abgelehnt – wird so vom Wortlaut auf die Botschaft verschoben. Damit geht aber auch einher, dass der Wortlaut seine Kontrollfunktion für legitime Auslegungen verliert, wie wir sie aus der vormodernen Literatur kennen. Da die Rekonstruktion des historischen Kontexts subjektiv ist, besteht natürlich die Gefahr, dass die subjektive Einschätzung von Menschen in den Koran hineingelesen wird. Ein nüchterner Blick in die vormoderne Koranhermeneutik als auch auf die Idschtihad-Ansätze, die wir oben gesehen haben, zeigt, dass dieselbe Gefahr auch dort besteht. Die grundsätzliche Kritik aber gegenüber historisch-kritischen Koranhermeneutiken ist, dass sie dem Wortlaut die universale Gültigkeit absprechen. Widersacher befürchten dadurch eine Abschwächung des Korans, wogegen für die historisch-kritischen Autor:innen die Stärke des Korans eben in seiner Botschaft – die eine dynamische Auslegung erlaube – und nicht im Wortlaut liegt. So sei eine Anpassung des islamischen Rechts zu allen Zeiten und Orten erst recht möglich.

2.3 Neue Zugänge 2: Sunna in der Kritik – Konzepte der Normativität der Sunna

Bei Fazlur Rahman – und auch schon zuvor in der allgemeinen Diskussion zum Idschtihad – haben wir gesehen, dass viele Gelehrte auch die Historizität der Sunna betonen. Im Gegensatz zum Koran haben wir bei der Sunna die Vorstellung, dass sie die Taten und Aussagen des Propheten abbildet. Diese liegen uns in überlieferter Form vor; sie werden Hadithe (von arab. *ḥadīṯ*, ›Bericht, Nachricht‹) genannt.[42] Es gibt seit den Konzeptionalisierungsbestrebungen vormoderner Autoren die Auffassung, dass die Sunna auch eine Art Offenbarung darstellt; sie sei eine Offenbarung, die im Gegensatz zum Koran im täglichen Pflichtgebet (*ṣalāt*) nicht rezitiert werde. Man spricht von *waḥy ġayr al-matlūw*. Damit nimmt die Sunna einen besonderen Status ein und ist nicht mehr die rein menschliche Praxis samt der Aussagen des Propheten. Das, was der Prophet sagt, wird ähnlich wie die Offenbarung behandelt. Damit schließt sich auch der Kreis, der bei der Koranhermeneutik oben eröffnet wurde: Kann man nachweisen, dass eine Aussage vom Propheten stammt, kann man sie nach dem äußeren Wortlaut auslegen. Der historische Kontext spielt zunächst eine untergeordnete Rolle. Er wird dann wichtig, wenn ermittelt werden muss, ob eine Aussage des Propheten durch eine von ihm später getätigte abrogiert wurde. Daher wird die Sunna ähnlich wie der Koran behandelt und (fast) mit identischen methodischen Ansätzen und Auslegungsprinzipien ausgelegt. Da meist nur wahrscheinlich erwiesen werden kann, dass eine Aussage vom Propheten stammt bzw. eine Beschreibung seiner Handlung tatsächlich eine seiner

42 Die folgenden Ausführungen basieren auf Abou Archid, *Die moderne Rechtsdiskussion*; Hallaq, *Islamic Legal Theories*, 245–253; Özsoy, »Pioniere«; El-Wereny, »Ihr Gläubigen! Gehorchet Gott und dem Gesandten«. Für das traditionelle Verständnis siehe Krawietz, *Hierarchie der Rechtsquellen*.

Taten darstellt, variieren die Hadithe, die die Rechtsschulen akzeptieren. Dementsprechend variieren auch die Lösungsvorschläge innerhalb der Rechtsschulen zur selben Rechtsfrage; jede Rechtsschule kann unterschiedliche Hadithe als Rechtsquellen anerkennen bzw. sie verwerfen und sie unterschiedlich deuten.

Dennoch gibt es bereits in der vormodernen Literatur Bestrebungen dazu, feststellen zu können, welche Art der Sunna eine Universalität beanspruchen kann. Ein prominentes Beispiel ist der ägyptisch-malikitische Gelehrte Šihāb ad-Dīn al-Qarāfī (gest. 684/1285). Er schlägt vor, die Sunna in vier verschiedene Kategorien aufzuteilen: Einiges davon könnte die Staatsführung (*imāma*), richterliche Urteile (*qaḍā'*), die Verkündung (*tablīġ*) der Offenbarung und Fatwas betreffen. Für die ersten beiden gilt, dass sie historisch bedingte Anordnungen des Propheten sind und aktualisiert werden können. Die letzten beiden dagegen müssen nach al-Qarāfī als universale Lösungen akzeptiert werden. Später haben Gelehrte wie Ibn Qayyim al-Ǧawzīya (gest. 751/1350) und ad-Dihlawī ähnliche Einteilungen vorgenommen.

Ab dem 20. Jahrhundert hat man sich vermehrt mit dieser Thematik befasst, weil mit den neuen Idschtihadbewegungen die Frage nach der Historizität der Sunna verstärkt aufkam. Diese Frage konnte eine Folge der Diskussionen um den Koran sein oder auch unabhängig davon gestellt werden. Gruppieren lassen sich die Meinungen dazu in drei größere Lager:

1) diejenigen, die unbedingt von der Universalität der Sunna wie der des Korans ausgehen, vorausgesetzt, ihre Authentizität wird nachgewiesen. Deswegen gibt es in salafitischen Kreisen eine neue Hadithevaluationsbewegung.
2) diejenigen, die davon ausgehen, dass die Sunna in ihrer vorliegenden Form keine Universalität beanspruchen kann, sondern konkrete, historische Beispiele beinhaltet. Die dahinterstehende Botschaft ist universal.
3) Einiges von der Sunna ist in der vorliegenden Form universal – und einiges nicht. Diese Position versucht zwischen den Positionen 1) und 2) zu vermitteln.

Die erste Position vertreten Kreise, die einem starken Traditionalismus folgen. Für sie gilt – so wie für den Koran –, dass der äußere Wortlaut der Sunna zentral ist. Die vermittelnde dritte Position, der zum Beispiel Riḍā und al-Qaraḍāwī zugehören, versucht mit Rückgriff auf Gelehrte wie al-Qarāfī und Ibn Qayyim al-Ǧawzīya sowohl der traditionellen Vorstellung gerecht zu werden, dass die Sunna in der vorliegenden Form universal sein kann, als auch anzuerkennen, dass es solche Überlieferungen gibt, die historisch bedingt sind.

Auch wenn viele Kategorien vorgeschlagen werden, die einordnen lassen sollten, was genau unter der Sunna zu verstehen ist und wie verbindlich sie ist, kann die Kategorisierung beliebig sein. Es gibt keine klaren Kriterien zum Beispiel dafür, wie man ein richterliches Urteil des Propheten von seiner Fatwa unterscheiden kann. Ersteres wird als historisch bedingt eingeordnet, Letzteres dagegen als universal verstanden. Ein prominentes Beispiel für eine Aussage, die der Prophet selbst als eine persönliche Empfehlung verstanden haben soll, ist das folgende: Als die Prophetengefährten ihre Dattelpalmen befruchteten, habe der Prophet empfohlen, dies nicht zu tun, woraufhin die Ernte schlecht ausfiel. Als sie sich darüber wunderten, fragte der Prophet, was dazu geführt habe. Die Prophetengefährten sagten daraufhin, dass er ja davon abgeraten habe, weshalb sie es unterlassen hätten. Der Prophet soll erwidert haben, dass er in weltlichen Dingen nicht so erfahren sei wie die Gefährten, sodass sie nur das, was die Religion anbelangt, von ihm nehmen sollten und das Persönliche hinterfragbar sei.[43] Solche Beispiele finden wir in der Sunna, weshalb die vormodernen Gelehrten auch nach Kriterien fragten, die eine normative Einordnung zulassen. Worüber sich die Mehrheit der vormodernen Gelehrten ebenfalls einig war, ist die Tatsache, dass die persönlichen Vorlieben des Propheten, auch wenn sie tradiert werden, keine Normativität beanspruchen.

Innerhalb der vermittelnden Position gibt es unterschiedliche Vorschläge, wie man die Sunna kategorisieren kann. Wir finden zum

43 Muslim, *Ṣaḥīḥ*, *Kitāb al-Faḍāʾil*, Hadith Nr. 139–140 (2361 f.)

Beispiel 12 Kategorien bei aṭ-Ṭāhir ibn ʿĀšūr, die er im Rahmen seiner Gedanken zu den *maqāṣid* auflistet. Diese sind: 1) Gesetzgebung (*tašrīʿ*), 2) Fatwa, 3) richterliches Urteil, (*qaḍāʾ*), 4) Staatsführung (*imāma*), 5) Rechtleitung (*hidāya*), 6) Frieden (*ṣulḥ*), 7) Beratung (*šūrā*), 8) Ratschlag (*naṣīḥa*), 9) Leitung der Herzen in die bestmögliche Richtung, 10) Unterrichtung der höchsten Wahrheit, 11) Abschreckung aus erzieherischen Gründen (*taʿdīb*) und 12) Rechtleitung (*iršād*).[44]

Im Gegensatz zur vermittelnden Position gibt es Autor:innen, die die Sunna gänzlich als historisch einordnen und ihre Universalität auf die Botschaft beziehen (Position 2). Auch sie versuchen, anhand unterschiedlicher Kategorien die Sunna einzuordnen und entsprechend Vorschläge zu machen, die universale Botschaft zu erkennen. Prominente Vertreter dieser Position sind ʿAbd al-Munʿim an-Nimr (gest. 1991) und Muḥammad Šaḥrūr (gest. 2019), ein syrischer Ingenieur, der mit seinem Ansatz unter Theolog:innen Aufsehen erregt hat. Bei beiden sticht hervor, dass sie davon ausgehen, die Sunna sei ein Idschtihad des Propheten, der an die historischen Umstände gebunden ist. Einen ähnlichen Ansatz vertritt auch Abu Zayd. Die Sunna sei demnach eine beispielhafte Umsetzung etwa der koranischen Botschaft und keine göttliche Offenbarung, wie viele vormoderne Gelehrte annehmen. Um dies zeigen zu können, teilt zum Beispiel Šaḥrūr die Sunna in zwei Arten: die prophetische (*nabawīya*) Sunna und die des Gesandten (er sagt dazu *rasūlīya*). Die prophetische Sunna beziehe sich auf alles, was Muhammad als Prophet anordne; dies umfasse seine Fatwas, seinen Idschtihad, seine Entscheidungen als Privatperson, Richter, Heerführer und Staatsmann. Diese sind nach Šaḥrūr historisch bedingt und entfalten nur unter bestimmten historischen Umständen eine normative Kraft. Sie unterliegen daher zeitlichen Veränderungen. Die Sunna des Gesandten hingegen ist anders: alles, was der Prophet an Rituellem (*šaʿāʾir*), als ethische Prinzipien (*qiyam*) und ›Grenzen‹ (*ḥudūd*) formuliert habe, sei als überzeitlich gültig zu akzeptieren. Die Überzeitlichkeit macht Šaḥrūr daran fest, dass der Koran an

44 Ibn ʿĀšūr, *Maqāṣid*, 207–228.

mehreren Stellen dazu aufruft, Gott und seinem Gesandten (*rasūl*) zu gehorchen. An keiner Stelle werde erwähnt, dass Gott zum Gehorsam gegenüber dem Propheten (*an-nabīy*) aufrufe. Damit bedient sich Šaḥrūr der Teilung der göttlichen Auserwählung von Personen in Gesandtschaft (*risāla*) und Prophetie (*nubūwa*). Die Grenzen, die zuvor zur Sprache kamen, bestimmt Šaḥrūr als solche, innerhalb derer die göttliche Offenbarung sich situiere. Es sind Grenzen, die der Prophet im Lichte des Korans als Gesandter verkünde, und die man nicht übertreten dürfe, weder durch Übermaß noch durch fehlende Haltung und Handlung. Damit unterscheidet sich der Begriff *ḥudūd* bei Šaḥrūr vom strafrechtlichen Begriff *ḥudūd* im Sinne von Körperstrafen für Delikte des Diebstahls, der Wegelagerei, der Unzucht und der Verleumdung.

Sowohl an-Nimr als auch Šaḥrūr und Abu Zayd nehmen eine Unterscheidung zwischen klar religiös Konnotiertem, wie etwa die gottesdienstlichen Handlungen, und dem Weltlichen vor, was mit den zwischenmenschlichen Beziehungen (*muʿāmalāt*) innerhalb des islamischen Rechts korrespondiert und den Großteil des islamischen Rechts ausmacht. Sie alle gehen davon aus, dass dieser letzte Bereich wandelbar ist, wobei Šaḥrūr eine eigentümliche Unterscheidung zwischen Gesandtschaft und Prophetie vornimmt. Was bei vielen Autor:innen hervorsticht, ist, dass der Koran hier den Ankerpunkt ausmacht; die Sunna setzt um, was der Koran anordnet bzw. vorgibt. Sie deutet ihn und erhält ihre Legitimation durch den Koran; der Koran zeigt, inwiefern die Sunna in ihren Einzelbestimmungen Universalität beanspruchen kann.

Von den bisher beschriebenen Ansätzen unterscheidet sich der Ansatz von Fazlur Rahman. Er schließt sich zwar der Idee an, dass die Sunna ein Produkt konkreter historischer Umstände sei, geht aber einen Schritt weiter und spricht von der ›lebendigen Sunna‹, der *living sunna*. Seine Gedanken zur Sunna verlaufen parallel zu seiner Koranhermeneutik, weshalb wir bei ihm von einem holistischen Ansatz ausgehen können. Unter Sunna versteht er nicht nur die Aussagen und die Praxis des Propheten, also die *as-sunna an-nabawīya*. Vielmehr geht Rahman davon aus, dass die Sunna eine lebendige war und weiträumiger zu verstehen ist. Ömer Özsoy (geb. 1963) fasst seine Haltung wie folgt zusammen:

> »Er begründet die Sunna zwar mit der prophetischen Praxis, beschränkt sie aber nicht darauf. Dies geschieht in Folge dessen, dass er die Sunna als einen dynamischen Prozess betrachten will. Folglich neigt er dazu, die Sunna nicht als ein vom Propheten fertig gestelltes, festes Muster zu betrachten, sondern als eine lebendige Tradition: eine Tradition, auf die sich der Prophet, seine Gefährten und ihre Nachkommen stützten, während sie auf Herausforderungen ihrer Zeit reagierten, die aber zugleich aus diesen Reaktionen entstand. Es ist leicht festzustellen, dass Rahmans Sunnaverständnis ein konsequenter Bestandteil seiner Vorstellung vom Wesen des Korans ist. Für ihn ist der Koran selbst im Grunde die schriftliche Dokumentation der göttlichen Reaktion auf den Zustand Arabiens im 7. Jahrhundert.«[45]

Damit ist die Sunna eine Reaktion der ersten Generationen auf die Offenbarung. Die Sunna ist keine abgeschlossene Quelle, sondern etwas, das mit Rücksicht auf die Botschaft des Islam fortgeschrieben wird und daher lebendig ist. Mit diesem Auslegungsverständnis würden die Bestrebungen der Gelehrten sich in die Fortschreibungstradition der Sunna reihen. Rahman versucht damit zu zeigen, dass die konkreten Umsetzungen der koranischen und prophetischen Botschaft kontingente Entwicklungen sind; sie sind alle immer wieder von Neuem aushandelbar. Damit steht nicht die Textauslegung im Vordergrund, sondern die ideengeschichtliche Durchdringung der muslimischen Tradition insgesamt. Auch die Vorstellung, dass die Sunna sich auf die Prophetentradition beschränkt und als Text in Form von Hadithen verstanden wurde, ist nach Rahman auf eine spezifische historische Entwicklung zurückzuführen und daher selbst nicht überzeitlich bestimmend, sondern kontingent.

Es lässt sich in der Geschichte erkennen, dass bis zum 3./9. Jahrhundert hinein verschiedene Vorstellungen der Sunna konkurrierten.

45 Özsoy, »Pioniere«, 32.

Die Auffassung, dass die Sunna nur auf die prophetische Praxis reduziert werden musste, war also nur eines unter konkurrierenden Sunnakonzepten. Sunna konnte somit über die Bedeutung hinaus, die wir heute ausschließlich mit dem Begriff verbinden, andere Bedeutungen annehmen. Dazu gehören die tradierte Gewohnheit der Menschen (wörtl. *sunan māḍiya*), die Praxis der Prophetengefährt:innen und die auf der prophetischen Praxis basierende Lokalpraxis, die je nach Ort unterschiedlich ausfallen konnte. Die Lokalpraxis wurde akzeptiert, wenn sie entweder einen direkten Bezug zur Sunna des Propheten hatte oder durch die Praxis der Prophetengefährt:innen, die die prophetische Praxis weiterführten, eine indirekte Verbindung aufwies. Akzeptiert wurden solche Praktiken auch durch Rückbezug auf Berichte zur prophetischen Praxis, also Hadithe. Mit der Zeit, insbesondere mit dem 3./9. Jahrhundert, und durch die Bestrebungen von Gelehrten, die sich auf die Sunna des Propheten konzentrierten, setzte sich allmählich die Auffassung durch, dass Sunna auf den Propheten zu reduzieren sei. Ihre Entscheidung begründeten sie mit Bezug auf den Koran und seine Aussagen dazu, dass der Prophet nicht aus Willkür spreche (siehe Q 53:3–4), ihm neben dem Koran die Weisheit (siehe Q 2:231, 4:113), die mit der Sunna gleichzusetzen sei, gegeben wurde und man dem Propheten folgen solle (siehe Q 4:59). Die Reduktion der Sunna auf den Propheten hatte Vorteile: Durch dokumentierte Berichte konnte nachvollziehbar nachgewiesen werden, dass eine Praxis auf die prophetische Autorität zurückzuführen ist. Der Dynamik der Fortschreibung der Tradition wurde damit aber eine klare Grenze gesetzt. Damit sehen wir gleichzeitig auch, dass es eine Entscheidung von Gelehrten mit Rücksicht auf theologische Vorstellungen war, die Sunna auf die überlieferte prophetische Praxis zu reduzieren.[46]

Unabhängig von Fazlur Rahman geht der tatarische Gelehrte Mūsā Ǧār Allāh Bigiev (gest. 1949) einen ähnlichen Weg. Er unterscheidet die Sunna in zwei Arten: die prophetische Sunna (*as-sunna an-*

46 Duderija, »The Evolution in the Concept of Sunnah«; Hallaq, *Origins*, Kapitel 2 und 5; Kurnaz, *Methoden*, 335–356, 407–420.

nabawīya) und die ›gesetzte‹, positive Sunna (*as-sunna al-waḍʿīya*). Die prophetische Sunna ist eine abgeschlossene Tradition, die auf den Propheten zurückgeführt wird und über Jahrhunderte hinweg tradiert wurde. Die positive Sunna dagegen ist nicht abgeschlossen: mit Rücksicht auf die Sunna des Propheten kann sie mithilfe der Gelehrten und Expert:innen fortgeschrieben werden. Bigiev begründet seine Haltung mit dem Hadith, der betont, dass all diejenigen, die eine Sunna begründen, einen jenseitigen Lohn dafür erhalten. Darüber hinaus erhalten sie auch einen Lohn dafür, dass andere dieser Sunna folgen. Analoges gilt für eine schlechte Sunna.[47] Also sind Menschen nach diesem Hadith in der Lage, weitere *sunan* zu begründen. Bigievs Ansatz unterscheidet sich von Rahmans dahingehend, dass er die Fortschreibung der Sunna auf die Gelehrten begrenzt. Rahman dagegen öffnet die Fortschreibung insofern, als dass die muslimische Praxis insgesamt *living sunna* sein kann. Was bei Rahman und Bigiev auffällt, ist, dass beide keine Hierarchisierung zwischen Koran und Sunna vornehmen wollen, sondern sie miteinander so stark verweben, dass eine Hierarchisierung nicht mehr notwendig wird. Bei Bigiev ist diese Haltung aber eher implizit.[48]

Wir können also festhalten, dass bereits in der Vormoderne die Frage danach gestellt wurde, wie die Sunna zu verstehen ist und inwiefern die Sunna in überlieferter Form veränderbar ist. Vormoderne Konzepte sahen nur einen Teil der Sunna des Propheten als historisch anpassungsfähig, wogegen in der Moderne – neben der Rezeption und Fortschreibung vormodernder Konzepte – die Sunna auch als grundsätzlich historisch und somit veränderbar eingeordnet werden konnte. Daneben werden Konzepte aus der Vormoderne bei zeitgenössischen Autor:innen vertreten sowie angenommen, dass die Sunna als Ganzes in der überlieferten Form universal sei. Schließlich ist festzuhalten, dass alle Konzepte auf kontingenten theologischen Annahmen basieren. Ein weitläufiger Fehler ist zudem, historisierenden Ansätzen zu unterstellen, dass sie die Sunna, wie auch den Koran,

47 Muslim, *Ṣaḥīḥ*, *Kitāb az-Zakāt*, *Bāb* 20, Hadith Nr. 69 (1017).

48 Für seine Theorie siehe Bigiyef, *İslam*.

in ein bestimmtes Jahrhundert verbannen wollten und sie missachteten. Es sollte aber klargeworden sein, dass dies nicht im Interesse derer ist, die den Koran und die Sunna historisch-kritisch lesen wollen. Der zuvor genannte Vorwurf ist ja auch nur dann sinnvoll, wenn man die Universalität von Koran und Sunna einer wortlautzentrierten Hermeneutik gleichsetzt. Dies wiederum ist eine Entscheidung der früheren Gelehrten und daher durchaus zu hinterfragen.

2.4 Neuer Schwerpunkt: Islamisches Recht als Ethik?

Marion Katz (geb. 1967) stellt fest, dass die westlich-akademische Islamrechtsforschung einen *ethical turn* unternahm. Dieser neue Trend betrachtet die vormoderne muslimische Rechtstradition als ein System, in dem Recht und Ethik harmoniert hätten, was mit der Moderne und den Kodifikationsprozessen zerstört worden sei.[49] Ähnlich problematisieren muslimische Autor:innen die seit etwa 200 Jahren vorkommende und bis heute andauernde Reduktion, *fiqh* nur als Rechtskonzept zu sehen. Indem er das Studium des *fiqh*, also der islamischen Rechtswissenschaft im weitesten Sinne vor Augen hat, schlägt Murteza Bedir (geb. 1968) vor, *fiqh* nicht nur als Rechtskonzeption zu verstehen, sondern darüber hinaus als etwas, was einer Deontologie nahekommt. Deontologie ist eine Pflichtenlehre, in der Handlungen nach übergeordneten, allgemeinen Prinzipien befolgt werden sollen. Handlungen werden nach unterschiedlichen Begründungsmustern als gut und schlecht eingeordnet, um den Vollzug oder die Unterlassung zu begründen. Solch eine an moralischen Kategorien orientierte Konzeption werde dem islamischen Recht nach Bedir in Gänze – sowohl aus rechtlicher als auch religiöser Perspektive – gerecht.[50]

49 Katz, »Ethics, Gender, and the Islamic Legal Project«, 3.
50 Bedir, »*Fıkıh* to Law«.

Nicht nur vom Gesichtspunkt des Studiums des islamischen Rechts heraus wurde islamisches Recht im weiteren Sinne stark mit Ethik in Verbindung gebracht. Es gibt Ansätze, das islamische Recht mit koranischer Ethik insgesamt, einer ihrer Subdisziplinen oder einzelne Konzepte und Methoden mit ethischen Konzepten und Fragen in Verbindung zu bringen. Khaled Abou El Fadl (geb. 1963) etwa geht davon aus, dass das islamische Recht eine Manifestation koranischer Ethik sein soll, und macht ebenfalls die Beobachtung, dass seit dem 20. Jahrhundert der ethische Aspekt in islamrechtlicher Forschung überwiege. Islamisches Recht müsse im Lichte des Diskurses zur Ethik neu beleuchtet werden. Für Abou El Fadl basiert das islamische Recht auf dem Koran, der ethische Prinzipien formuliere, die Gerechtigkeit und individuelle ethische Verantwortung begründeten. Es solle in diesem Rahmen Rechte und Pflichten begründen und die rechtliche Verantwortung des Menschen besprechen.[51] Der Koran, seine Grundlage, beinhalte nur wenige rechtliche Anordnungen im engeren Sinne, sondern eher ethische Prinzipien. Die Einzelfälle solle man als kontingente, historisch bedingte Einzelfälle einordnen, sodass sie nicht den Anspruch hätten, in der formulierten Form ewige Gültigkeit zu beanspruchen. Abou El Fadl veranschaulicht dies am Beispiel von Strafregelungen (sogenannte *ḥudūd*) im Koran. Er merkt an, dass die Gelehrten den Fehler begangen hätten, sich auf die Bedingungen und Formen der Ausführungen solcher Anforderungen zu konzentrieren bzw. Wege zu finden, sie nicht ausführen zu müssen. Sie hätten es vernachlässigt, über die moralische Einordnung der verbotenen Tat zu reflektieren. Auch hätten sie, so Abou El Fadl weiter, die Strafen selbst als ewig gültig angesehen, was man hätte vermeiden sollen. Nicht die Bestrafung von bestimmten Taten hätte einen ethischen Wert; man müsse eher darauf blicken, welche Handlungen verboten wurden und wie sie moralisch einzuordnen seien. Daher müssten sich Muslim:innen auf die Suche nach universalen moralischen Werten für die Menschheit begeben. Diese Aufgabe werde laut Abou

51 Die folgenden Ausführungen zu Abou El Fadl basieren auf Abou El Fadl, »Qur'anic Ethics and Islamic Law«.

El Fadl dem Menschen zuteil, da Gott ihn zum Stellvertreter (*ḫalīfa*) auf Erden gemacht habe (siehe Q 2:30) und ihm das Gut (*al-amāna*) der Vernunft anvertraute (siehe Q 33:72).

Die Prinzipien, die die Menschen finden, sollen auf Barmherzigkeit und Frieden basieren, die zusammenhingen und sich in Konzepten wie dem Streben nach dem Guten (*iḥsān*), der gegenseitigen Anerkennung und des Kennenlernens (Abou El Fadl benutzt dafür die Begriffe *taʿāruf* und *taʾāluf*) zeigten. Daraus folgt auch für Abou El Fadl, dass Muslim:innen sich Gedanken über eine Befreiungstheologie machen müssten, sodass in einem Konzept des islamischen Rechts die Unterdrückten stets zu beachten seien. Er geht sogar so weit zu fordern, dass Muslim:innen nach dem Göttlichen streben müssten, indem er sich auf den oben genannten Vers in Q 33:72 bezieht:

> »I believe that this weighty trust for which human beings were honored and dignified is the marvel of divinity itself. Human beings are but nuances of the Divine—inexhaustible anecdotes of divinity capable of creating such immeasurable acts of true beauty. As human beings invent and create beauty they move towards the majestic caliphate of Godliness.«[52]

Daraus schlussfolgert er:

> »Shariʿah should be understood strictly as the equivalent to the virtues of Godliness as the higher ideals of society and humanity at large. When the Qurʾan states, for instance: ›Do good for God loves those who do good‹ (Qurʾan 2:195; 3:134), it uses the plural command form of ›*yā aḥsinū*‹ or all of you people, do ›*iḥsān*‹ – a command form to do acts of beauty (or acts of *ḥusn* or *iḥsān*). In this, the Qurʾan has provided a textual grounding for the rational and natural moral imperative of acting to achieve goodness.«[53]

52 Abou El Fadl, »Qurʾanic Ethics and Islamic Law«, 24 f.

53 Abou El Fadl, »Qurʾanic Ethics and Islamic Law«, 25.

Abou El Fadl versucht also – ausgehend vom Koran und mit einer eigentümlichen Deutung – ein ethisches Konzept zu entwerfen, das anthropozentrisch ist, trotzdem die Rechtleitung Gottes betont und die rationale Moralität ins Zentrum seiner Ausführungen stellt. Er warnt auch davor, dass Menschen ihre eigenen Vorstellungen nicht als Scharia verstehen sollten, also etwas, was ewige Gültigkeit beansprucht und dem göttlichen Wissen gleichkommt. Dies sei sogar *širk*, also Beigesellung, die größte Sünde nach koranischem Verständnis. Denn: Der Mensch könne das göttliche Wissen nicht erkennen. Seine Ansicht zielt auf die Gewährleistung ab, dass Muslim:innen gesellschaftsrelevante Konzepte entwerfen können und sich nicht nur auf sich selbst konzentrieren.[54]

Es gibt neben dem Ansatz von Abou El Fadl weitere Zugänge, die das islamische Recht in seiner vormodernen Systematik betrachten und darauf verweisen, dass es nicht nur als Recht im engeren Sinne gedeutet werden sollte. Das islamische Recht sei auch ein ethisches und epistemologisches System, wie etwa Kevin Reinhart (geb. 1952) es betont. Er unterstreicht, dass im Rahmen des islamischen Rechts die Gelehrten die ethische Bewertung von Handlungen diskutieren. Wie genau dies geschieht, beschreibt er in Grundzügen mit Rücksicht auf die Literatur zur Rechtsmethodik und -theorie (also *uṣūl al-fiqh*). Solche Bewertungsmechanismen ermöglichen schließlich über die ethische Einordnung von Handlungen, eine Entscheidung zu fällen, also eine Regelung (*ḥukm*) abzuleiten. Sie hat verschiedene Arten: von moralischer Einordnung von Handlungen, wie etwa, dass etwas empfohlen, geboten oder verboten ist, hin zur Einordnung der rechtlichen Legitimität von Handlungen im engeren Sinne, wie etwa, dass eine Handlung rechtlich gültig, nichtig oder anfechtbar ist.[55] Solche Bewertungen sind selten definitiver, sondern präsumtiver Natur, daher stets aushandelbar. Man kann mit dieser Entscheidung Handlungen begründen. In diesem Rahmen diskutieren nach Reinhart die Gelehrten, ob sie nur durch die Auslegung der Offenbarung eine ethische

54 Abou El Fadl, »Qur'anic Ethics and Islamic Law«.

55 Für all diese Kategorien siehe Band II, Kapitel 2 und 3.

Bewertung einer Handlung vornehmen können oder aber auch unabhängig davon. Die übergeordnete Frage dazu ist: Existieren das Gute und Böse als eigenständige Entitäten, die die Vernunft unabhängig von der Einordnung der Offenbarung erkennen kann, oder ist es Gott, der durch die Offenbarung zeigt, was gut und böse ist? Ferner: Kann die Vernunft darüber entscheiden, ob Handlungen jenseitige Folgen haben, wenn man ihr die Fähigkeit zuspricht, das Gute und Böse unabhängig der Offenbarung zu erkennen? Hier scheiden sich die Geister. Unabhängig davon, wie man diese Frage beantwortet, stellt sich ferner die Frage, wie die religiöse Verantwortung (*taklīf*) des Menschen begründet wird. Denn das Wissen um die ethische Einordnung von Handlungen bzw. die Kompetenz dazu, die der Mensch als vernünftiges Wesen hat, bewirkt, dass man für seine Handlungen verantwortlich ist. Wir sehen bei Reinhart also einen starken Fokus auf die Erkenntnistheorie und Ethik, zumal er seinen Beitrag als Ergänzung zu der Haltung, das islamische Recht im engeren Sinne als Recht zu verstehen, schrieb und auf diese Haltung reagierte.[56]

Andere Studien gehen auf einzelne Methoden und Konzepte ein, die für den Ethikdiskurs relevant sind, wie etwa die oben angesprochene Frage danach, ob der Mensch in der Lage ist, das Gute (*ḥusn*) und Böse (*qubḥ*) zu erkennen. In der schiitischen postklassischen Tradition, also ab spätestens dem 15. Jahrhundert etwa stellen sich die Gelehrten vermehrt die Frage, ob die Erkenntnis, etwas sei böse, erfordere, dass solch eine Handlung als verboten gelte und der Vollzug zu einer Sünde führe, auch wenn keine Information dazu in der Offenbarung zu finden sei – man stellt sich in rechtsmethodischen Werken also die Frage nach der *mulāzama*.[57] Ähnliche Arbeiten gibt es über sunnitische Ansätze zur Frage nach der Erkennbarkeit des Guten und Bösen in rechtsmethodischen Werken.[58] Insgesamt finden sich in rechtsmethodischen Werken zahlreiche Themen, um über Formen ethischer Reflexion innerhalb der islamrechtlichen Tradition

56 Reinhart, »Islamic Law as Islamic Ethics«.

57 Detailliert dazu Gleave, »Moral Assessment«.

58 Reinhart, *Before Revelation*.

nachzudenken. Dazu zählen Themen rund um Methoden wie den *qiyās* und damit verbunden die Frage, wie ein Rechtsgrund zu bestimmen ist. Relevant sind auch Fragen, die mit der Idee der *maṣlaḥa* in Verbindung stehen.[59]

An dieser Stelle sei angemerkt, dass Forscher:innen nicht nur im islamischen Recht nach ethischen Konzepten suchten; sie sind in theologischen sowie philosophischen Schriften ebenfalls zu finden.[60] Auch semantische Forschungsarbeiten, die sich auf den Koran beziehen, können ohne islamrechtlichen Fokus koranisch-ethische Konzepte betrachten.[61]

Diese seit dem 20. Jahrhundert verstärkt zu beobachtenden Entwicklungen haben auch Auswirkungen auf das islamische Recht als theologische Fachdisziplin an deutschen Universitäten. Islamrechtliche Themen und Fragen können verstärkt mit ethischen Fragestellungen in Verbindung gebracht werden. Diese Interdependenz zeigt sich u. a. in der Denomination von Professuren, wie etwa die Professur für Islamische Theologie mit Schwerpunkt Islamisches Recht und Ethik an der Universität Hamburg, die von 2016 bis 2020 bestand, oder die Juniorprofessur für Islamische Rechtswissenschaften und Ethik an der Universität Paderborn. Eine gleichzeitige Erwähnung finden wir auch bereits in den Studienordnungen islamisch-theologischer Studiengänge. So etwa finden wir in der Studienordnung des Bachelorstudiengangs Islamische Studien in Frankfurt am Main im Modul zum Islamischen Recht ein Seminar zur Ethik in der islamischen Tradition.[62]

Neu ist die Verhältnisbestimmung zwischen islamischem Recht und Ethik nicht. Bereits in der Vormoderne machten sich Gelehrte Gedanken darüber, wie die Disziplin Islamisches Recht zu verorten sei: Enthält sie auch Ethisches oder ist Ethik vom Rechtlichen zu trennen? Es haben sich nicht nur Rechtsgelehrte Gedanken über dieses Verhältnis gemacht. Auch Philosophen wie Abū Naṣr al-Fārābī (gest.

59 Opwis, »The Ethical Turn in Legal Analogy«.

60 Fakhry, *Ethical Theories.*

61 Izutsu, *Ethico-Religious Concepts.*

62 *UniReport Satzungen und Ordnungen* (4.9.2020), siehe Seite 29.

339/950) beschäftigten sich damit. Für ihn ist Recht – er benutzt dafür auch den Begriff *fiqh* – eine konkrete Manifestation und Umsetzung universaler ethischer Prinzipien und daher nicht unabhängig von Ethik zu denken. Dabei bedient sich al-Farābī der aristotelischen Ethik, konkret des Konzepts des *mesotes* (μεσότης, *mesótēs*) innerhalb der Tugendethik. *Mesotes* beschreibt das Mittelmaß zwischen zwei Extremen: Jeder Handlungsvorschlag solle dem Mittelmaß gerecht werden; jede Form von Übermaß sei zu vermeiden. Die Tugend bzw. tugendhaftes Verhalten befindet sich also zwischen dem, was zu viel und was zu wenig ist. Jedes Gesetz solle diese Mitte aushandeln, was im Endeffekt zur Gerechtigkeit führe. Das heißt: Vermeidet man ein Zuviel (arab. *ifrāṭ*, ›Übermaß‹) und Zuwenig (arab. *tafrīṭ*, ›Mangel‹), handelt man tugendhaft und gerecht.[63]

Ähnlich argumentiert Ibn Rušd (gest. 595/1198). Als Philosoph und Rechtsgelehrter bzw. Richter geht er davon aus, dass das Recht universale ethische Prinzipien in konkreten Normen und Regelungen umsetzt. Seine Grundlage für diese Annahme ist die Aufteilung des Rechts in Naturrecht (bei ihm: ungeschriebenes Recht, *as-sunna ġayr al-maktūba*) und positives Recht (bei ihm: geschriebenes Recht, *as-sunna al-maktūba*); eine Klassifikation, die wir bereits bei Aristoteles finden. Er sagt, dass die Einhaltung der konkreten Rechtsvorschriften zur Verwirklichung der Tugenden (*faḍā'il*, Sg. *faḍīla*) Enthaltsamkeit (*ʿiffa*), Gerechtigkeit (*ʿadl*), Tapferkeit (*šaǧāʿa*) und Freigiebigkeit (*saḫā'*) führe. Das islamische Recht, so kann man Ibn Rušd deuten, beinhalte konkrete Umsetzungsformen, die alle den universalen ethischen Prinzipien gerecht werden. Daher analysiert Ibn Rušd die vielfältigen Meinungen innerhalb der islamischen Rechtsschulen hinsichtlich der Prinzipien (er nennt sie *uṣūl* und *qawāʿid*), die angewandt wurden. Halten sich die Gelehrten bei der Rechtsfindung an diese Prinzipien, können sie konkrete Handlungsvorschläge machen, die diesen Prinzipien gerecht werden und wiederum ermöglichen sollen, rational begründeten, universalen ethischen Prinzipien zu entsprechen.[64]

63 Bouhafa, »Ethics and *Fiqh* in al-Fārābī's Philosophy«.

64 Kurnaz, *Tradition und Fortschreibung*, Kapitel 4.7.

Im Gegensatz dazu können wir bei vielen Gelehrten sehen, dass sie zwischen Recht und Ethik bzw. zwischen Rechtlichem und Religiösem zu unterscheiden pflegen. Abū Ḥāmid al-Ġazālī (gest. 505/1111) etwa trennt in einigen seiner Werke klar zwischen Recht und Ethik; in anderen sehen wir zwar Überschneidungen, wie etwa bei der Erkennbarkeit vom Guten und Bösen und damit verbunden die rechtliche sowie ethische Bewertung von Handlungen, die er aber nicht näher nach dem Gesichtspunkt des Verhältnisses zwischen Ethik und Recht behandelt.[65] Andererseits versucht al-Ġazālī, die von ihm beschriebenen Grenzen von Recht und Ethik in seinem Werk *Iḥyāʾ ʿulūm ad-dīn* aufzulösen: Islamrechtliches soll zur moralischen Selbstkultivierung dienen. Solche Bestrebungen seien aber, so Katz, nicht die Mainstreammeinung: Der sogenannte Mainstream unterscheide eher zwischen Recht und Ethik bzw. Rechtlichem und Religiösem.[66]

Katz hinterfragt die Haltung in zeitgenössischen Werken, islamisches Recht mit Ethik gleichzusetzen. Sie zeigt, dass es viele Bereiche im islamischen Recht gibt, die eine Trennung von Recht und Ethik erlauben. Sie unterstreicht, dass es zwar im islamischen Recht Bereiche gibt, die sich vom westlichen Rechtsverständnis unterscheiden, wie etwa der Bereich der gottesdienstlichen Handlungen. Jedoch sei das islamische Recht ein Juristenrecht, das die Juristen von den Quellen hergleitet haben, wonach es von den Herrschern als geltendes Recht anerkannt und zur Anwendung angeordnet wurde. Trotzdem waren es die Rechtsgelehrten, die als Richter tätig waren und das Recht anwandten. Am Beispiel der Ehe zeigt sie, dass etwa der schafiitische Gelehrte Abū l-Ḥasan al-Māwardī (gest. 450/1058) in seinem Rechtswerk *al-Ḥāwī al-kabīr* auf die Ehe anders blicke als in seinem Werk zur Ethik unter dem Titel *Adab ad-dunyā wa-d-dīn*. In Ersterem bespreche er die Ansprüche der Ehepartner, was sich auf die sexuelle Befriedigung konzentriere. Im ethischen Werk kritisiere al-Māwardī die Reduktion der Ehe auf sexuelle Befriedigung und mache sich Gedanken darüber, wie die Ehe zur Selbstkontrolle und

65 Rudolph, »al-Ghazalī on Philosophy and Jurisprudence«.

66 Katz, »Ethics, Gender, and the Islamic Legal Project«, 24.

Religiosität beitragen könne. Hier haben wir einen Fall von zwei unterschiedlichen Genres, in denen die Gelehrten in ähnlich gelagerten Fällen zu unterschiedlichen Bewertungen gelangten. Dies sollte man nicht als einen Widerspruch verstehen, sondern vielmehr als Ausdruck einer Fähigkeit, Konstellationen durch unterschiedliche disziplinäre Brillen zu betrachten und multiperspektivisch zu durchleuchten.

Darüber hinaus gibt es auch Fälle, in denen Handlungen in einen Aspekt rechtlicher und einen religiöser Pflicht innerhalb derselben Textgattung unterteilt werden. Dafür bespricht Katz das Werk des hanafitischen Gelehrten Šams al-Aʾimma as-Saraḫsī (gest. 483/1090). Bei der Besprechung der Frage, ob die Ehefrau das gemeinsame Kind stillen muss, urteilt as-Saraḫsī nach Katz damit, dass die Ehefrau nicht dazu gezwungen werden könne, das Kind zu stillen. Alle ehelichen Aufgaben, bis auf die sexuelle Befriedigung, seien religiös (*tadayyunan*) begründet, wogegen die Verpflichtung zur sexuellen Befriedigung des Ehemannes rechtlich (*ḥukman*) sei und rechtlich erzwungen werden könne.[67] Katz beobachtet, dass as-Saraḫsī eine solche Unterscheidung an anderen Stellen seines Rechtswerks *al-Mabsūṭ* ebenfalls vornimmt. Die Einordnung als ›religiös‹ (*tadayyunan, dīnan*) könne man an diesen Stellen als ›moralisch richtig‹ verstehen. In beiden Fällen, sowohl bei al-Mawardī als auch bei as-Saraḫsī, könne man die ethische Selbstkultivierung, die in der neueren Forschung unserer Zeit eine große Rolle spiele, nicht sehen. Das heißt nicht, dass diese beiden Gelehrten in ihren Rechtswerken auf solche Fragen nicht eingehen; sie kommen laut Katz aber selten vor und sind nicht von zentraler Bedeutung. Katz schlussfolgert, dass die eingangs erwähnte Verallgemeinerung, das islamische Recht sei zugleich Ethik, der facettenreichen Ausgestaltung des islamischen Rechts nicht gerecht werde: Man dürfe die unterschiedlichen Genres und Formen des islamischen Rechts nicht außer Acht lassen.[68]

67 Katz referiert hier auf as-Saraḫsī, *al-Mabsūṭ*, V:209.

68 Katz, »Ethics, Gender, and the Islamic Legal Project«. Für ähnliche Beobachtungen siehe die Beiträge von Fatma Akan Ayyıldız und Bahattin Akyol in Alsoufi/Kurnaz/Sievers, *Wege zu einer Ethik*.

Diese Entwicklungen lassen sich unterschiedlich deuten. So etwa kann man den Blick auf das islamische Recht mit Fragen nach Konzeptionen der Ethik wenden, da Forscher:innen diese Dimension des islamischen Rechts zuvor selten erforschten. Die Forschung kann sich also mit diesen Fragen neu orientieren. Dementsprechend wird dann der ethische Charakter des islamischen Rechts betont. Das islamische Recht wurde bisher je nach Kontext entweder vom geltenden Recht abgesondert oder war nur teilweise geltendes Recht (siehe Kapitel 1). Muslim:innen mussten aber, unabhängig von den geltenden Normen in einem Land, danach fragen, inwiefern ihre Handlungen islamrechtlich bzw. religiös gerechtfertigt sind. Damit beschränkte sich der Anwendungsbereich des islamischen Rechts je nach Kontext in unterschiedlicher Form auf das Privatleben. Darüber hinaus änderte sich auch der Adressatenkreis der Fragen, die islamrechtlich relevant sind: Haben etwa rechtspraktische Werke im Bereich der *furūʿ al-fiqh* noch Rechtsgelehrte adressiert, so haben islamrechtliche Forschungen und Fragen heute nicht nur sie im Blick, sondern auch Expert:innen aus anderen Disziplinen sowie die interessierten Nichtexpert:innen. Ferner findet das islamische Recht aufgrund der zeitgenössischen Umstände (siehe Kapitel 1) Umsetzungsmöglichkeiten in die Praxis eher mit Rücksicht auf Fragen der ethischen Einordnung von Handlungen, wie etwa im Bereich der Bio-, Wirtschafts- und Umweltethik. Auf diese und damit in Verbindung stehende Entwicklungen und ihre Folgen in Europa und Deutschland geht das nächste Kapitel ein.

Zusammenfassung

Durch die Veränderungen der Umstände im 18., 19. und 20. Jahrhundert haben Gelehrte nach Möglichkeiten gesucht, das islamische Recht an die neuen Umstände anzupassen. Trotz unterschiedlichem Verständnis haben die meisten den Idschtihad betont. Idschtihad hat dadurch verschiedene Formen angenommen, innerhalb derer sowohl traditionelle als auch neuere Zugänge subsumiert wurden.

Abstand nahmen die Gelehrten von Konzepten, die zur Standardisierung und Voraussehbarkeit des Rechts beitragen sollten. Die Dynamik und Flexibilität standen nun mehr im Vordergrund. Rechtsschulgrenzen wurden weitestgehend überwunden. Die Rechtsschulen verloren ihre Zentralität und Funktion. Methoden und Quellen wurden um weitere wie die *maqāṣid aš-šarīʿa, maṣāliḥ* und *qawāʿid* erweitert, wobei hier auch eine Fülle von Konzepten konkurriert. Grundsätzlich neu sind Zugänge, die den Koran und die Sunna historisch-kritisch lesen wollen. Damit wurde auch das Koran- und Sunnaverständnis hinterfragt, wobei traditionelle Konzepte weitestgehend – teilweise mit Neujustierungen – beibehalten wurden. Mit der Zeit gewann auch die ethische Dimension des islamischen Rechts sowohl in der Forschung als auch in der religiösen Praxis an Bedeutung.

Kapitel 3: Neukonzeption und Institutionalisierung des islamischen Rechts

3.1 Neujustierung und Neukonzeptionen in Europa: Islamisches Recht zwischen Minderheitenrecht *(fiqh al-aqallīyāt)* und Euro-Islam

Wir sahen bisher, dass Akteur:innen des islamischen Rechts auf die sich verändernden Umstände unterschiedlich reagierten. Eine Reaktion verdient es, gesondert thematisiert zu werden, denn ihre Auswirkung – nicht nur auf Europa – ist bis heute zu beobachten. Es handelt sich dabei um die Idee eines islamischen Minderheitenrechts, des *fiqh al-aqallīyāt*.[69]

Wir können seit den 1990er Jahren beobachten, dass muslimische Gelehrte sich Gedanken darüber machten, wie das islamische Recht den Bedürfnissen von Menschen, die in einem mehrheitlich nicht-muslimisch geprägten Ausland leben, angepasst werden kann. Neu ist der Ansatz nicht. Seit dem Beginn des 20. Jahrhunderts sind viele Muslim:innen aus unterschiedlichen Gründen zum Beispiel nach Europa emigriert. Sie stellten Fragen zur muslimischen (Alltags-)Praxis und ihrer religiösen und ethischen Einordnung, die im vormodernen Recht bzw. in Fatwas nicht ausgehandelt worden sind. Ausschlaggebend war, dass viele Muslim:innen in mehrheitlich nicht-

69 Die folgenden Ausführungen basieren auf El-Wereny, *Normenlehre*; Caeiro, »The Power of European Fatwas«; Franke, »Fiqh al-aqallīyāt«; March: »Sources of Moral Obligation to Non-Muslims«.

muslimisch zusammengesetzten Gesellschaften lebten, was die Gelehrten als ›nichtmuslimisches Ausland‹ qualifizierten. Die Gelehrten verstanden sie als Minderheiten, deren Situation gesondert zu bewerten sei. Die Fragen, die die dort lebenden Muslim:innen stellten, waren u. a. folgende: »Wie kann ich das Gebet verrichten, wenn ich auf der Arbeit bin und meine Arbeitszeiten das Beten nicht erlauben?«, »Darf ich an nichtmuslimischen religiösen Festen teilnehmen?« und »Darf ich in meinem Restaurant Alkoholhaltiges verkaufen, wenn meine Kunden keine Muslim:innen sind?«. Die vormoderne Literatur hat für diese Fragen oft keine Antwort, weshalb nicht nur traditionalistisch orientierte Gelehrte an Grenzen stießen, diese Fragen mit Rückgriff auf die Tradition zu beantworten.

Muslim:innen, die ihren Lebensmittelpunkt in Europa hatten/haben, konnten ihre Fragen nicht selbst lösen, da sich auf dem Kontinent noch keine Gelehrtenexpertise etabliert hat. Gelehrte aus muslimisch geprägten Ländern behandelten diese Fragen zunächst aus einer Außenperspektive heraus. Diese war in erster Linie kasuistisch und im Rahmen des Fatwawesens unsystematisch. Die Anfänge solcher Fatwas gehen bis an das Ende des 19. und den Anfang des 20. Jahrhunderts zurück. So erteilte Riḍā Fatwas für Muslim:innen, die in nichtmuslimischen Mehrheitsgesellschaften lebten. Er publizierte sie in der ägyptischen Zeitschrift *al-Manār*. Später befassten sich Gelehrte wie al-Qaraḍāwī und al-ʿAlwānī in den 1960er und 70er Jahren vermehrt mit Fragen dieser Art. Die Bewertung der Lebenssituation von Muslim:innen in nichtmuslimischen Mehrheitsgesellschaften beschränkte sich aber nicht nur auf die Bestrebung einzelner Gelehrter. Sie war auch Gegenstand von islamischen Rechtsakademien und Fatwa-Gremien (siehe Kapitel 3.2.2).

Aus diesen Bestrebungen entwickelte sich mit der Zeit das islamische Minderheitenrecht (*fiqh al-aqallīyāt*). Zunächst verstand man darunter die einzelfallbezogene Besprechung von Fragen zur alltäglichen und religiösen Praxis von Muslim:innen in nichtmuslimischen Mehrheitsgesellschaften. Gelehrte wie al-ʿAlwānī – der vermutlich der erste war, der eine Konzeptionalisierung vornahm – dagegen versuchten, diesbezüglich Systematisierungen vorzunehmen. Es lohnt sich daher, seinen Ansatz genauer zu betrachten.

Für eine neue Ausrichtung des islamischen Rechts (*fiqh*) fordert al-ʿAlwānī einen radikalen Bruch mit dem traditionellen Rechtsverständnis. *Fiqh* ist für ihn nicht nur der Diskursort für die religionsrechtliche und ethische Einordnung von Handlungen, sondern im weitesten Sinne eine Grundhaltung für Muslim:innen, die es erlaubt, die alltägliche und religiöse Praxis der Muslim:innen theologisch begründet zu lösen. *Fiqh* ist in diesem Sinne eine fortwährende Verstehensbestrebung. Daher ruft al-ʿAlwānī Gelehrte dazu auf, nicht nur eine Expertise in Bezug auf die islamischen Wissenschaften zu haben, sondern darüber hinaus im Bereich der Soziologie, Wirtschaftswissenschaft, Politikwissenschaft und der Internationalen Beziehungen bewandert zu sein. Damit geht al-ʿAlwānīs *fiqh*-Konzept über eine rein islamrechtliche Beurteilung menschlichen Verhaltens hinaus: Es soll soziale und politische Partizipation in der jeweiligen Gesellschaft, in der Muslim:innen leben, ermöglichen.

Ein diametrales Konzept finden wir bei al-Qaraḍāwī. Er gilt als prominenter Verfechter des Minderheitenrechts. Für ihn ist das Minderheitenrecht eine Subdisziplin des islamischen Rechts und daher nicht unabhängig von diesem zu denken. Al-Qaraḍāwī ruft nicht dazu auf, das traditionelle islamische Recht unkritisch zu befolgen bzw. keine neuen Lösungen zu formulieren. Er warnt aber davor, Fälle voreilig neu zu bewerten. Dies geht Hand in Hand mit seinem Idschtihad-Verständnis (siehe die Absätze zu al-Qaraḍāwī in Kapitel 2.1.1).

Auch wenn die Konzepte dieser beiden Gelehrten sich widersprechen, sind ihre Begründung und theologische Fundierung gleich. Das theologische Fundament ist das Konzept der *daʿwa* (wörtl. ›Einladung‹). Dieser Begriff beschreibt die Haltung, Nichtmuslim:innen zum muslimischen Glauben einzuladen, wozu Muslim:innen dem Konzept nach verpflichtet sind, da der Islam universale Gültigkeit habe. Dementsprechend ist die Anwesenheit von Muslim:innen im sogenannten Westen – zumindest nach der Vorstellung von Gelehrten, die das islamische Minderheitenrecht prägten – keine vorübergehende geschichtliche Erscheinung. Vielmehr ist sie eine Notwendigkeit, um die göttliche Botschaft an die Menschheit verkünden zu können. Diesem *daʿwa*-Verständnis wohnt ein passiver Wesenszug inne. D. h., dass nicht aktiv zum Glauben eingeladen werden muss, sondern durch vorbildliches Handeln und Respekt gegenüber anderen Lebensentwürfen die Einladung implizit erfolge. Eine Grundlage dafür kann Q 60:8 f. bieten:

> »Gott verbietet euch nicht, freundlich zu sein zu denen, die euch nicht der Religion wegen bekämpften und nicht aus euren Häusern vertrieben, und sie gerecht zu behandeln. Siehe, Gott liebt die, die gerecht handeln. Gott verbietet euch nur, die zum Freund zu nehmen, die euch wegen eurer Religion bekämpften und euch aus euren Häusern vertrieben und anderen bei eurer Vertreibung halfen. Wer sich sie zum Freund nimmt, der gehört zu den Frevlern.«

Dieses *daʿwa*-Verständnis wird in der Sekundärliteratur weitgehend positiv aufgenommen: Es ermögliche muslimischen Gläubigen gesellschaftliche und politische Partizipation, die den Grundlagen des Islams nicht widerspreche.

Diese Auffassung erfordert weitere Weichenstellungen im islamrechtlichen Verständnis, und zwar in der geographischen Aufteilung der Welt in zwei größere Lager. Das traditionelle Recht teilt die Welt grundsätzlich in zwei Bereiche auf: ›Haus des Islam‹ (*dār al-Islām*) und ›Haus des Krieges‹ (*dār al-ḥarb*) bzw. ›des Unglaubens‹ (*dār al-kufr*). Die Bezeichnungen können verwirren: ›Haus des Krieges‹ beschreibt nicht, dass dort Krieg geführt wird bzw. werden soll, sondern zeigt, dass dieser potentiell möglich ist. Der Ausdruck bezeichnet den Ort, an dem Muslim:innen nicht herrschen. Damit markieren die vormodernen Gelehrten u. a. den Geltungsbereich des islamischen Rechts. Was genau ›Haus des Islam‹ ist, ist umstritten: Geht es um geltendes Recht, das auf dem islamischen Recht basiert, oder doch um Orte, an denen Muslim:innen ihre religiöse Praxis frei ausüben können? Die Gelehrten kannten neben diesen beiden vorgenannten auch weitere Konzepte, wie etwa ›Haus der Versöhnung‹ (*dār aṣ-ṣulḥ*) bzw. ›des Vertrags‹ (*dār al-ʿahd*), sofern zum Beispiel ein Friedensvertrag vorlag.[70]

70 Auf die Details können wir hier nicht eingehen; wichtig für uns ist, dass vormoderne Gelehrte eine Dichotomie zwischen islamisch geprägten Orten und nichtislamischen Regionen etablierten.

Diese Dichotomie versuchen zeitgenössische Gelehrte zu überwinden, die sich zum islamischen Minderheitenrecht äußerten. Sie können sie zwar rein dogmatisch nicht vollständig überwinden,[71] versuchen aber pejorative, also abwertende Bezeichnungen zu vermeiden. So etwa bezeichnen sie nichtmuslimische Mehrheitsgesellschaften als ›Haus des Rufes‹ (*dār ad-daʿwa*), muslimische Mehrheitsgesellschaften dagegen als ›Haus der Antwort‹ (*dār al-iǧāba*) auf die Einladung zum Islam.

Die Beantwortung solcher konzeptionellen Fragen hatte Auswirkungen auf die methodischen Grundlagen des Minderheitenrechts: Seine Verfechter:innen betonen die Notwendigkeit des Idschtihad. Dies schließt an die Grundhaltung der Gelehrten ab dem 20. Jahrhundert an, die wir in Kapitel 2 näher beleuchtet haben. Im Minderheitenrecht wird dementsprechend Idschtihad in den Vordergrund gerückt. Seine Deutung und die konkurrierenden Ansätze haben wir bereits oben gesehen. Im Kern geht es darum, dass entweder mit Rücksicht auf die Lebensumstände der Muslim:innen neue Lösungen formuliert werden, Lösungen aus der Tradition angepasst bzw. in ihrer ursprünglichen Form angewandt sowie verschiedene Lösungen aus den Rechtsschulen kombiniert werden. Dies hatte zur Folge, dass Rechtsschulen sukzessive ihre Relevanz verloren und sie nicht mehr die hergebrachte Autorität ausübten, die sie in der Vormoderne inne hatten: Nunmehr ist nicht die Rechtsschulzugehörigkeit des Gelehrten entscheidend für eine Lösungsfindung, sondern eine Argumentation, die die lebensweltliche Realität der Menschen berücksichtigt.

Mit dem islamischen Minderheitenrecht rückt somit die Lebensrealität der Menschen in den Vordergrund. Dass die Gelehrten sie im Blick haben, ist nicht neu: Bereits vormoderne Gelehrte haben sich im Rahmen von Fatwas Gedanken darüber gemacht, inwiefern der Mufti Kenntnis über die Lebensumstände des *mustaftī*, also des:derjenigen haben muss, der:die nach einer Fatwa fragt. Diese speziellen Fälle werden u. a. als *nawāzil* und *wāqiʿāt* sowie neuerdings vermehrt

71 Eine Überwindung der Dichotomie ist ja auch gar nicht möglich, da schon der Begriff ›Minderheitenrecht‹ sie voraussetzt. Für eine detaillierte Besprechung dieser Konzepte siehe Albrecht, *Dār al-Islām Revisited.*

fiqh al-wāqiʿ genannt. Neu ist dagegen die Akzentuierung innerhalb des *fiqh al-aqallīyāt*: die kollektive Lebensrealität muslimischer Gemeinschaften – und nicht die von einzelnen Individuen – wird berücksichtigt, um Regelungen zu begründen, die als Handlungsorientierung dienen. Es wird also nicht mehr die Frage gestellt, wie die Lebenswirklichkeit des:der jeweiligen Ratsuchenden ist, sondern wie sich die kollektive Lebensrealität darstellt. Innerhalb dessen kann der konkreten Lebenswirklichkeit einer jeden ratsuchenden Person besondere Aufmerksamkeit geschenkt werden.

Die Argumentation für die Begründung der hergeleiteten Normen und Regeln durchlief im Vergleich zur Vormoderne ebenfalls einen Wandel. Wir haben in Kapitel 2 bereits gesehen, dass die Gelehrten vermehrt die übergeordneten Ziele der Scharia berücksichtigten, um Lösungen zu finden, die ihrem Ansatz im Rahmen des Minderheitenrechts entsprechen sollten. Nicht selten sprechen die Gelehrten von einem *maqāṣid*-basierten Idschtihad, also einem *iǧtihād maqṣadī*. Die vielfältige Deutung der übergeordneten Ziele (*maqāṣid*) haben wir ebenfalls kennengelernt (siehe Kapitel 2.1.2). Sie beide befinden sich im Kern der Herleitung von Normen und Regelungen im Rahmen des islamischen Minderheitenrechts.

Wir sehen daneben eine weitere Schwächung der etablierten Meinungen innerhalb der Rechtsschulen: Viele der bisher genannten Gelehrten konzentrieren sich darauf, den Koran und die Sunna neu auszulegen, was auch unter die Tätigkeit des Idschtihad fällt. Die Auslegung dieser Quellen und die Betonung der *maqāṣid* führt dazu, dass andere Quellen ihre traditionell starke Rolle verlieren, wie zum Beispiel *qiyās* (Analogieschluss und verwandte Schlussformen) und Konsens (Idschma). Dagegen werden Methoden und Herangehensweisen befürwortet, die eine flexible Ausgestaltung des Rechts ermöglichen und die Lebensrealität der Menschen in hohem Maße in die Rechtsfindung einbinden. Paradebeispiel dafür ist die Heranziehung von Rechtsprinzipien (*qawāʿid*). War die traditionelle Form des Rückgriffs auf die *qawāʿid* zumeist auf Abwägung (*tarǧīḥ*) zwischen zwei konkurrierenden Meinungen beschränkt, können Gelehrte mit ihrer Hilfe neue Normen begründen. Daneben können sich die Gelehrten auf Prinzipien berufen, wie es in der Vormoderne gängig war, und zwar um eine Entscheidung zwischen konkurrierenden Meinungen zu treffen.

Um zu zeigen, wie eine solche Herleitung einer Norm genau aussehen kann, möchte ich an dieser Stelle einen berühmten Fall zusammenfassen. Es geht um die Erlaubnis des Schlusses von verzinsten Kreditverträgen. Viele Anhänger:innen des islamischen Minderheitenrechts argumentieren wie folgt: Da Muslim:innen in mehrheitlich nichtmuslimisch geprägten Gesellschaften keine Möglichkeit haben, nichtverzinste Kreditverträge abzuschließen, seien sie in einer Notlage und dazu gezwungen, verzinste Kredite aufzunehmen. Dies führe dazu, dass verbotene verzinste Kredite aufgenommen werden können, weil ein Prinzip besagt: »Notwendigkeiten erlauben verbotene Dinge [zu tun]« (*aḍ-ḍarūrāt tubīḥ al-maḥẓūrāt*). Mit diesem Prinzip steht ein weiteres Prinzip in Verbindung: stets die Lösung vorzuschlagen, die zur Erleichterung (*taysīr*) führt. Die Gelehrten setzen voraus, dass die Anwendung dieser Prinzipien den *maqāṣid* entspricht. Zudem stammen diese Prinzipien aus der vormodernen Rechtstradition, was eine Kontinuität der vorgeschlagenen Lösung mit der Tradition suggeriert.[72] Mittlerweile verläuft die Argumentation anders, zumal es inzwischen viele Bankprodukte gibt, die Zinsen vermeiden.

Obwohl das islamische Minderheitenrecht überwiegend positiv aufgefasst wurde, wurde es auch stark kritisiert. Die Kritik begann schon bei der Bezeichnung des Konzepts als ›Minderheitenrecht‹. Ihre Verwendung impliziert eine Spannung zwischen Muslim:innen und Nichtmuslim:innen, die künstlich erzeugt wird. Sie führt zur Entfremdung von Muslim:innen in ihren eigenen Gesellschaften, hemmt politische Partizipation und macht sie im Vergleich zu Muslim:innen anderer Regionen, wo sie die Mehrheit einer Gesellschaft ausmachen, zu Muslim:innen zweiter Klasse, die eine Sonderbehandlung benötigen. Es kommt noch erschwerend hinzu, dass diese Bezeichnung von außen an Muslim:innen herangetragen wird: Gelehrte, die in mehrheitlich muslimischen Gesellschaften leben, definieren Muslim:innen,

72 Für dieses Beispiel und weitere aus verschiedenen Bereichen siehe El-Wereny, *Normenlehre des Zusammenlebens*, Kapitel 4.

die woanders leben, als Minderheiten. Damit geht natürlich auch der Versuch einher, hier die verlorengegangene Autorität der Gelehrten wiederherzustellen: Die muslimischen Minderheiten sollten die Gelehrten aus dem ›Haus des Islam‹ fragen, wie sie ihren Alltag ›islamkonform‹ bewältigen können, wobei nicht klar ist, wodurch sich die Islamkonformität genau ergibt.

Diese Kritik hat Früchte getragen. Obwohl einige in den 2000er Jahren noch am Begriff ›Minderheitenrecht‹ festhielten, gab es zahlreiche Stimmen, andere Bezeichnungen zu finden und das Konzept anzupassen. Prominente Alternativen sind ›*fiqh* des Zusammenlebens‹ (*fiqh at-taʿāyuš*) oder ›*fiqh* der Staatsbürgerschaft‹ (*fiqh al-muwāṭana*). Solche Ansätze wollen Staatsbürgerschaftskonzepte in ihre Systematik integrieren, ja sie können sogar den Säkularismus als Grundlage ihrer Überlegungen akzeptieren. Der säkulare Rahmen biete nämlich Gestaltungsmöglichkeiten für ein friedliches Miteinander, in dem Menschen unterschiedlicher religiöser Prägung ihrer eigenen Religion treu bleibend gesellschaftlich und politisch partizipieren können. Damit soll die Dichotomie ›Mehrheit–Minderheit‹ überwunden werden. Es ist aber Vorsicht geboten: Nicht immer ist eine Neujustierung innerhalb des Minderheitenrechts gegeben, auch wenn das Konzept eine andere Bezeichnung trägt. Darüber hinaus gibt es selten Versuche, die Rechte von Minderheiten insgesamt zu diskutieren und die Diskussion nicht auf die muslimische Minderheit zu reduzieren.

Das islamische Minderheitenrecht ist also eine Idee, die der Lebensrealität der Muslim:innen in unterschiedlichen Kontexten Rechnung tragen möchte. Sie schafft aber eine Spannung innerhalb von Gesellschaften, in denen Muslim:innen zwar nicht die Mehrheit darstellen, aber sich auch nicht unbedingt als Minderheit absondern möchten – zumindest ist es denkbar, dass Muslim:innen darauf verzichten, sich selbst als eine Minderheit zu verstehen. Die Diskriminierung von Muslim:innen als Minderheit geschieht in diesem Fall durch muslimische Gelehrte, die diese Wahrnehmung von außen auf Muslim:innen projizieren. Es ist eine doppelte Diskriminierung: Muslim:innen in nichtmuslimischen Mehrheitsgesellschaften sind in ihr weder Teil der Muslim:innen, die nach den ›gewöhnlichen‹ Maßstäben leben, noch Teil ihrer eigenen Gesellschaft, weil sie als Minderheit von dieser abgekapselt werden. Das theologische Konzept der *daʿwa* soll nun diese ihre Situation neu bewerten und sie in ihre eigene sowie die weltweite muslimische Gesellschaft integrieren. Gewissermaßen schaffen die Gelehrten so einen theologischen Bedarf, den sie selbst wieder decken. Diese Dichotomie im Denken rückt unabhängig von der Benennung des jeweiligen Konzepts das Leben der Muslim:innen in ihrer eigenen Gesellschaft in ein Problemfeld. Zumindest in großen Bereichen ist der muslimische Alltag aber gar kein Problemfeld; Probleme können auch künstlich geschaffen werden.

Hinzu kommt, dass das *daʿwa*-Konzept selbst problematisch ist, um ein Minderheitenrecht bzw. ähnliche Konzepte zu begründen. Im Grunde genommen führt der *daʿwa*-Ansatz die Dichotomie von ›Glaube und Unglaube‹ weiter. Im Kern des Minderheitenrechts und verwandter Konzepte liegt ja der Gedanke, Muslim:innen religiös begründetes ethisches Handeln zu ermöglichen. Ethisches Handeln aber erfordert – wenn wir dem *daʿwa*-Gedanken nicht streng folgen möchten –, Menschen *qua* Menschen das Gute zu wünschen. Daher müssen das Minderheitenrecht und verwandte Konzepte aus diesem Blickwinkel neu betrachtet und ausgearbeitet werden.

Alternativen zum Minderheitenrecht gibt es dennoch. Ihr Ausgangspunkt sind zwar nicht das islamische Recht oder rechtstheoretische und -hermeneutische sowie erkenntnistheoretische Ansätze, sondern eher politik- und sozialwissenschaftliche Antworten auf gegenwärtige islambezogene Fragen. Da sich diese auch auf das Handeln von Muslim:innen beziehen und auch Auswirkungen auf die religiöse Praxis haben, sei hier ein prominentes Modell kurz vorgestellt: ›Euro-Islam‹ bzw. europäischer Islam.[73]

Der Entstehungskontext von Konzepten, die einen europäischen Islam befürworten, fällt in dieselbe Zeit wie die Diskussionen um das Minderheitenrecht. In den 1990er Jahren prägen insbesondere zwei Wissenschaftler den Diskurs um einen europäischen Islam: Der deutsch-syrische Politikwissenschaftler Bassam Tibi (geb. 1944) und

73 Meine folgenden Ausführungen zu Euro-Islam basieren auf Şahin, *Europäischer Islam*; Halm, »Was ist Euro-Islam«.

der Schweizer Islamwissenschaftler Tariq Ramadan (geb. 1962). Sie beide haben zwar ähnliche Forderungen, die sie aber radikal voneinander abweichend konzeptionalisieren. Die gemeinsame Forderung ist, dass die Lebenssituation von in Europa lebenden Muslim:innen besondere Beachtung verdient und entsprechend neu bewertet werden muss. Ihre Wege für diese Neubetrachtung und -bewertung stehen in starkem Kontrast zueinander. Derjenige, der den Begriff ›Euro-Islam‹ prägte, ist Tibi; Ramadan spricht nur von ›europäischen Muslimen‹ und wie sie ihr Leben in Europa religiös begründet gestalten können. Beginnen wir zuerst mit der Betrachtung des Konzepts von Tibi.

Tibi setzt die säkulare Ordnung als absolut gegeben und will im französisch geprägten Laizismus *die Lösung* für die muslimische Tradition sehen. Um diesem Ziel gerecht zu werden, müssen nach Tibi die Scharia, der *daʿwa*-Gedanke und das Dschihad-Konzept überwunden werden. Die Lücke, die dadurch entsteht, will Tibi – der die Säkularität als oberstes Prinzip festlegt – mit den Menschenrechten, dem Pluralismus, der Demokratie und der Toleranz füllen. Dabei gelten diese genannten Werte und Prinzipien uneingeschränkt; alles, was ihnen widerspricht, erklärt er für nichtig. Um die Überwindung der Scharia, des *daʿwa*- und Dschihad-Gedankens zu begründen, vermischt Tibi oft die Grenzen zwischen Islamismus und Islam. Obwohl Tibi den Islamismus, der bestimmte Konzepte innerhalb der muslimischen Tradition ideologisiert und als oberstes Prinzip des muslimischen Lebens verabsolutiert, in seiner Kritik im Blick hat, verwischen sich bei ihm oft die Grenzen zwischen Islamismus und Islam als eine plurale Religionstradition. Tibi ist offensichtlich essentialistisch in seiner Argumentation und reduziert die muslimische Tradition oft auf ein Verständnis, das er entweder im Islamismus verortet sieht oder sie so betrachtet, dass man keine Grenze mehr zwischen beiden ziehen kann. Damit fallen die pluralen Formen muslimischer Traditionen aus dem Raster seiner Betrachtungen. Vor allem übersieht Tibi, dass theologisch begründete Konzepte unter spezifischen historischen Umständen entstanden sind. Sein essentialistischer Ansatz lässt keinen Raum, diese Entwicklungen entsprechend zu verorten und zu analysieren. Wir sahen bereits zuvor, dass im Grunde genommen viele Gelehrte – seien sie eher traditionalistisch oder progressiv orientiert – die oben genannten Werte und Prinzipien akzeptieren (siehe Kapitel 2.1.2), selbst wenn sie verschiedene Konzepte befürworten. Daher ist vielen muslimischen Autor:innen der Aufruf Tibis, die Scharia insgesamt zu überwinden, ein Dorn im Auge.

Als eine Gegenreaktion zu Tibis Ansatz ist die Theorie Tariq Ramadans zu verstehen. Er akzeptiert, dass man europäisch muslimisch sein kann, ohne dabei die Scharia aufgeben und mit der Tradition brechen zu müssen. Er macht sich Gedanken darüber, wie es möglich ist, europäische:r Muslim:a zu sein; den Begriff ›Euro-Islam‹ vermeidet er. Ramadan ist bestrebt, die Scharia so zu deuten, dass Muslim:innen in Europa nach islamischen Grundsätzen leben können. Seine Gedanken in diesem Rahmen haben wir in Kapitel 2 in den Ausführungen zu den *maqāṣid*, den übergeordneten Zielen der Scharia, und den daraus resultierenden Problemen gesehen. Es sticht bei ihm hervor, dass er dem Trend, zu den Quellen Koran und Sunna zurückzukehren, folgt. Er sucht zwar keinen Bruch zur Tradition, will sie aber neu deuten. Da er die Lebensrealität von Muslim:innen in Europa anvisiert, hat er auch ein Bewusstsein für die historische und kritische Analyse der muslimischen Tradition. Er selbst benutzt diesen Begriff jedoch nicht. Zur Neudeutung gehört bei ihm zudem, dass er die unter den *fiqh al-aqallīyāt* genannte Dichotomie von ›Haus des Islams‹ und ›Haus des Unglaubens‹ oder modifizierte Formen dessen überwinden möchte. Er sieht die gesamte Schöpfung daher als ›Haus der Bezeugung‹ (*dār aš-šahāda*); wobei die Bezeugung sich auf das Glaubensbekenntnis, die *šahāda*, bezieht. Damit versucht Ramadan, den Dschihad-Gedanken auszuschließen, da es kein Gebiet mehr gibt, das durch Dschihad – in welcher Form auch immer – als ›der Ort der Anderen‹ kategorisiert werden muss. Im Gegensatz zu Tibi ruft Ramadan also zu einem europäischen Islam auf, bei dem die unveränderlichen Glaubensgrundsätze und ethischen Prinzipien sowie die Rituale innerhalb der islamischen Tradition nicht angetastet werden. Die kulturelle Ausprägung der muslimischen Tradition, die auf diesen aufbaut, kann nach Ramadan dennoch je nach Ort und Zeit neue Gestalt annehmen.

Ertuğrul Şahin (geb. 1965), der sich mit den Ansätzen beider Autoren befasst, hält schließlich vergleichend fest, dass

> »[b]eide Ansätze [...] als Versuche angesehen werden [dürfen], die keine bahnbrechenden epistemologischen Leistungen, geschweige denn eine kopernikanische Wende, und keine bis dahin unbekannte theologische Vermittlung zwischen Text und Kontext zustande bringen, sondern sich durch Präferenz für die eine oder andere theologische oder epistemologische Position präsentieren. Die Begriffe Europa und Islam bleiben in beiden Euro-Islam-Ansätzen amorphe Größen; der Bestimmungsversuch eines universellen Kerns des Islam oder Europa bleibt ohne weiteren Erkenntniszugewinn.«[74]

Einen Euro-Islam, wie der Name es suggeriert, also eine einheitliche Organisation und theologische Haltung von Muslim:innen wird es wohl nicht geben (können). Die normative Vorbelastung des Begriffs Euro-Islam wird es wahrscheinlich auch nicht erlauben, ihn weiter zu verwenden, um spezifisch europäische Entwicklungen innerhalb der muslimischen Tradition zu benennen. Unbelastet ist die sperrige alternative Beschreibung ›islamische Traditionen europäischer Prägung‹. Eine andere, kürzere Variante wäre ›europäischer Islam‹; diese Bezeichnung suggeriert aber wieder eine einheitliche Tradition, was der Pluralität der Muslim:innen nicht gerecht wird. Denn die muslimische Tradition kann unterschiedliche Erscheinungen muslimischer Alltags- und Religionspraxis sowie muslimisch begründeter Haltungen, Theorien, Theologien und Konzepte begründen. Die Bezeichnung ›islamische Traditionen europäischer Prägung‹ kann diese Erscheinungen beschreiben (deskriptive Ebene) und erfassen, unter welchen Vorzeichen sie entstanden sind, ohne sie zu bewerten (normative Ebene). Das heißt nicht, dass Muslim:innen nicht selbst normativ bestimmen können, welche Ausrichtung je nach Kontext die geeignetste für sie ist. Denn es wird verschiedene Ausprägungen geben, die nebeneinander

74 Şahin, *Europäischer Islam*, 363.

existieren und unterschiedlich begründet werden. Das dem zum Beispiel in Deutschland so ist, werden wir noch in Kapitel 3.3 sehen: Die Organisation der Muslim:innen in Deutschland kann als Hinweis auf solche Entwicklungen gelesen werden. Faktisch kann man sagen, dass die Lebensrealität der muslimischen Gläubigen von vielen Gelehrten ins Zentrum gerückt wird. Damit entstehen Haltungen, die lokale Prägungen muslimischer Traditionen darstellen, wie etwa britisch, deutsch oder französisch geprägte muslimische Traditionen.

Solche europäischen Ausprägungen am Beispiel von Deutschland sowie moderne internationale Erscheinungen werden wir nun in den folgenden Unterkapiteln näher kennenlernen.

3.2 Neue Institutionen und Auswirkungen auf das islamische Recht

3.2.1 Islamisches Recht als Teil der Universitäten und universitärer Islamischer Theologie

Mit den Entwicklungen im 19. und 20. Jahrhundert wurden traditionelle Formen der Ausbildung, so etwa die Medresen, von neuen Bildungseinrichtungen und akademischen Institutionen verdrängt. Nach traditionellem Vorbild funktionierende Medresen gibt es aber immer noch weltweit, sowohl unter Schiiten als auch unter Sunniten.[75] In Kapitel 4 werden wir näher darauf blicken, wie der Unterricht an Medresen war bzw. ist. Hier sei nur erwähnt, dass das Lehrformat an Medresen textzentriert und lehrerzentriert war. Das bedeutet, dass Studierende in Anwesenheit eines ›Meisters‹ einen Text vollständig lesen, den dieser kommentiert. Durch die Einführung universitärer Einrichtungen wurde dieses Lehrformat zumeist verändert; die Lehre ist nicht mehr text-, sondern themenzentriert. Es sei noch erwähnt,

75 Özsoy, »Islamische Theologie heute«; Hajatpour, »Lehr- und Lernpraktiken in der *ḥauze*«.

dass die Abkopplung des islamrechtlichen Studiums von den Medresen und seine Einführung an Universitäten die inhaltliche Ausrichtung des Faches beeinflusste. Je nach Verortung des islamischen Rechts konnte die Ausrichtung variieren: Wo es Teil der juristischen Ausbildung wurde – sofern das islamische Recht Teil des nationalen Rechts war –, überwog der rechtliche Charakter. Wurde es Teil des theologischen Studiums, überwog der theologische und ethische Charakter. Da auch das universitäre Lehrformat in Form festgelegter Semester und Semesterwochenstunden nur eine Auswahl an zu studierenden Themen erlaubte, wurden je nach Bedarf Schwerpunkte bestimmt. Genaueres zur Entwicklung werden wir in Kapitel 4 sehen. In diesem Unterkapitel möchte ich dagegen auf strukturelle und inhaltliche Entwicklungen des Faches Islamisches Recht an deutschen Universitäten eingehen.

Islamisches Recht in Deutschland war zunächst Gegenstand islamwissenschaftlicher und juristischer Studiengänge.[76] Es kann also auf eine ältere Tradition zurückgreifen, als seine Einführung innerhalb der Islamischen Theologie an deutschen Universitäten vermuten ließe. Zurückverfolgen lässt sich Islamisches Recht als universitäres Fach bis zum Anfang des 20. Jahrhunderts. Zu dieser Zeit gab es mehrere Universitäten, an denen islamrechtliche Studien mit eher philologischem Schwerpunkt betrieben wurden und wo Islamisches Recht als universitäres Fach Teil der Lehre war. Unter diesen Standorten befanden sich Berlin, Leipzig, Heidelberg, München, Bonn, Köln, Göttingen und Erlangen-Nürnberg. Dort boten Wissenschaftler:innen Lehrveranstaltungen mit unterschiedlicher Zielsetzung an: von einführenden Veranstaltungen hin zu solchen, die Kenntnisse für Fortgeschrittene vermitteln sollten.

Aus den zunächst christlich-theologischen Interessen, die sich durch eine ausgeprägte philologische Orientierung in Forschung und Lehre zeigten, entwickelten sich weiter gefächerte Ansätze und Per-

76 Die folgenden Ausführungen basieren auf Elliesie, »Klassisches Islamisches Recht«.

spektiven auf islamisches Recht. Damit hielten kultur-, sozial-, religions-, rechts- und politikwissenschaftliche Zugänge in die islamwissenschaftliche Auseinandersetzung mit Recht Einzug. Es entstanden nunmehr Professuren in Berlin, Leipzig und Münster, die explizit ›Islamisches Recht‹ in ihrer Denomination aufführen; mehrere Studienprogramme mit unterschiedlichen Schwerpunkten wurden eingeführt. Exemplarisch seien im Folgenden der Zertifikatskurs *Islamisches Recht* an der Westfälischen-Wilhelms-Universität Münster und der Studienschwerpunkt *Islamisches Recht* an der Georg-August-Universität Göttingen vorgestellt.

Der Münsteraner Zertifikationskurs versteht sich als ein Fortbildungsangebot, das vom Institut für Arabistik und Islamwissenschaft verantwortet wird. Zielgruppe sind fachfremde Studierende und Jurist:innen,

> »die einen grundlegenden Einblick in das islamische Recht gewinnen wollen, sei es aus rechtsvergleichendem Interesse oder mit Blick auf die Bedeutung islamischer Rechtsnormen für das Internationale Privatrecht, aber auch z. B. [...] Studierende einer Theologie, der Religionswissenschaft oder der Kultur- und Sozialanthropologie.«[77]

Wegen des breit gefächerten Adressatenkreises können Studierende in diesem Zertifizierungskurs auch Allgemeines zum Islam studieren.

Das Göttinger Master-Studienprogramm *Arabistik/Islamwissenschaft* am Seminar für Arabistik/Islamwissenschaft erlaubt es den Studierenden, einen Schwerpunkt im islamischen Recht zu setzen. Es vermittelt vertiefte »Kenntnisse der arabischen Hoch- sowie Rechtssprache, der Religion und des islamischen Rechts, ergänzt durch eine Einführung in rechtswissenschaftliche Grundlagen«.[78] Als Ziel hat das Studienprogramm, dass Studierende sowohl für eine wissenschaftliche Tätigkeit als auch für Berufsfelder wie in der Politik, der

77 WWU Münster, »Zertifikatskurs Islamisches Recht«.

78 GAU Göttingen, »Studium und Lehre«.

Zivilgesellschaft, in Rechtsinstitutionen und in der Kulturvermittlung qualifiziert werden.[79]

An diesen beiden exemplarisch genannten Studienausrichtungen lassen sich die zuvor dargestellten Ansätze in der Beschäftigung mit dem islamischen Recht ablesen. So zeichnet sich das Göttinger Studienangebot durch einen stärker philologischen Zugang aus, wohingegen in Münster die Lehre des islamischen Rechts im Zertifikatskurs keine entsprechenden sprachlichen Kompetenzen erfordert. In Berlin lässt sich dies in ähnlicher Weise feststellen. Dort wird islamisches Recht an der juristischen Fakultät stärker rechtlich ausgelegt angeboten und am Institut für Islamwissenschaft mit einem höheren Fokus auf klassischer arabisch-islamischer Lektüre von Rechtstexten gelehrt. Am Orientalischen Institut der Universität Leipzig hat man das Curriculum etwas anders ausgestaltet. Dort bestehen drei Lehrbereiche nebeneinander (Arabische Sprache, Islamisches Recht sowie Kultur und Geschichte), deren teils gemeinsame, teils fachlich gesonderte Lehrangebote zu durchlaufen sind. Durch dieses aus drei Säulen bestehende Modell wird für alle Studierenden eine umfassende Ausbildung gewährleistet, die den zuvor beschriebenen Zugängen gleichermaßen Rechnung trägt.

Neben diesen institutionalisierten Studienprogrammen entstanden auch universitäre Einrichtungen, die sich mit dem islamischen Recht befassen. Dazu gehört die Gründung des Erlanger Zentrums für Islam und Recht in Europa (EZIRE) an der Friedrich-Alexander-Universität Erlangen-Nürnberg. Das Zentrum

> »betreibt multidisziplinäre Forschung zu muslimischem Leben im Rahmen europäischer Rechtsstaaten. Es untersucht, wie europäische Rechtsordnungen auf muslimisches Leben reagieren, und wie sich muslimisches Selbstverständnis und die religiöse Selbstorganisation in diesem Rahmen entwickeln. Diese Fragen werden

79 GAU Göttingen, »Master of Arts Arabistik/Islamwissenschaft Studienschwerpunkt ›Islamisches Recht‹«.

> in einem weiteren Kontext gesehen, der gesellschaftliche Entwicklungen in Europa und die Verbindungen zu Entwicklungen außerhalb Europas in Recht, Religion, politischem und sozialem Wandel einschließt.«[80]

Vom EZIRE aus, welches der juristischen Fakultät angeschlossen ist, wird auch Lehre zum islamischen Recht für Studierende u. a. der Studiengänge Orientalistik, Nahoststudien, Kulturwissenschaften des Vorderen Orients sowie der Rechtswissenschaft angeboten. An die bisher beschriebene Entwicklung knüpft die Einführung der jungen Disziplin Islamische Studien bzw. Islamische Theologie an deutschen Universitäten an, innerhalb derer das Islamische Recht ein wichtiger Bestandteil ist. Um die Ausrichtung des islamrechtlich-theologischen Studiums einordnen zu können, lohnt sich ein kurzer Blick in die Entstehung der Islamischen Theologie in Deutschland.

Die Islamische Theologie wurde – obwohl sie bereits Anfang der 2000er Jahre mit einem Fokus auf Religionspädagogik und interreligiösem Dialog Vorläufer hatte – 2010 mit den Empfehlungen des Wissenschaftsrats an verschiedenen Universitäten eingeführt. Angefangen mit fünf Zentren der Islamischen Theologie bzw. Studien in Frankfurt-Gießen, Münster, Erlangen-Nürnberg, Osnabrück und Tübingen zählen wir heute insgesamt sieben Standorte der Islamischen Theologie; die jüngsten beiden sind Berlin (Humboldt-Universität) und Paderborn. Neben diesen Standorten finden wir weitere Universitäten wie die Universität Hamburg bzw. Pädagogische Hochschulen, an denen muslimische Religionslehrer:innen ausgebildet werden, wie etwa in Freiburg, Ludwigshafen und Weingarten.

Der Bedarf zur Einführung von islamtheologischen Studien an Universitäten erwuchs aus unterschiedlichen Gründen. Zwei davon stechen besonders hervor: 1) Der Wunsch nach der Ausbildung von Religionslehrer:innen für einen bekenntnisorientierten islamischen Religionsunterricht an Schulen (begründet durch das Grundgesetz

80 FAU, EZIRE, »Unser Leistungsprofil«.

Art. 4 Abs. 3) und 2) der Wunsch nach der Ausbildung von Theolog:-innen, die Ansprechpartner:innen im interreligiösen Dialog sein sollten.[81] Mit dieser Entscheidung stellten sich zwei Fragen: 1) Was ist der Kern eines islamtheologischen Studiums bzw. einer islamtheologischen Forschung; was ist das Proprium? 2) Welche Fächer gehören zum Fächerkanon der islamischen Theologie?

Die zweite Frage konnte dahingehend gelöst werden, dass man sich Gedanken darüber machte, welche Fächer an Fakultäten und Instituten der islamisch-theologischen Studien weltweit angeboten werden. Denn seit dem 20. Jahrhundert kam es weltweit zur Etablierung der Islamischen Theologie als universitäres Fach. Zudem liegen uns Werke von Gelehrten vor, die unterschiedliche Taxonomien der islamischen Wissenschaften nach verschiedenen Gesichtspunkten vornahmen. Klar war, dass islamisches Recht sowohl in der Geschichte als auch heute einen wesentlichen Teil des islamtheologischen Studiums ausmachte und weiterhin ausmacht.[82] Wir können daher beobachten, dass nahezu jeder Standort der islamischen Theologie eine Professur für Islamisches Recht (mit abweichender Denomination) hat.[83]

Der Grund dafür, dass das islamische Recht als eine islamtheologische Disziplin verstanden wird, ist nicht nur darauf zu reduzieren, dass in der Vormoderne sowohl Werke zu den islamischen Wissenschaften als auch die Lehre an Medresen Islamisches Recht als Fach aufführen. Islamisches Recht gilt als eine Schnittstelle zwischen gelebter Religion, die die normative Beurteilung religiös begründeter Handlungen und Haltungen thematisiert, und theologischer Reflexion. Islamisches Recht ist also nicht nur ein Ort, an dem die Geschichte des islamischen Rechts und seine kulturelle Ausprägung in der Geschichte erforscht wird, sondern auch eine Disziplin, in der muslimische Theolog:innen sowohl die Mechanismen der religiösen Beurteilung und

81 Engelhardt, *Islamische Theologie*, 101–121.

82 Für eine detaillierte Analyse zur Taxonomie der Wissenschaftsdisziplinen in der muslimischen Tradition siehe Bakker, *Normative Grundstrukturen*; Engelhardt, *Islamische Theologie*, 68–85.

83 Für eine Übersicht siehe Anhang.

Legitimation von Handlungen muslimischer Gläubiger reflektieren und diese analysieren als auch selbst solche Mechanismen und Bewertungskategorien vorschlagen und die Handlungen religiös-normativ einordnen. Sie stellen sich auch die Frage, inwiefern islamrechtliches Wissen innerhalb eines säkularen Rechtsstaates Anwendung findet und die wissenschaftliche Betätigung in den Feldern der Theologie, Philosophie und Rechtswissenschaften bereichern kann. Damit steht das islamische Recht zwischen verschiedenen Aufgaben- und Spannungsfeldern, innerhalb derer es sich seinen Platz sucht.

Diese Konstellation hat selbstverständlich Folgen für das Selbstverständnis, das Studium und die Lehre des Faches Islamisches Recht. Alle drei Punkte werde ich mit einem Blick auf die internationale Entwicklung des Faches gesondert in Kapitel 4 ansprechen, um die Aufmerksamkeit hier von den institutionellen Entwicklungen nicht abzulenken. Denn neben den Universitäten wurden weitere Institutionen gegründet, die das Selbstverständnis des Islamischen Rechts sowie die Forschung und Lehre nachhaltig beeinflussten, worauf ich im Folgenden eingehen möchte.

3.2.2 Islamrechtliche Akademien und akademische Einrichtungen

Neben den universitären theologischen Einrichtungen, die flächendeckend in islamisch geprägten Ländern gegründet wurden, sowie der Islamischen Theologie an europäischen Universitäten entstanden weitere neue Institutionen. Dazu gehören islamrechtliche Akademien, also Akademien des islamischen Rechts (*maǧāmiʿ fiqhīya*, Sg. *maǧmaʿ fiqhī*, auch *maǧlis*).[84] Wir können verschiedene Formen wiederfinden; internationale islamrechtliche Akademien, regionale (wie etwa auf

84 Die nachfolgenden Ausführungen basieren auf Gad Makhlouf, *Das Konzept des kollektiven* iǧtihād; Gad Makhlouf, »Evolution of Islamic Law in the 20th Century«.

Europa fokussiert) und nationale Akademien. Ihr Charakteristikum ist der kollektive Idschtihad (*iǧtihād ǧamāʿī*), der Rechtsschulgrenzen überwinden soll. Es ist daher nicht falsch, anzunehmen, dass islamrechtliche Akademien aus dem Bedürfnis nach kollektivem Idschtihad entstanden und eine Antwort auf die Kritik an der vormodernen Form von Rechtsschulen sind. Der kollektive Idschtihad kann auch deshalb das Charakteristikum dieser Institution sein, da sie quasi eine Antwort auf die Rufe der Gelehrsamkeit ist, sich auf Idschtihad zu konzentrieren. Wir sahen bereits in Kapitel 2, dass die Gelehrten den Idschtihad seit dem Ende des 19. und dem Anfang des 20. Jahrhunderts betonten. Eine besondere Form des Idschtihad bildet dabei der kollektive Idschtihad im Wirken der islamrechtlichen Akademien. Daher widmen wir unseren Blick erst ihnen, dann dem kollektiven Idschtihad.

Islamrechtliche Akademien sind Institutionen, die den Rechtsgelehrten und Expert:innen eine Plattform bieten, gemeinsam über Fälle zu reflektieren, die islamrechtlich relevant sind. Solche Plattformen haben unterschiedliche Bezeichnungen; durchgesetzt hat sich *maǧmaʿ al-fiqhī*, also ›islamrechtliche Akademien‹. Sie sind nicht einheitlich nach einem bestimmten Standard oder einer Struktur organisiert; jede Akademie kann Eigenheiten aufweisen.[85] Dennoch kann man Gemeinsamkeiten erkennen, die es erlauben, eine Übersicht zu erstellen. Sammeln lassen sich solche Institutionen in vier Gruppen:

1) Trans- bzw. internationale Idschtihad-Institutionen: Internationale Institutionen sind solche, deren Mitglieder nicht von einer staatlichen Institution gewählt werden, sondern aus unterschiedlichen Staaten stammen. Ist es der Fall, dass eine staatliche Institution internationale Mitglieder wählt, dann können wir von transnationalen Idschtihad-Institutionen sprechen. International in dem oben beschriebenen Sinne ist bisher nur die Internationale Islamische Fiqh-Akademie (IIFA, arab. *Maǧmaʿ al-Fiqh al-Islāmī ad-Duwalī*). Sie gehört der Organisation für Islamische Zusammenarbeit (OIC: Organisation

85 Für eine detaillierte Darstellung ausgewählter *fiqh*-Akademien, siehe Gad Makhlouf, *Das Konzept des kollektiven* iǧtihād, Kapitel 5 und 6.

of Islamic Cooperation, *Munaẓẓamat at-Taʿāwūn al-Islāmī*) an, eine internationale Organisation mit Beteiligung aus 56 Staaten. Für das zweite Modell dient die Akademie für Islamische Studien (*Maǧmaʿ al-Buḥūṯ al-Islāmī*) der al-Azhar in Kairo als Beispiel. Wenn auch Gelehrte aus anderen Staaten dieser Akademie angehören, so wird ihre Wahl doch von der al-Azhar vorgenommen.

2) Nationale islamrechtliche Akademien: Mitglieder solcher Akademien stammen aus einem Staat. Sie gehen methodisch wie die Gelehrten in internationalen Akademien vor, konzentrieren sich aber auf Fragen einer bestimmten Region bzw. Fragen von Muslim:innen, die in einer bestimmten Gesellschaft bzw. in einem Staat leben. Beispiele dafür sind die Islamische Fiqh-Akademie (*Maǧmaʿ al-Fiqh al-Islāmī*) im Sudan und das Majelis Ulama Indonesia (MUI).

3) Islamrechtliche Akademien, die sich auf Fragen des islamischen Minderheitenrechts spezialisiert haben: Diese Institutionen konzentrieren sich darauf, islamrechtliche, religiöse und ethische Fragen von Muslim:innen zu bearbeiten, die in mehrheitlich nichtmuslimischen Gesellschaften leben. Ferner sind sie international und bieten Platz für Gelehrte aus verschiedenen Regionen und Staaten. Das bekannteste Beispiel ist das European Council for Fatwa and Research (ECFR, *al-Maǧlis al-urubbī li-l-iftāʾ wa-l-buḥūṯ*). Weitere Beispiele sind The Fiqh Council of North America (FCNA) und die Islamic Fiqh Academy India (IFA).

4) Gremien, die sich auf ein Feld spezialisieren: Bekannt sind solche Gremien insbesondere im Bereich der finanziellen, familiären sowie medizinischen Angelegenheiten. Diese Gremien, die sich mit den ersten beiden Bereichen befassen, werden in der Regel Scharia-Board bzw. Scharia Council genannt. Ihre Aktivität gleicht einem Fatwa-Gremium, weshalb ihre Beschreibung im nächsten Unterkapitel erfolgen wird. Es gibt daneben ganz spezifische Gremien: Das medizinische Gremium etwa arbeitet wie die oben bereits beschriebenen Akademien. Es befasst sich aber nur mit Fragen, die in den Bereich der Medizin fallen, indem Religionsgelehrte mit Mediziner:innen über relevante Fragen gemeinsam diskutieren und Handlungsempfehlungen formulieren. Ein Beispiel dafür ist das *al-Munaẓẓama al-Islāmīya li-l-ʿUlūm aṭ-Ṭibbīya* (Islamic Organization of Medical Sciences, IOCS).

Die Zusammensetzung der Mitglieder in den islamrechtlichen Akademien kann variieren. Wir können aber verstärkt beobachten, dass die Akademien auch weibliche Gelehrte und Expert:innen aufnehmen, die am Entscheidungsprozess teilhaben und das islamische Recht aktiv mitgestalten. Sie widmen sich nicht nur frauenbezogenen Themen, sondern beteiligen sich insgesamt am Prozess der Lösungsfindung. Der Anteil von Frauen in solchen Gremien liegt aber immer noch deutlich unter dem der männlichen Mitglieder.[86]

Die bisher beschriebenen Institutionen bzw. islamrechtlichen Akademien arbeiten – auch wenn sie unterschiedlich organisiert sein können – auf eine ähnliche Art und Weise. In ihnen kommen nicht nur Rechtsgelehrte unterschiedlicher Nationalitäten und Rechtsschulzugehörigkeiten zusammen, sondern auch Expert:innen aus unterschiedlichen Feldern wie der Wirtschaft, Soziologie, Biologie und Medizin. Die Akademien folgen keiner einzigen Rechtsschule, sondern haben den Anspruch, Rechtsschulgrenzen zu überwinden und auch nicht-sunnitische Gelehrte und Expert:innen in den Prozess der Meinungsbildung zu einer islamrechtsrelevanten Frage einzubinden. Daher ist ihr methodisches Charakteristikum der kollektive Idschtihad, über den wir noch sprechen werden. Islamrechtsrelevante Fragen werden in diesen Akademien von einem Ausschuss festgestellt, wonach die Mitglieder zu den ausgewählten Themen selbst Nachforschungen betreiben. In einem zum Beispiel jährlichen Turnus organisieren die Akademien Konferenzen und Tagungen, auf denen die Studienergebnisse präsentiert werden. Nach den Präsentationen der Ergebnisse wägen die Mitglieder sie ab und treffen eine Entscheidung. Dies erfolgt kollektiv: Entweder einigt man sich auf eine aus den präsentierten Forschungsergebnissen resultierende Lösung, oder man entwickelt gemeinsam eine neue Lösung. Dabei spielt, wie eingangs erwähnt, die Rechtsschulzuordnung einer Meinung keine Rolle. Dennoch können Lösungen aus einer Rechtsschule, sofern sie geeignet sein können, gewählt werden. Der Grund für die Präferenz ist dann

86 Gad Makhlouf, »Zur Mitwirkung von Frauen an den Fiqh-Institutionen«.

nicht, dass die Lösung aus einer Rechtsschule stammt, sondern die ausreichende Fundierung der Meinung und ihre Passgenauigkeit als Lösung der zu bearbeitenden Frage.

Haben sich die Mitglieder auf eine Lösung geeinigt, verkünden sie die Ergebnisse in Form von Resolutionen (*qarārāt*). Resolutionen können in den Zeitschriften der Akademien publiziert werden, sind inzwischen oft online im Internet (auch in Übersetzung) zugänglich und werden auch gesammelt in Buchform gedruckt. Thematisch sind Resolutionen weitgefasst; von alltäglichen Fragen hin zu theologischen Positionen zu verschiedenen Bereichen der islamischen Theologie. Es gibt keine Standardform für Resolutionen, aber es setzt sich allmählich eine Form durch, die am folgenden ersten Textbeispiel zu erkennen sein wird.

Textbeispiel 1 ist ein Auszug aus einer Resolution der International Islamic Fiqh Academy (IIFA, *Maǧmaʿ al-Fiqh al-Islāmī ad-Duwalī*). Die IIFA befindet sich in Jeddah in Saudi-Arabien und befasst sich mit gegenwärtigen islamrechtlichen Fragen. Sie gehört der zuvor erwähnten Organisation für Islamische Zusammenarbeit (OIZ) an. Die IIFA beschäftigt sich allgemein mit islamrelevanten Themen und hat den Anspruch, traditionelles islamisches Recht mit modernen Wissenschaften ins Gespräch zu bringen. Dazu will sie im Rahmen eines kollektiven Idschtihads Empfehlungen äußern, die es erlauben, islamkonforme Handlungen zu vollziehen bzw. islamkonforme Haltungen einzunehmen.[87] Die folgende Übersetzung ist ein längerer Auszug aus der Resolution mit der Nummer 233; ich habe einige Empfehlungen und Punkte auslassen müssen. Das Textbeispiel zeigt die Eigenheiten von Resolutionen in einer kürzeren Fassung als das Original:

87 Für die Zusammensetzung der Mitglieder, die innere Struktur und die Entstehungsgeschichte, siehe Gad Makhlouf, *Das Konzept des kollektiven iǧtihād*, 273–289.

Textbeispiel 1: Resolution *(qarār)*

Rn. 1	Im Namen Gottes, des Erbarmers, des Barmherzigen.	بسم الله الرحمن الرحيم
Rn. 2	Lobpreis sei Gott, dem Herrn der Welten. Friede und Segen auf unseren Herrn Muhammad, dem Siegel der Propheten und seiner Familie und seinen Gefährten.	الحمد لله رب العالمين، والصلاة والسلام على سيدنا محمد خاتم النبيين، وعلى آله وصحبه أجمعين.
Rn. 3	Resolution Nr. 233 (4/24)	قرار رقم: 233 (4/24)
Rn. 4	in Bezug auf Toleranz im Islam und seine gesellschaftliche und internationale Notwendigkeit und ihre Auswirkung.	بشأن التسامح في الإسلام وضرورته المجتمعية والدولية وآثاره
Rn. 5	Der Ausschuss der Internationalen Fiqh-Akademie, die der Organisation für Islamische Zusammenarbeit zugehört, der für die 24. Sitzung vom 7.–9. Rabīʿ al-Awwal 1440/4.–6. November 2019 zusammenkam;	إن مجلس مجمع الفقه الإسلامي الدولي المنبثق عن منظمة التعاون الإسلامي، المنعقد في دورته الرابعة والعشرين بدبي، خلال الفترة من: 07-09 ربيع الأول 1441هـ، الموافق: 04-06 نوفمبر 2019م،
Rn. 6	nachdem er die der Akademie vorgelegten Studien zur Frage der Toleranz im Islam und ihre gesellschaftliche und internationale Notwendigkeit und ihre Auswirkungen auswertete; nachdem er die umfangreichen Diskussionen um dieses Thema anhörte,	وبعد اطلاعه على البحوث المقدمة إلى المجمع بخصوص موضوع التسامح في الإسلام وضرورته المجتمعية والدولية وآثاره، وبعد استماعه إلى المناقشات الموسعة التي دارت حوله،
Rn. 7	beschloss er Folgendes:	قرر ما يلي:

Rn. 8	Erstens: Die Bestätigung der Resolutionen, Empfehlungen, Erklärungen und Mitteilungen des Ausschusses der Akademie, die zum friedvollen Zusammenleben aufrufen.	أولًا: التأكيد على ما صدر عن مجلس المجمع من قرارات وتوصيات وبيانات وإعلانات تدعو إلى التعايش السلمي.
Rn. 9	Zweitens: Die Toleranz ist ein Grundprinzip, wozu es im erhabenen Koran und der reinen prophetischen Sunna Belege gibt. Es gibt viele Anwendungsbeispiele in der Prophetenbiographie, in den Taten der Prophetengefährten – Möge Gott an ihnen Wohlgefallen haben – und in der islamischen Geschichte. Zur bemerkenswertesten Erscheinung der Toleranz gegenüber den Widersachern während der Lebzeiten des Gesandten Gottes – Friede und Segen auf ihm – gehört das, was die [Gemeinde-]Ordnung von Medina erforderte.	ثانيًا: التسامح مبدأ أصيل، وردت أدلته في القرآن الكريم والسنة النبوية المطهرة، وله تطبيقات كثيرة في السيرة النبوية وأفعال الصحابة رضي الله عنهم، والتاريخ الإسلامي، ومن أبرز صور السماحة مع المخالفين في عهد رسول الله صلى الله عليه وسلم ما اقتضته وثيقة المدينة المنورة.
Rn. 10	Drittens: Die Toleranz ist geboten für Muslime untereinander und zwischen Muslimen und Nichtmuslimen. (…)	ثالثًا: التسامح مأمور به بين المسلمين بعضهم البعض وبين المسلمين وغيرهم. (...)
Rn. 11	Der Ausschuss empfiehlt Folgendes:	يوصي المجلس بما يلي:
Rn. 12	Die Toleranz in Erziehungsprogramme und Curricula aufzunehmen.	• إدراج قيمة التسامح في المناهج التربوية والتعليمية.
Rn. 13	Die Toleranz in jegliche religiösen Diskurse einzuschließen.	• تضمين الخطاب الديني قيم التسامح في جميع المجالات. (...)

Rn. 14	Experten und Intellektuelle dazu anzuspornen, mit Schriften und Übersetzungen die Toleranz auf verschiedenen Kanälen zu betonen.	• حث المتخصصين والمفكرين على الاهتمام بالكتابة والترجمة لقيم التسامح في وسائل الإعلام ونشرها. (...)

Textbeispiel 1: Resolution Nr. 233 (4/24) der International Fiqh Academy iifa-aifi.org/ar/5201.html[88]

Resolutionen unterscheiden sich von Fatwas insofern, als dass sie stets Ergebnis eines interdisziplinären Austauschs unter Expert:innen sind. Einzelne Gelehrte können Fatwas auch selbst erteilen. Wie wir unter der nächsten Überschrift sehen werden, können auch Ausschüsse Fatwas erteilen, was dann dem Format einer Akademie ähnelt. Jedoch ist es hier üblich, dass zwar ein Gelehrter auf eine Frage antwortet, aber die Antwort in einem Gremium besprochen wird. Akademien selbst können ebenfalls Fatwas erteilen, weshalb die Grenzen zwischen Resolutionen und Fatwas nicht immer klar markiert werden können. Doch gibt es einen Unterschied: Fatwas beziehen sich oft auf konkrete Anfragen von Nichtexpert:innen. Ausnahmen dazu gibt es dennoch: Gelehrte, die die neueste Entwicklung in der Gesellschaft verfolgen, wie etwa in den Sozialen Medien, können auch eigenständig ein Problem aufgreifen und eine Fatwa erteilen, ohne eine vorausgehende Anfrage erhalten zu haben. Resolutionen beziehen sich auch auf konkrete Fälle oder Fragen der Gegenwart, jedoch entscheidet ein Ausschuss über die zu behandelnden Fragen. Daher variiert der Adressatenkreis im Gegensatz zu den Fatwas: Fatwas haben meist nur die Nichtexpert:innen im Blick, die Resolutionen dagegen adressieren auch Expert:innen des islamischen Rechts. Fatwas konnten in der Vormoderne auch Experten, konkret Kadis, als Adressaten haben, da sich Kadis mit den Muftis beraten konnten, um über einen Fall zu entscheiden.

88 Für die komplette Resolution siehe den Link oben am Textbeispiel. Für die englische Übersetzung siehe iifa-aifi.org/en/5973.html.

Wir haben bereits oben gesehen, dass der Arbeitsmodus von islamrechtlichen Akademien der kollektive Idschtihad ist. Dieser ist keine neue Methode, sondern alle methodischen Überlegungen, die wir in Kapitel 2 diskutiert haben, fallen darunter. Im Grunde genommen übt eine Reihe von Gelehrten gemeinsam im Austausch mit Expert:innen aus den nichtreligiösen Wissenschaften Idschtihad aus. Das heißt, dass mehrere Idschtihad gegenübergestellt werden und am Ende eine kollektive Entscheidung getroffen wird. Der Grund, weshalb viele Gelehrte den kollektiven Idschtihad betonen, liegt darin, dass eine kollektive Entscheidung mögliche Fehler im Rahmen eines individuellen Idschtihads ausschließen kann: Es ist wahrscheinlicher, einen Fehl-Idschtihad individuell vorzunehmen, als dass dies kollektiv geschieht. Die Gelehrten sehen daher einen Unterschied zum individuellen Idschtihad, der von der Beweiskraft (*ḥuǧǧīya*) her als präsumtiv (*ẓannī*, wahrscheinlich) einzuordnen ist. Deshalb auch *kann* man einem Idschtihad folgen, man ist aber *nicht* dazu *verpflichtet*, ihm Folge zu leisten.

Es stellt sich nun die Frage, welche Beweiskraft dem kollektiven Idschtihad zukommt: Ist er ebenfalls präsumtiv (*ẓannī*) oder muss man ihm Folge leisten, da er als definitiv (*qaṭʿī*) einzustufen ist? Um diese Frage beantworten zu können, vergleichen die Gelehrten den kollektiven Idschtihad mit dem individuellen Idschtihad, dem Idschma und der Beratung (*šūrā*). Obwohl die Mehrheit der Gelehrten den kollektiven vom individuellen Idschtihad unterscheidet, gibt es einige, die ihn wie einen individuellen bewerten. Er sei eine Ansammlung von individuellen Idschtihadbestrebungen, weshalb seine Folge auch der des individuellen Idschtihads gleichen müsse. Demnach muss man einem kollektiven Idschtihad ebenfalls nicht folgen, da er präsumtiv (*ẓannī*) sei, sondern *kann* dies tun. Eine andere – extreme – Position wird von einer Reihe von Gelehrten vertreten. Sie bewerten den kollektiven Idschtihad als Idschma (*iǧmāʿ*, Konsens der Gelehrten). Er könne den Idschma ersetzen, zumal dieser, so wie er in den klassischen Quellen beschrieben werde, kaum zu erreichen sei: eine Einigung aller Gelehrten auf eine Antwort auf eine islamrechtsrelevante Frage, die keinerlei Organisation für eine Zusammenkunft und einen Zeitpunkt für die Einigung vorsieht. Der kollektive Idschtihad dagegen sei gut organisiert, transparent und für die Öffentlichkeit zugänglich sowie zu vorgegebenen Zeiten ausgeübt. Zudem habe der kollektive Idschtihad durch den interdisziplinären Ansatz eine größere Reichweite und eine größere Wahrscheinlichkeit, korrekt zu sein, als ein gewöhnlicher Idschma unter den Rechtsgelehrten. Der Unterschied zum Idschma liegt aber darin, dass nur eine Mehrheit von Gelehrten über die Korrektheit und Angemessenheit eines kollektiven Idschtihads entscheidet. Hier aber versuchen einige Gelehrte auf Konzepte des Idschma zurückzugreifen, die Mehrheitsmeinungen auch zu einem Idschma erweitern können, wie etwa der ›stillschweigende Idschma‹ (*al-iǧmāʿ as-sukūtī*): Sind sich viele Gelehrte über eine Lösung einig und schweigt eine Gruppe zu dieser Lösung, obwohl sie die Möglichkeit hätte, ihr zu widersprechen, komme ein Idschma zustande. Hier wird das Schweigen als Billigung gedeutet. Dieser Theorie nach *muss* man einem kollektiven Idschtihad folgen; er wäre somit *qaṭʿī*, definitiv im Urteil.

Ein Unterschied zum Idschma ist dennoch erkennbar: Obwohl ein Idschma sich nicht ändern lässt, können kollektive Idschtihad-Lösungen überarbeitet und aktualisiert werden. Revisionen sind also nicht ausgeschlossen. Das widerspricht natürlich dem vormodernen Idschma-Gedanken, denn eine Abänderung des Idschma würde bedeuten, dass der ursprüngliche Idschma falsch war. Dies ist aber ausgeschlossen, da der Idschma mit einem Hadith begründet wird, der beschreibt, dass Muslim:innen sich nicht auf einen Fehler einigen werden. Beim kollektiven Idschtihad dagegen werden Revisionen nicht als Fehleinschätzungen des ursprünglichen Idschtihads bewertet, sondern mit dem fortgeschrittenen Wissensstand begründet. Mit mehr Wissen können bereits getroffene Entscheidungen revidiert und aktualisiert werden.

Einen Mittelweg geht eine weitere große Gruppe von Gelehrten, um die Verbindlichkeit des kollektiven Idschtihad einzuordnen. Sie ist der Auffassung, dass er dem Prinzip der Beratung (*šūrā*) gleicht, den sie sowohl mit dem Koran als auch mit der Praxis der Prophetengefährten und insbesondere mit der Praxis der Gelehrten in Andalusien belegen. So etwa hätten Gelehrte in einem Ausschuss in Andalusien Kadis beraten. Daneben begründen sie aus einem anderen Gesichtspunkt heraus die Stärke des kollektiven Idschtihads: Da der Idschtihad kollektiv vorgenommen wird, müsse er sich vom individuellen unterscheiden. Vom Idschma unterscheide er sich ebenfalls. Also müsse er eine Zwischenstufe zwischen dem präsumtiven (*ẓannī*) Idschtihad und dem definitiven (*qaṭʿī*) Idschma sein. Er ist zwar präsumtiv, aber stärker als ein individueller Idschtihad.

In allen drei Ansätzen versuchen die Gelehrten, die Meinungspluralität zu wahren und dennoch den islamrechtlichen Akademien eine Autorität zu verleihen. Wir haben in Kapitel 1 gesehen, dass die Gelehrten seit dem 20. Jahrhundert an Autorität und Beteiligung an der Ausgestaltung des Rechtssystems verloren. Mit der Betonung des kollektiven Idschtihads konnten die Gelehrten zwar wieder an Autorität gewinnen, mussten jedoch auch eingestehen, dass für die Besprechung oft komplexer zeitgenössischer Fragen religiöse Expertise nicht ausreichend ist. Dies ist auch der Grund, weshalb die Gelehrten nichtreligiöse Wissenschaften in den Idschtihadprozess einbeziehen. In der vormodernen Tradition werden solche Wissensbestände selten einbezogen; mehrheitlich werden Erfahrungswerte, die etwa auf Sinneswahrnehmung basieren, wie Geruch und Geschmack, in die religiöse Bewertung islamrechtlicher Fragen integriert. Damit können wir erkennen, dass im kollektiven Idschtihad ein epistemischer Wandel vorliegt: Nicht nur religiöse Expertise spielt eine Rolle, sondern auch nichtreligiöse Expertise wird ergebnisbestimmend und damit in einer zentralen Rolle in den Idschtihadvorgang eingegliedert. Der Diskursort wird aber immer noch durch das islamische Recht gerahmt. Dadurch können Ergebnisse, die dort erzielt werden, als religiöse Stellungnahmen publiziert werden. Dies alles geht mit der Neubetonung des Idschtihad, den wir in Kapitel 2.1.1 gesehen haben, einher.

Das Besondere am kollektiven Idschtihad ist, dass er die interdisziplinäre Durchdringung von islamrechtlich relevanten Themen ermöglicht. Er erlaubt, der Komplexität von islamrechtsrelevanten Themen gerecht zu werden, zumal etwa Themen zur Wirtschaft sowie bioethische und medizinische Fragestellungen durch den wissenschaftlichen und technologischen Fortschritt in den jeweiligen Bereichen durchaus komplex sind. Wegen dieser Komplexität fordern die Gelehrten seit dem 20. Jahrhundert eine kollektive Form des Idschtihad.[89] Ferner kommt hinzu, dass die Gelehrten davon ausgehen, man könne nur im kollektiven Idschtihad den Herausforderungen und Anforderungen eines Idschtihads gerecht werden, wie sie traditionell überliefert sind. Es sei wieder daran erinnert, dass die Gelehrten die Rechtsschulgrenzen im kollektiven Idschtihad überwinden wollen, was ja dem Geiste des Islamrechtsverständnisses seit dem 20. Jahrhundert entspricht (siehe Kapitel 2.1.1).

Neben diesen *fiqh*-Akademien etablierten sich weitere außeruniversitäre Einrichtungen, die sich mit dem islamischen Recht befassen. Beschränken wir uns auf einige Einrichtungen in Deutschland, um den Rahmen dieses Bandes nicht zu sprengen. Zu solchen Einrichtungen, die islamrechtliche Grundlagenforschung anbieten, gehören zum Beispiel das Max-Planck-Institut für ausländisches und internationales Privatrecht Hamburg und das Max-Planck-Institut für ethnologische Forschung in Halle. Das Max-Planck-Institut Hamburg bietet einer Forschungsgruppe eine Plattform für islamrechtliche Forschung. Das Ziel der Forschungsgruppe *Das Recht Gottes im Wandel – Rechtsvergleichung im Familien- und Erbrecht islamischer Länder* ist es,

> »Transformationsprozesse und Reformen der islamischen Rechtsordnungen langfristig wissenschaftlich zu begleiten. Die Aufgaben der Forschungsgruppe gliedern sich dabei in drei Bereiche: Sie betreibt Grundlagenforschung, fungiert als Kompetenzzentrum zum Recht islamischer Länder und führt Projekte zu aktuellen Themen durch. Sie ist eine der wenigen Forschungseinheiten weltweit, die sich interdisziplinär und rechtsvergleichend mit dem geltenden Recht in islamischen Ländern auseinandersetzt.«[90]

Am Max-Planck-Institut in Halle finden wir ebenfalls islamrechtliche Forschungsprojekte. Dazu gehört das Projekt *Scharia in genuin euro-*

89 Für die einzelnen Gelehrten, die in diesem Rahmen zitiert werden, siehe Gad Makhlouf, *Das Konzept des kollektiven iǧtihād*, Kapitel 3.

90 MPI Priv, »Forschungsgruppe ›Das Recht Gottes im Wandel‹«.

päischen Settings: Konnex muslimischer Lebenspraxis zu islamischer Normativität: Dieses in der Abteilung Recht und Ethnologie angesiedelte Forschungsprojekt

> »setzt sich mit dem derzeitigen Verhältnis von islamischer Normativität und Lebenswirklichkeiten von Personen muslimischer Zugehörigkeit (Glaubensangehörige) außerhalb muslimischer Mehrheitsgesellschaften im europäischen Kontext auseinander.«[91]

Gegenstand der dortigen Forschung ist es, mittels der Methoden empirischer Sozialforschung muslimische Lebensrealitäten und Alltagspragmatiken derjenigen abzubilden, die sich als muslimisch begreifen. Die Befunde werden in laufenden innerislamischen Debatten verortet, um sie dann mit der klassischen Literatur zu triangulieren.

Ferner bietet die Gesellschaft für Arabisches und Islamisches Recht (GAIR) eine Plattform für Wissenschaftler:innen und Nachwuchswissenschaftler:innen mit unterschiedlichen Forschungsschwerpunkten im Bereich islamisches und arabisches Recht an. Die GAIR organisiert Veranstaltungen in unterschiedlichen Formaten für die Vernetzung und den Austausch im weiten Feld des islamischen und arabischen Rechts, wobei jährlich eine Jahrestagung zu einem konkreten Thema organisiert wird. Sie fördert rechtswissenschaftliche und -praktische Arbeiten, indem sie u. a. die Publikation fachbezogener Sammelbände unterstützt und regelmäßig einen Dissertationspreis auslobt. Ferner fördert die GAIR die Herausgabe der *Zeitschrift für Recht & Islam / Journal of Law & Islam* (*ZR&I*).[92] Die *ZR&I* ist eine

> »kostenlose *open-access*-Fachzeitschrift zu Rechtsfragen im Kontext der islamischen Religion, des islamischen Rechts sowie von Rechtssystemen mit islamischen Elementen oder die sich auf islamische Elemente berufen«.[93]

91 MPI SoA, »Scharia in genuin europäischen Settings«.

92 GAIR, www.gair.de.

93 GAIR, »Zeitschrift für Recht & Islam«.

Ihr Vorläufer sind die *GAIR-Mitteilungen*, die im Jahre 2009 gegründet wurden. Die Besonderheit dieser akademischen Vereinigung liegt darin, dass sie nicht nur Wissenschaftler:innen aus Universitäten und außeruniversitären Forschungseinrichtungen unterschiedlichster Disziplinen zusammenbringt, sondern auch einschlägige Rechtspraktiker:innen aus der Justiz, der Anwaltschaft und Ministerien, welche sich ergänzend zu den Jahrestagungen in Arbeitskreisen, wie dem zum *Islamic Finance und Banking*,[94] oder Arbeits- und Lesegruppen zu zusammenfinden.

Wir haben bereits bei der Darstellung zu den islamrechtlichen Akademien gesehen (siehe Kapitel 3.2.2), dass Fatwas für Muslim:innen immer noch eine zentrale Rolle spielen. Diese werden ebenfalls von Gremien und Gelehrtengruppen erlassen, weshalb wir im Folgenden unseren Blick auf das Fatwawesen in der Moderne wenden werden.

3.2.3 Das Fatwawesen und Fatwa-Gremien

Eine entscheidende Entwicklung trat im 19. und 20. Jahrhundert im Fatwawesen ein, die immer noch anhält. Es sei hier wieder daran erinnert, dass mit der Institutionalisierung des islamischen Rechts und den neuartigen staatlichen Rechtssystemen (siehe Kapitel 1) die Rechtsgelehrten fast vollständig von der Gestaltung des Rechts ausgeschlossen wurden. Ihr Einflussbereich wurde eingeschränkt: Muftis und Rechtsgelehrte entschieden nicht mehr über Straf- und Zivilrechtliches, wie sie es zuvor taten. Wie in der Vormoderne entscheiden sie zwar immer noch über die Gültigkeit gottesdienstlicher Handlungen (*ʿibādāt*), aber ihre Anweisungen im Bereich der zwischenmenschlichen Beziehungen (*muʿāmalāt*) beschränkten sich entweder auf die privaten Unternehmungen von Individuen oder die (unverbindliche)

94 GAIR, »Arbeitskreis Islamic Finance«.

religionsrechtliche Beurteilung etwa bei einem Handelsgeschäft. Strafrechtliches fiel gänzlich aus. Neben dieser Verengung des Tätigkeitsfeldes wurde der Bereich der Themen, die Gegenstand von Fatwas sind, jedoch erweitert. Themenkomplexe, die in den Bereich der systematischen Theologie (*kalām*), Koranexegese (*tafsīr*) und Koranwissenschaften (*ʿulūm al-Qurʾān*), Hadithwissenschaften und Sufismus fallen, können heute vermehrt Gegenstand von Fatwas werden. All diese Fragen wurden – unabhängig von der Frage nach ihrer juristischen Legitimität – vornehmlich nach religionsrechtlichen und ethischen Gesichtspunkten bewertet.

Das Fatwawesen änderte sich im 19. und 20. Jahrhundert nicht nur in Bezug auf die behandelten Themen; die Institutionalisierungswelle traf auch das Fatwawesen. Mit der Zeit wurde es an Ministerien angebunden und von einem Großmufti verantwortet, der auch in der Vormoderne je nach Ort und Zeit anders heißen konnte, wie etwa ›Šayḫ al-Islām‹ unter den Osmanen oder ›Ayatollah‹ (*āyat Allāh*) unter den Schiiten. Heute können es Vorsitzende von Religionsbehörden sein, wie etwa der Vorsitzende der Diyanet in der Türkei, der Großmufti Ägyptens (*muftī ad-diyār al-Miṣrīya*) oder der ›Reis-ul-ulama‹ in Bosnien und Herzegowina. Im Zuge dieser Entwicklung entstanden staatliche wie auch nichtstaatliche Fatwa-Gremien, die etwa den Namen *Dār al-iftāʾ*, *Laǧnat al-fatwā* bzw. im Türkischen *Fetva Kurulu* tragen können. Diese befassen sich, ähnlich wie islamrechtliche Akademien, mit islamrelevanten Themen in einer kollektiven Struktur, wobei interdisziplinäre Bezüge hier unterschiedlich stark ausfallen können. Es entstanden auch Fatwa-Gremien, die sich dezidiert mit den Fragen von Muslim:innen in mehrheitlich nichtmuslimischen Gesellschaften, also mit dem *fiqh al-aqallīyāt* befassten. Dazu gehört zum Beispiel das oben genannte ECFR.

Fatwa-Gremien bestimmen aber nicht flächendeckend das Fatwawesen, denn im Grunde genommen kann jede:r, der:die eine religiöse Autorität genießt, Anspruch darauf erheben, Fatwas zu erlassen. Daher sind die staatlichen Fatwa-Gremien nur eine unter mehreren Stimmen zu Fatwas. Beispiele für solche Gremien sind das Nahdlatul Ulama in Indonesien, die Fatwa-Kommission der al-Azhar unter dem Namen *Laǧnat al-fatwā bi-l-Azhar* und das *Diyanet Fetva Kurulu* in der

Türkei, das *Dār al-Iftā'* in Ägypten oder Die Körperschaft der großen Gelehrten (*Hay'at kibār al-ʿulamā'*) in Saudi-Arabien.[95] Auch in Deutschland haben muslimische Organisationen eigene Fatwa-Räte und -Gremien, mithilfe derer sie die alltägliche religiöse Praxis der Muslim:innen bewerten.

In den Fatwa-Gremien sind Frauen ebenfalls aktiv, da sie, im Gegensatz zum Kadi-Amt, auch nach der vormodernen Literatur Fatwas erteilen dürfen; es kommt auf die Expertise im islamischen Recht und nicht auf das Geschlecht an. Auch hier können wir eine wachsende Beteiligung von Frauen sehen, wie es zuvor schon bei islamrechtlichen Akademien der Fall war.

Diese neuen Voraussetzungen – also ein (staatliches) Fatwawesen mit dem Anspruch des kollektiven Idschtihads sowie die Neuausrichtung im Idschtihad-Verständnis – bewegte die Gelehrten dazu, sich erneut Gedanken über die Art und Weise zu machen, wie Fatwas erteilt werden sollten. Es entstanden neue Werke dazu bzw. wurden häufiger noch Werke aus der Vormoderne, konkret die *adab al-muftī*-Literatur, ediert und einem breiteren Publikum zugänglich gemacht. Die methodischen Zugänge im Fatwa-Amt unterscheiden sich von den oben beschriebenen kaum, wobei im Fatwawesen auch traditionelle Meinungen häufig vertreten werden, wie wir sie in vormoderner Literatur finden können.

Wenn wir uns einen Überblick über Fatwa-Gremien verschaffen wollen, so sehen wir neben staatlichen Fatwa-Gremien und -Räten spezielle Gremien. Es gibt zum Beispiel Räte, die sich auf finanzielle Angelegenheiten und Fragen spezialisiert haben – nicht selten sprechen wir hier von Sharia Boards. Sie bestehen aus Expert:innen mit religiöser bzw. islamrechtlicher Expertise, die im islamischen Finanzsektor insbesondere Banken auf die sogenannte Sharia Compliance (Übereinstimmung mit islamischen Prinzipien) ihrer Produkte hin beraten. Fragen können zum Beispiel die religiöse Einordnung von Zinsverträgen sein, oder auch die Investition in Wertpapiere oder

95 Gad Makhlouf, *Das Konzept des kollektiven iǧtihād*, 215–233.

Kryptowährung sowie der Handel mit Gütern, die religionsrechtlich problematisch sind.[96]

Eine besondere Form von Gremien sind solche für familiäre Angelegenheiten, sogenannte Sharia Councils. Diese sollen Handlungen von Muslim:innen in mehrheitlich nichtmuslimischen Gesellschaften religionsrechtlich und ethisch einordnen. Es handelt sich dabei oft um ein außergerichtliches Schlichtungsverfahren. Sharia Councils kamen im Zuge der Zurückdrängung des islamischen Rechts im 20. Jahrhundert als geltendes Rechtssystem in unterschiedlichen Regionen zum Einsatz, zum Beispiel in Indien im Zuge der Kolonialisierung. Sie dienten etwa der religiösen Legitimation bzw. Bearbeitung von nichtreligiösen Gerichtsurteilen zur Scheidung. Begründet wurden solche Instanzen mit Bezug auf die malikitische Erfahrung beispielsweise in Andalusien: So lebten in Andalusien viele Muslim:innen unter nichtmuslimischer Herrschaft, weshalb sie für Fälle der Eheschließung und Scheidung keinen muslimischen Richter finden konnten. In diesem Falle wandte man sich an eine ›Kommission rechtschaffener Muslime‹ (*ǧamāʿat al-muslimīn al-ʿudūl*), die entsprechende Entscheidungen treffen konnte.[97]

Ein zeitgenössisches Beispiel für Sharia Councils finden wir in Großbritannien, das *Muslim Law (Shariah) Council UK*. Seine Aufgabe ist die

> »Mediation und Versöhnung, Ausstellung von Scheidungsurkunden und Erstellung von Rechtsgutachten über Angelegenheiten im Bereich des muslimischen Familienrechts und der Sitten für die muslimische Gemeinschaft, Anwälte und Gerichtshöfe. Innerhalb dieses gemeinschaftlichen Rahmens der Streitbeilegung intendieren die Scharia Councils, das muslimische Leben zu organisieren und islamische Gesetzesprinzipien innerhalb nicht-muslimischer Gesellschaften zu bewahren.«[98]

96 Gad Makhlouf, *Das Konzept des kollektiven iǧtihād*, 233–239.

97 Gad Makhlouf, *Das Konzept des kollektiven iǧtihād*, 240–244.

98 Gad Makhlouf, *Das Konzept des kollektiven iǧtihād*, 246.

Mit einer weiteren entscheidenden Entwicklung möchte ich das Kapitel zum Fatwawesen abschließen: Das Erteilen von Fatwas hat sich vielfach von Anfragen einer einzelnen Person, der:die eine direkte Antwort auf seine:ihre Frage erhielt, verschoben. Auch wenn dem Fatwa-Gremium oder einem einzelnen Gelehrten eine konkrete Frage vorliegt, können Antworten auf diese Frage so formuliert werden, dass sie einen großen Kreis adressieren. Denn die Medien, mit denen die Fatwas verkündet werden, erreichen mittlerweile größere Adressatenkreise unmittelbar. Begonnen hat die Öffnung des Adressatenkreises allerdings bereits Anfang des 20. Jahrhunderts. So etwa hat Rašīd Riḍā konkrete Anfragen mit Fatwas beantwortet, die er in der ägyptischen Zeitschrift *al-Manār* publizierte. Die Zeitschrift hatte eine gesonderte Rubrik zu Fatwas und diese konnten so eine große Leserschaft erreichen.

Heute stehen, neben Zeitschriften, Zeitungen und Fatwasammlungen – letztere gab es ja auch schon in der Vormoderne – noch mehr Medien zur Verfügung, die die Öffnung des Adressatenkreises vorantreiben. Fernsehsendungen, die live übertragen werden, Internetplattformen und -blogs sowie Soziale Medien lassen es zu, Fatwas einem breiten Adressatenkreis zur Verfügung zu stellen. Im Wissen um diese rasche Verbreitungsmöglichkeit erlassen Gelehrte und Gremien ihre Fatwas. Dies hat auch eine Auswirkung auf ihre inhaltliche Ausgestaltung: Anstatt kurze Fatwas zu erteilen, werden sie detailliert begründet, zumal die Adressat:innen selbst die Erwartung haben, Argumente zu hören bzw. zu lesen, um sie gegebenenfalls abzuwägen. Dennoch sind Muftis und Fatwa-Gremien bestrebt, eine nicht zu technische, sondern eher einfache Sprache zu finden, um möglichst viele Menschen auf eine verständliche Art und Weise erreichen zu können. Damit ändert sich auch die Funktion einer Fatwa; sie wird für viele Menschen zitierfähig und ist so konzipiert, dass sie verallgemeinert werden kann. Waren Fatwas früher im Idealfall auf die Fragenden zugeschnitten, werden sie nun recht allgemein formuliert. Damit soll nicht gesagt sein, dass es das in der Vormoderne nicht gab; dennoch war die Praxis der Erteilung ›allgemeiner‹ Fatwas nicht üblich.

Im Textbeispiel 1 sahen wir, wie eine Resolution aufgebaut ist. Zum Vergleich möchte ich hier eine Fatwa übersetzen. Es handelt sich beim nächsten Textbeispiel um eine Fatwa der ägyptischen Staatsinstitution *Dār al-Iftā'*. Es ist die Fatwa vom Großmufti Ägyptens, Šawqī Ibrāhīm ʿAllām (geb. 1961), mit der Nummer 14139, die er am 28. Dezember 2017 online publiziert hat. Die Fatwa befasst sich mit Kryptowährungen. Ich habe nur den Anfang und das Ende übersetzt; einige Argumente habe ich aus Platzgründen ausgelassen. Es geht bei diesen ausgelassenen Argumenten um die Wahrung des Gleichgewichts des Marktes, um fehlende finanzielle Kontrolle und um die Gefahr von kriminellen Machenschaften, zu denen Kryptowährungen verleiten bzw. die sie zulassen können. Im Nachgang der Fatwa kann man auf der Onlineplattform noch eine Langfassung finden, auf die hier nicht eingegangen werden kann. Diese Fatwa ist ein Beispiel aus vielen konkurrierenden Meinungen zu Kryptowährungen.

Textbeispiel 2: Fatwa

Rn. 15	Frage	السؤال
Rn. 16	Wie ist die rechtliche Bewertung des Kaufs und Verkaufs elektronischer Währung [Kryptowährung], die Bitcoin genannt wird?	ما حكم التعامل بيعًا وشراءً في العملة الإلكترونية التي تسمى بالبتكوين؟
Rn. 17	Antwort	الجواب
Rn. 18	Nach eingehender Recherche und Studium und nach der Konsultation mit Ökonomen und mit Experten im Bereich von Kryptowährung, insbesondere Bitcoin [-Experten],	بعد البحث والدراسة المستفيضة، وبعد الرجوع لخبراء الاقتصاد والأطراف ذات الصلة بمسألة العملات الإلكترونية خاصة البتكوين »Bitcoin«،
Rn. 19	ist das Fatwa-Amt des ägyptischen *Dār al-Iftā'* der Meinung, dass der Umlauf solcher Währung und ihre Transaktion als	ترى أمانة الفتوى بدار الإفتاء المصرية أن تداول هذه العملات والتعامل من خلالها

	Kauf, Verkauf und Leasing und weiteren Formen [der Transaktion] schariarechtlich verboten ist, da sie eine negative Auswirkung auf die Wirtschaft hat.	بالبيع والشراءِ والإجارةِ وغيرها حرام شرعًا؛ لآثارها السلبية على الاقتصاد(...)
Rn. 20	[Sie ist zudem verboten], weil sie zu einem Schaden führt, der durch die Spekulation, Ungewissheit und Täuschung im Wechselkurs, im Standardmaß und im Wert zustande kommt.	ولِمَا تشتمل عليه من الضررِ الناشئ عن الغررِ والجهالةِ والغشِّ في مَصْرِفها ومِعْيارها وقِيمتها،
Rn. 21	Dies [d. h. dieser Schaden] fällt unter die allgemeine Bedeutung der Aussage des Propheten – Friede und Segen auf ihm: »Wer uns täuscht/betrügt, der gehört nicht zu uns.«	وذلك يدخلُ في عموم قول النبي صلى الله عليه وآله وسلم: «مَنْ غَشَّنَا فَلَيْسَ مِنَّا»
Rn. 22	Die Durchführung [von Transaktionen mit Kryptowährung] führt auch dazu, dass sich Individuen und Staaten in große Gefahren begeben;	فضلًا عما تؤدي إليه ممارستُها من مخاطرَ عاليةٍ على الأفراد والدول،
Rn. 23	das schariarechtliche Prinzip besagt [dagegen]: »Es soll kein Schaden erlitten und zugefügt werden.«	والقاعدة الشرعية تقرر أنه «لا ضرر ولا ضرار».

Textbeispiel 2: Fatwa zur Kryptowährung vom *Dār al-Iftā'* in Ägypten[99]

Besonders prominent sind Internetforen für Fatwas, wie sie auch von salafitisch geprägten bzw. orientierten Kreisen betrieben werden können. Salafitische Kreise sind dafür bekannt, die religiösen Quellen Koran und Sunna wortwörtlich zu lesen und Auslegungstraditionen

99 www.dar-alifta.org/Home/ViewFatwa?ID=14139.

innerhalb der Rechtsschulen zu ignorieren. Oft führt diese Lesart zu restriktiven Deutungen religiöser und alltäglicher Praxis. Die oben genannten Fatwa-Gremien haben inzwischen ebenso selbstverständlich eine Internetpräsenz wie die islamrechtlichen Akademien. Dadurch wird das Internet zu einer Fatwa-Plattform, die in unterschiedlichen Formaten (schriftliche Fatwas, Videos, Podcasts) viele Fatwas archiviert und einem breiten Adressatenkreis schnell zugänglich macht. Dies kann ein Vorteil, aber auch eine Gefahr sein: Oft kann in Sozialen Medien oder auf Internetplattformen nicht nachvollzogen werden, ob diejenigen, die die Fatwas erteilen, auch wirklich eine Expertise darin nachweisen können. Die Internetnutzer:innen stehen damit der Herausforderung gegenüber, sich im Dschungel der Internetfatwas zu verlieren, zumal man sich selbst ›seine Fatwa‹ aussuchen kann. Sowohl der Kontrollmechanismus, um willkürliche Fatwas zu vermeiden, als auch die Erleichterung für Nichtexpert:innen, durch den direkten Kontakt zu den Muftis bei der Suche nach Rat entlastet zu werden, gehen damit verloren.

3.3 Islamisches Recht in Deutschland

Islamisches Recht, wie es in der Vormoderne entwickelt worden ist, ist ein Juristenrecht. Entschieden sich die Herrscher, es anzuwenden, konnte es zu geltendem Recht werden. Es war daher nicht einheitlich: Abhängig von den Rechtsschulen gab es unterschiedliche Ausformungen des islamischen Rechts. Auch hier gab es Unterschiede: Jede Rechtsschule rekurrierte auf verschiedene eigene Traditionen. Damit liegt uns gewissermaßen ein Mosaik dessen vor, was islamisches Recht ist oder sein soll. Dieses Gesamtbild aus vielen kleinen Einheiten müssen wir stets mitdenken, wenn wir über angewandtes islamisches Recht bzw. seine Anwendungsmöglichkeiten in Deutschland sprechen. Die religiöse Einordnung von Handlungen und ihre islamrechtliche Zulässigkeit bzw. Legitimität ist im Allgemeinen Gegenstand der Tätigkeit religiöser Gelehrsamkeit und somit Teil des Fatwawesens, das die Pluralität des islamischen Rechts beherbergt. In diesem Sinne kann die religiöse Praxis der Muslim:innen unterschiedlich ausfallen: Nicht alle Muslim:innen vertreten eine Meinung innerhalb des islamischen Rechts; ihre Meinung zum selben Sachverhalt kann zum Teil stark variieren. Dementsprechend kann der Wunsch danach, die religiösen islamrechtlichen Überzeugungen in den Alltag zu integrieren, sehr unterschiedlich ausfallen.[100]

3.3.1 Islamisches Recht als Grundlage religiös begründeter Praxis von Muslim:innen

Wir haben bereits gesehen (siehe Kapitel 1.2), dass das islamische Recht auch in muslimisch geprägten Ländern entweder vollständig ersetzt oder in geringem Maße in geltendes Nationalrecht überführt worden ist. In Deutschland ist der größte Bereich, innerhalb dessen Muslim:innen Islamrechtliches berücksichtigen können, auf das private Leben beschränkt, wie etwa die Befolgung religiöser Rituale oder der Verzicht auf den Handel mit Waren, die islamrechtlich bzw. religiös begründet verboten sind. Diese religiös begründeten islamrechtlichen Vorstellungen können innerhalb des rechtlichen Rahmens der Bundesrepublik Deutschland berücksichtigt werden, wenngleich sie nicht kodifiziert worden sind. Das meiste fällt unter das Grundrecht der Religionsfreiheit. In diesem Rahmen ist es auch klar, dass Islamrechtliches der geltenden Rechtsordnung und dem *ordre public* (öffentliche Ordnung) nicht widersprechen darf. Das heißt, dass die religiöse Praxis mit den wesentlichen Grundsätzen des deutschen Rechts vereinbar sein muss. Das Gebet selbst als religiöse Pflicht ist dabei wohl noch das am wenigsten problematische Element, aber Regularien, die den Bau von Moscheen betreffen, oder Diskussionen um die Erlaubtheit eines im Stadtteil hörbaren Gebetsrufs (und sei es auch nur zum

100 Die folgenden Ausführungen basieren auf Rohe, *Das islamische Recht. Geschichte und Gegenwart*, 340–385.

Freitagsgebet; ein oft geäußerter Wunsch) haben sich in der Vergangenheit durchaus als konfliktträchtig erwiesen. Daneben geben deutsche Bestattungsgesetze den religionsrechtlichen Vorschriften für Muslim:innen und übrigens auch jüdische Gläubige mittlerweile mehr Raum. Kleidungsvorschriften können mit dem sog. ›Neutralitätsgebot‹ kollidieren (dazu unten mehr), und im Rahmen von Speisevorschriften wäre das Schlachten bzw. Schächten zu nennen.[101]

Größeren Anwendungsbereich finden religiös begründete islamrechtliche Normen und Handlungsanweisungen im Zivilrecht. So etwa können im Arbeitsverhältnis Möglichkeiten geschaffen werden, die Bedürfnisse aufgrund religiöser Vorschriften und Überzeugungen wie Kleidungsvorschriften, das Einhalten von Gebetszeiten und religiöse Festtage zu berücksichtigen. So können vor Gericht gelangende Kündigungen, die sich auf die Religionsausübung beziehen, verhindert werden. Religiös begründete Kleidungsvorschriften im Öffentlichen Dienst dagegen sind eine große Herausforderung, mit denen insbesondere Musliminnen zu kämpfen haben, wie etwa bei der Ausübung der Lehrtätigkeit an öffentlichen Schulen bzw. Tätigkeiten im Öffentlichen Dienst. Einschränkungen sind nicht nur einseitig zu betrachten: Muslim:innen haben als Arbeitnehmer:innen zwar das Recht, ihre religiös begründeten Überzeugungen in den Arbeitsalltag aufzunehmen. Umgekehrt dürfen sie aus eigenen religiösen Überzeugungen nichtmuslimische Arbeitnehmer:innen nicht diskriminieren. Daneben haben muslimische Arbeitgeber:innen, wie etwa Gastronom:innen das Recht, beispielsweise auf den Verkauf von Alkoholika und Schweinefleisch zu verzichten; beide dürfen nach muslimischer Auffassung weder verkauft noch konsumiert werden. Insgesamt gibt es in diesem Rahmen – insbesondere in der Vertragsgestaltung – große Anwendungsmöglichkeiten für religiös begründete islamrechtliche Regelungen.

101 Rohe, *Das islamische Recht. Geschichte und Gegenwart*, 343.

Prominent im Rahmen der Vertragsgestaltung sind auch die verschiedenen Modelle und Produkte für die Ausgestaltung von Handelsverträgen. Ausgehend von einem umfassenden Zins- (*ribā*) und Spekulationsverbot (*ġarar*) wurden verschiedene Finanzprodukte entwickelt, die auf Zinsen und Risikogeschäfte verzichten. Neben dem Zins- und Spekulationsverbot spielen weitere islamrechtliche Prinzipien eine zentrale Rolle: So ist es Muslim:innen verboten, Waren zu verkaufen, die islamrechtlich als unrein gelten, wie etwa die zuvor erwähnten Alkoholika oder Schweinefleisch. Damit schränkt das islamische Recht sowohl die Handelsform als auch Handelsgegenstände ein. Man spricht von der Idee des Islamischen Wirtschaftens (Islamic Finance, siehe Kapitel 1.4), um diesen Grundsätzen entsprechende Finanzprodukte und -techniken zu entwickeln. Über die Zulässigkeit solcher Handelsformen und Geschäftsmodellen sowie die Einordnung von Waren als zulässige Handelsgüter entscheiden z. B. Sharia Boards bzw. Councils (siehe Kapitel 3.2.2 und 3.2.3).

Die Gestaltungsfreiheit hat Grenzen, und diese Grenzen bestimmt das geltende Recht, damit die Schwächeren vom Staat geschützt werden können. Die Religionsfreiheit gilt daher nicht uneingeschränkt für die religiösen Überzeugungen. Sie haben dort Grenzen, wo sie andere Grundrechte beschneiden würden, weshalb in solchen Fälle konkrete Abwägungen mit Rücksicht auf den jeweiligen Fall vorgenommen werden müssen. Dazu können Fälle aus dem Strafrecht genannt werden. Hier werden religiöse Motive weitestgehend nicht berücksichtigt: »Vornehmlich aus Gründen der gleichen Rechtsanwendung vor Gericht gilt es vielmehr, einheitliche Bewertungsmaßstäbe für die Anwendung und Auslegung von Strafvorschriften zu finden.«[102] Bagatellfälle wie die religiös motivierte Beschneidung von Jungen werden nicht strafrechtlich geahndet und zugelassen. Anders sieht es bei schweren Delikten aus: Vermeintlich religiöse Motive werden weitestgehend nicht von ›niederen Beweggründen‹ ausgenommen, die es erlauben, einzuordnen, ob bei einem Tötungsdelikt Mord (nach

102 Elliesie und Scholz, »Strafrechtliche Aufarbeitung«, 42.

§ 211 Strafgesetzbuch, STGB) oder Totschlag (§ 212 STGB) vorliegt; das deutsche Recht unterscheidet zwischen diesen beiden Formen der Tötung. Oft werden in diesen Fällen kulturelle Annahmen mit religiösen Überzeugungen vermischt oder sogar zu legitimieren versucht, wie etwa bei vermeintlichen ›Ehrenmorden‹. Strafmilderungen sind in solchen Fällen weitestgehend ausgeschlossen.

3.2.2 Internationales Privatrecht und dispositives Sachrecht

Islamischrechtliches ist nicht nur Gegenstand von Fatwas. In einigen Staaten gelten Normen, die islamrechtlich geprägt sind bzw. vom vormodernen islamischen Recht ausgehend kodifiziertes Recht geworden sind. Die Anwendung islamrechtlicher oder islamrechtlich geprägter Normen gewährt das Internationale Privatrecht (IRP). Das IRP regelt, welches Recht anzuwenden ist, wenn ein Sachverhalt die Rechtsordnung mehrerer Staaten berührt. Dies ist in Deutschland im Einführungsgesetz zum Bürgerliches Gesetzbuch (EGBGB) geregelt. Auf Grundlage des EGBGB muss ein deutsches Gericht in entsprechenden Sachverhalten entscheiden, ob die Norm des deutschen Rechts oder das Fremdrecht Anwendung finden soll. Typische Konstellationen liegen vor, wenn die Beteiligten nach ausländischem Recht geheiratet haben und sich scheiden lassen wollen. Hier muss das Gericht nach unterschiedlichen Gesichtspunkten entscheiden, wann welches Recht gilt. Zu den Erwägungen gehören,

> »ob die Sachnähe etwa durch den gewöhnlichen Aufenthalt, die Staatsangehörigkeit der Beteiligten oder durch den Handlungsort bestimmt wird, oder ob die Beteiligten das anwendbare Recht selbst wählen dürfen«.[103]

103 Rohe, *Eine Einführung*, 96. Einen guten Überblick über den Meinungsstand gibt der Wissenschaftliche Dienst des Deutschen Bundestages in der Ausarbeitung

Dem Grundsatz nach kann Fremdrecht auch dann angewendet werden, wenn die deutsche Rechtsordnung eine andere Regelung enthält. Dieser Grundsatz wird in Deutschland jedoch durch Art. 6 EGBGB, der *ordre public*-Klausel, eingeschränkt. Demnach ist das Fremdrecht – und damit auch das islamische Recht, sofern es kodifiziertes Recht geworden ist – nicht anzuwenden, wenn es mit den wesentlichen Grundsätzen des deutschen Rechts unvereinbar ist. Dies ist in jedem Falle dann gegeben, wenn eine Grundrechtsverletzung vorliegt. Die Unvereinbarkeit mit den Grundrechten ist nach Art. 6 S. 2 EGBGB ein ausdrücklich normierter Anwendungsfall der Vorbehaltsklausel.[104] Wichtig ist, dass

> »Gegenstand der ordre-public-Prüfung [...] nicht das ausländische Recht [ist], sondern lediglich das Ergebnis der Anwendung ausländischen Rechts im konkreten Einzelfall. Denn die Vorbehaltsklausel bezweckt nicht die Kontrolle fremden Rechts, sondern lediglich eine Korrektur des Ergebnisses im Einzelfall, wenn nämlich dessen Rechtsfolgen einem unantastbaren Kernbereich der eigenen Rechtsordnung eklatant zuwiderlaufen.«[105]

Nehmen wir als Fallbeispiel im Rahmen des IRP die Eheschließung: Wurde die Ehe nach ausländischem Recht geschlossen, so kann die Scheidung in Deutschland nach diesem Recht erfolgen. Der Grundgedanke dahinter ist, dass man grundsätzlich von der Gleichheit privatrechtlicher Rechtsordnungen ausgehen könne. Doch auch hier gilt, dass das deutsche Recht prüft, ob eine Vereinbarkeit nach dem Maßstab des *ordre public* gegeben ist und Fremdrechtliches angewandt werden kann. Es sei an dieser Stelle noch einmal daran erinnert, dass es sich hierbei um die Anwendung eines geltenden Nationalrechts handelt. Wenn etwa türkische Muslim:innen nach türkischem Recht heiraten, kann die Scheidung nach türkischem Recht erfolgen. Dies

»Islamisches Recht als Herausforderung des deutschen Internationalen Privatrechts? Aktuelle Reformvorschläge für eine Regelanknüpfung des gewöhnlichen Aufenthalts im Internationalen Familien- und Erbrecht«, 10 ff.

104 Scholz, »Grundfälle zum IPR«, 185.

105 Scholz, »Islam-rechtliche Eheschließung«, 4 f.

aber bedeutet, dass hier kein islamisches Recht angewandt wird, da das türkische Recht keine islamrechtlichen Regelungen umfasst.

Als Beispiel dient der einseitige Scheidungsausspruch des Ehemannes, der *ṭalāq* (Verstoßung bzw. einseitiger Scheidungsausspruch des Ehemannes), der aus dem islamischen Recht stammt. Der *ṭalāq* verstößt nach Rohe gegen die Gleichberechtigung der Geschlechter und die Grundrechte des Schutzes von Ehe und Familie (Art. 6 Grundgesetz). Das führe dazu, dass *ṭalāq* im Inland unwirksam sei. Erfolge die Verstoßung aber im Geltungsbereich einer anderen Rechtsordnung, so könne die Bewertung des Falles unterschiedlich ausfallen: Anerkannt werde sie nicht, wenn die Ehefrau keinerlei Möglichkeit hatte, ihr Einverständnis zur Scheidung zu äußern; die Scheidung gelte mit Rücksicht auf den *ordre public* als unwirksam. Liege ein Einverständnis der Ehefrau vor, könne sie wirksam sein. Es könne auch dazu kommen, dass das Ehepaar eine lange Trennungszeit hat, sodass einige Bedingungen nach dem deutschen Recht für eine Scheidung zur Geltung kommen können.[106] Also ist die Einordnung des Fremdrechts ein durchaus komplizierter Vorgang mit Rücksicht auf den jeweiligen Einzelfall.

Ein weiterer Anwendungsbereich für islamrechtliche Normen, die andernorts geltendes Recht sind, ist das sogenannte dispositive Sachrecht im zivil- und wirtschaftsrechtlichen Bereich. Es handelt sich dabei um Rechtsbereiche, die auf der Gestaltungsfreiheit von Bürger:innen beruhen. Die Gestaltungsfreiheit hat aber Grenzen, und diese Grenzen bestimmt das jeweilige geltende Recht. Innerhalb des gestaltungsfreiheitlichen Rahmens, etwa im Bereich des Wirtschaftsrechts, können islamrechtliche Normen angewandt werden, so auch bei Eheverträgen. Aufgrund dieser Gestaltungsfreiheit haben sich regelrecht neue Formen des Wirtschaftens entwickelt, so das bereits zuvor erwähnte ›Islamische Wirtschaften‹ (Islamic Finance).

106 Rohe, *Eine Einführung*, 97 f. Für eine detaillierte Beschreibung zu verschiedenen eherechtlichen Angelegenheiten, siehe Rohe, *Das islamische Recht. Geschichte und Gegenwart*, 353–363. Siehe auch Scholz, »Islam-rechtliche Eheschließung«.

Muslim:innen in Deutschland stehen somit unterschiedliche Möglichkeiten zur Verfügung, religiös und islamrechtlich begründete Normen innerhalb des geltenden deutschen Rechts in ihrem Alltag zu befolgen. Die in Medien oft zur Sprache kommende Annahme, dass Muslim:innen ein Parallelrecht forderten oder die Entstehung einer Art Paralleljustiz zu befürchten sei, ist, wie neuere Forschungen zeigen, in dieser pauschalisierenden Form nicht haltbar.[107]

3.3.3 Religiöse Orientierung und Organisation von Muslim:innen in Deutschland

Bisher haben wir die Rahmenbedingungen gesehen, innerhalb derer Islamrechtliches im weitesten Sinne in den Alltag der Muslim:innen integriert werden kann. Jedoch ist die Frage danach, wie viel Islamrechtliches überhaupt ihren Alltag bestimmt, nicht allgemein zu beantworten. Es gibt unterschiedliche religiöse Ausprägungen von verschiedenen konservativen hin zu modernistischen, progressiven, kulturell-religiös orientierten und traditionalistischen Kreisen. Dementsprechend können die Forderungen von Muslim:innen nach der Berücksichtigung religiös begründeter islamrechtlicher Normen variieren; so auch die Motivation, die Gelehrsamkeit aufzusuchen, um im Rahmen von Fatwas die religiöse Legitimität ihrer Handlungen zu erfahren. Diese Vielfalt schlägt sich auch auf die Selbst-Organisation der Muslim:innen nieder.

Aus unterschiedlichen Gesichtspunkten heraus haben sich Muslim:innen in Deutschland organisiert; nicht jede:r Muslim:a gehört aber etwa einem Moscheeverein an. Eine kirchliche Institution nach christlichem Vorbild kennt die muslimische Tradition nicht. Obwohl

107 Siehe zum Beispiel Rohe/Jaraba, »Paralleljustiz«; Rohe, »Paralleljustiz«; Elliesie/Rigoni, »Paralleljustiz«; Elliesie, »Thematische Einführung«; Elliesie/Foblets/Sadyrbek/Jaraba, »Konfliktregulierung«.

größere Moscheevereine in Deutschland sichtbar sind und sich mit religiösen Angelegenheiten befassen, ist nicht hinreichend geklärt, wie repräsentativ solche Vereine für Muslim:innen in Deutschland sind. Zu den bekanntesten Moscheevereinen gehören etwa die Türkisch-Islamische Union der Anstalt für Religion (DITIB, Diyanet İşleri Türk İslam Birliği), Verband der Islamischen Kulturzentren (VIKZ), Islamrat für die Bundesrepublik Deutschland (IRD), Zentralrat der Muslime (ZMD), Islamische Gemeinschaft der schiitischen Gemeinden (IGS) und Ahmadiyya Muslim Jamaat (AMJ). Sie alle haben unterschiedliche religiöse Ausrichtungen und kulturelle sowie teilweise politische Zuordnungen. Solche Moscheevereine sind für den muslimischen Alltag insofern wichtig, als dass sie – zwar nicht alle, aber immerhin einige – eigene Fatwa-Gremien haben, die Fatwas für ihre Mitglieder (und auch die Muslim:innen in Deutschland) erlassen. Ferner sind viele im Bereich der Jugend- und Sozialarbeit, Betreuung von Kindern, Verantwortung von Ritualen, Instandhaltung von Moscheen, Organisation von Pilgerfahrten und im Bestattungswesen aktiv.[108]

Einigen größeren Moscheevereinen bzw. muslimischen Organisationen kamen zwei wichtige Aufgaben hinzu, die seit 2011 für die islamisch-theologischen Studien relevant sind: Dachverbände bzw. muslimische Organisationen können Teil eines Gremiums sein, das bei der Berufung von Professor:innen der Islamischen Theologie über ein Vetorecht verfügt. Es handelt sich dabei um den sogenannten Beirat. Der Beirat, der je nach Bundesland unterschiedlich zusammengesetzt werden kann, hat das Recht, aus theologischen Gründen Einspruch bei der Berufung eine:r Theolog:in zu erheben und dieses Recht wieder aus denselben Gründen für die Einführung von Studiengängen zu gebrauchen. Dieses Vetorecht soll dazu dienen, die Akzeptanz der berufenen Professor:innen, des Faches und der Studiengänge innerhalb der muslimischen Community zu gewährleisten. Unbekannt ist dieses Recht nicht: Die christlichen Kirchen agieren ähnlich, denn die Verantwortung der theologischen Vertretbarkeit

108 Für eine detaillierte Beschreibung siehe Rohe, *Der Islam in Deutschland.*

obliegt nach deutschem Recht den Religionsgemeinschaften; der säkulare Staat hält sich in diesen Belangen zurück.[109] Ferner verantworten die Religionsgemeinschaften den Religionsunterricht in den Schulen bzw. erteilen sie den Lehrer:innen eine Lehrerlaubnis. Der Vorgang für den islamischen Religionsunterricht ist in Deutschland nicht einheitlich, da Muslim:innen in Deutschland – im Gegensatz zu Österreich[110] – keine einheitlich organisierte Religionsgemeinschaft sind. Beides hat Vor- und Nachteile; es wird zu beobachten sein, wie sich die Organisation der Muslim:innen in Deutschland entwickeln wird.

Zusammenfassung

Die Lebenssituationen der Muslim:innen in mehrheitlich nichtmuslimischen Gesellschaften erforderte, dass Gelehrte neue Lösungen finden mussten, um ihre islamrechtlich relevanten Fragen beantworten zu können. Daraus entstanden Konzepte wie das islamische Minderheitenrecht. Daneben wurden die durch den wissenschaftlichen und technologischen Fortschritt sowie die Komplexität der Lebensumstände aufkommenden Fragen von Gelehrten unterschiedlicher Rechtsschulzuordnung in Ausschüssen und Gremien besprochen. Sie beriefen sich dabei auf die Expertise von Expert:innen aus diversen Wissenschaftsdisziplinen. Der kollektive Idschtihad begann den individuellen zu ersetzen. Dadurch wurde die Rolle der Rechtsschulen zunehmend geschwächt und rechtsschulübergreifende Lösungen vorgeschlagen. Nichtreligiöse, wissenschaftliche Expertise erlangte eine zentrale Bedeutung. Der kollektive Idschtihad wurde in Form von islamrechtlichen Akademien und speziellen Gremien institutionalisiert. Besonders durch das Fatwawesen können Muslim:innen ihren Alltag nach islamrechtlichen Vorstellungen

109 Engelhardt, *Islamische Theologie*, 138–161.

110 Für die *Islamische Glaubensgemeinschaft in Österreich*, siehe www.derislam.at.

organisieren, sei es in Europa oder in Deutschland. Über im EGBGB statuierte Regelungen des Internationalen Privatrechts kann die Anwendbarkeit vom Islamrechtlichen oder von islamisch geprägtem geltenden Recht in der Rechtsprechung gewährt werden.

Kapitel 4: Islamrechtliche Lehre und Forschung

Die in den vorherigen Kapiteln beschriebenen Entwicklungen hatten direkte Auswirkungen auf den Lehrbetrieb, der bis in das 20. Jahrhundert hinein wesentlich an Medresen stattfand. Von institutionellen Reformen waren Medresen ebenfalls betroffen: Der dortige Lehrbetrieb wurde weitestgehend von universitären Einrichtungen ersetzt. Das heißt aber nicht, dass es heute keine Ausbildung an Medresen mehr gibt. Weltweit können wir aktive Medresen finden. Der springende Punkt ist, dass Jurist:innen, je nach Kontext, keine religionsrechtliche Ausbildung genossen, wie es zuvor an Medresen der Fall war, da ihre Ausbildung von Medresen abgekoppelt wurde. Entsprechend stellte sich die Frage, wie das islamische Recht an der Universität verortet werden sollte: Sollten Bereiche des islamischen Rechts, welche in die nationalen Gesetzgebungen überführt wurden, in die juristische Ausbildung einbezogen werden oder sollte sie nur Teil eines theologischen Studiums sein? Wenn sie Teil des theologischen Studiums sein sollten: Handelt es sich um die analytische Erforschung der Geschichte des islamischen Rechts oder soll in irgendeiner Form die islamrechtliche Tradition fortgeschrieben werden?

Mit diesen Fragen, die sich auf die Lehre beziehen, war auch die Forschung konfrontiert. Die neuartigen Studiengänge an den Universitäten forderten von den Studierenden Abschlussarbeiten, um das Studium erfolgreich zu beenden. Es entstanden darüber hinaus Dissertationsschriften, die aus diversen Perspektiven auf die islamrechtliche Geschichte (analytisch) blickten und noch blicken. Für den universitären Lehrbetrieb entstanden vermehrt Lehr- und Einführungsbücher sowie Überblickswerke. Zeitschriften wurden ins Leben gerufen, in denen wissenschaftliche Artikel zum islamischen Recht publiziert wurden. Vormoderne Formate wie *rasāʾil* (Abhandlungen, Sg.

risāla), Kommentare (*šurūḥ*, Sg. *šarḥ*) und Superkommentare (*ḥawāšī*, Sg. *ḥāšiya*) wurden somit sukzessive verdrängt. Hinzu kommt auch der Einfluss der orientalistisch-islamwissenschaftlichen Forschung, auf die die muslimische Tradition in diversen Formen reagierte. Im Folgenden möchte ich zuerst auf den sich verändernden Lehrbetrieb, hiernach auf Veränderungen in der Forschung eingehen.[111]

4.1 Neue Formen der islamrechtlichen Lehre

Institutionelle Veränderungen im Bildungssystem hatten direkte Auswirkungen auf die Lehre. Um sie besser nachvollziehen zu können, möchte ich zuerst die Lehrformate in Medresen ansprechen. In Medresen, an denen verschiedene Fächer unterrichtet wurden, stand das islamische Recht weitestgehend im Mittelpunkt. Die Medrese war der Ort, an dem Juristen mit theologischer Expertise in diversen islamtheologischen Disziplinen ausgebildet wurden. Geprägt waren die Lehre und die Lehrkonzeption davon, dass das Streben nach Wissen als eine religiöse Empfehlung, ja sogar Pflicht eingestuft wurde. Mehrere konkurrierende bzw. nebeneinander existierende Lehreinrichtungen (Medresen, Sufi-Konvente, Moscheen und private Einrichtungen) erlaubten es, eine Ausbildung in verschiedenen Wissenschaftsdisziplinen zu genießen. Die Bildung diente daneben – wenn wir verschiedenen Bildungskonzepten nachgehen – zur Vervollkommnung des Charakters. Verantwortlich dafür war der Lehrer, der dem Schüler als Vorbild galt; daher stand schon immer die Schüler-Lehrer-Beziehung im Fokus muslimischer Gelehrter, die sich über Bildungskonzepte Gedanken gemacht haben.[112]

111 Sofern nicht anders vermerkt basieren meine Ausführungen in Kapitel 4 auf Kurnaz, »Islamisches Recht als Teildisziplin«.

112 Günther, *Knowledge and Education in Classical Islam.* Für eine Übersicht siehe Band I, Kapitel 5.

Die traditionelle Form der Lehre war in doppelter Hinsicht zentriert: zentriert auf den Lehrer (es war wichtig, bei wem man studierte und nicht, wo man studierte) und auf das Lehrwerk. Ein als Lehrwerk etabliertes Buch in der jeweiligen Wissenschaft wurde in der Anwesenheit eines Gelehrten gelesen und von ihm kommentiert bzw. erklärt. In Diskussionen und Disputationen (*munāẓarāt*, Sg. *munāẓara*) wurden Studierende u. a. geprüft. Hatte man ein Werk komplett gelesen und studiert, konnte der Gelehrte seinem Schüler eine Lehrerlaubnis (*iǧāza*) und auch eine Erlaubnis zur Erstellung von Fatwas erteilen. Die Zeit, die für das Studium des Werkes notwendig war, konnte je nach dem Tempo der Lehre des Gelehrten variieren. Die Unterrichtszeit wurde nicht von einem standardisierten Muster, wie etwa nach Semesterwochenstunden an Universitäten, geregelt; aber natürlich waren die Lehrzeiten des Gelehrten und seiner Repetitoren (Sg. *muʿīd*) bekannt.

Im Kontext der Medresen war das islamische Recht deutlich als eine Wissenschaft markiert, die offenbarungsbasiert (*šarʿī*) ist. Von dieser Eigenschaft, *šarʿī* zu sein, herzuleiten, dass es eine – mit unseren Worten – theologische Disziplin ist, wäre nicht falsch. Denn islamisches Recht als Teildisziplin der islamischen Wissenschaften bespricht mit Hilfe von Interpretationsmethoden Handlungsnormen, die aus den religiösen Quellen hergeleitet werden. Ist eine direkte Herleitung aus den Quellen nicht möglich, werden sie mithilfe von Prinzipien bzw. in Anlehnung an etablierte Meinungen innerhalb von Rechtsschulen bestimmt, die wiederum aus den religiösen Quellen begründet werden bzw. ihnen nicht widersprechen. Entsprechend werden in der Subdisziplin *uṣūl al-fiqh* rechtstheoretische und -methodische bzw. -hermeneutische Themen und Konzepte besprochen. Islamisches Recht als Disziplin ordnet also im Allgemeinen ein, wann eine religiöse Verpflichtung vorliegt und ob eine Handlung aus religiöser Verpflichtung heraus verboten oder geboten ist, sowie die Frage nach der rein rechtlichen Legitimität von Handlungen. Ein Beispiel dazu:

Es ist laut Q 2:275 verboten, Geschäfte abzuschließen, die *ribā* (zu Deutsch ›Wucherzins‹) beinhalten. Obwohl diese Handlung verboten und damit der Vollzug eine Sünde ist, streiten die Gelehrten darüber, ob derartige Geschäfte zugleich nichtig bzw. anfechtbar, ja sogar gültig sind. Es ist also umstritten, ob solche Geschäfte Rechte und Pflichten begründen können.[113] Dementsprechend haben Fragen, die wir heute als religiös bzw. theologisch relevant einordnen, eine Auswirkung auf – unserer Wahrnehmung nach – rein rechtliche Fragen wie etwa die Gültigkeit eines Kaufvertrages. Inwiefern vormoderne Gelehrte Ethik von Recht trennten, haben wir bereits oben gesehen (siehe Kapitel 2.4). Wenn wir auf die Ausführungen der Gelehrten schauen, die die Wissenschaften nach unterschiedlichen Gesichtspunkten einteilten, ist das islamische Recht Teil der theologischen Disziplinen. Es ist religiös (*šarʿī*) und rational (*ʿaqlī*) zugleich. Die genaue Verortung, ob es zu den grundsätzlichen Wissenschaften (bei al-Ġazālī: *uṣūl*) oder doch eher zu den Zweigwissenschaften (*furūʿ*) gehört, oder ob es unabhängig von dieser Hierarchisierung als eine praktische Wissenschaft anzusehen ist (z. B. bei Ṭāškubrīzādeh (gest. 968/1561), ist jedoch umstritten. Festzuhalten ist, dass auch nach vormodernem Verständnis der religiöse Charakter die rationale Erschließung bzw. den rationalen Charakter nicht ausschließt. Denn islamrechtliches Wissen ist auf Überlieferungen basierendes rationales, überwiegend präsumtives (d. h. spekulatives) Wissen, das hinterfragbar ist.[114]

Obschon die vormodernen Gelehrten das islamische Recht als religiöse Wissenschaft einordneten, war es umstritten – und ist es heute noch –, wie dieses Fach an der Universität verortet werden soll. Da es im universitären Kontext nun nicht mehr Teil des Medrese-Curriculums ist und somit aus seinem bisherigen Ort versetzt wurde, stellt sich die Frage, welcher Aspekt des islamischen Rechts betont werden sollte. Ließ die Medrese als Ort zu, das Rechtliche, Religiöse und Ethische im islamischen Recht gleichermaßen zu berücksichtigen, stellte sich an Universitäten die Frage, welcher dieser Aspekte im Vordergrund stehen sollte. Zwei Möglichkeiten stachen hervor: Entweder könnte der rein rechtliche Charakter betont werden, sodass

113 Für die rechtstheoretische Diskussion dieser Frage siehe Kurnaz, *Methoden*, 113–119.

114 Für eine Übersicht über die Wissenskategorien, vgl. Kurnaz, »Göttliches Recht«.

islamisches Recht in den Sozial- und Rechtswissenschaften zu verorten sei, oder der theologische Charakter überwiegt, sodass es zur Theologie zugeordnet wird. Verfechter des ersten Vorschlags unterstellten der religiösen bzw. theologischen Ausrichtung, dass sie eine kritische Reflexion verhindere, weshalb eine Neuverortung notwendig sei. Der zweite Ansatz dagegen geht davon aus, dass das islamische Recht niemals als geltendes bzw. nationales Recht konzipiert gewesen sei, weshalb der rechtliche Charakter nicht überwiegen könne. Eine weitere Ansicht betont, dass beide Seiten des islamischen Rechts gleichwertig betrachtet müssten, wobei hier dann der ethische Charakter (so etwa im Sinne einer Deontologie) überwiegen solle.[115]

Je nach Kontext und Bedarf konnte also die Verortung des islamischen Rechts als Universitätsfach variieren. Daher zeigt sich das Studium des islamischen Rechts immer anders: So kann z. B. an Standorten der Islamwissenschaft eine historische Aufarbeitung islamrechtlicher Entwicklungen oder die konkrete Umsetzung nationalstaatlichen, meist kodifizierten Rechts mit islamrechtlich begründeten Normen anvisiert werden. Einige universitäre/akademische Einrichtungen arbeiten dagegen rechtsvergleichend: Islamisches Recht wird somit, entweder historisch oder gegenwartsbezogen, Teil des rechtswissenschaftlichen Studiums oder der rechtswissenschaftlichen Forschung.

An Standorten der Islamischen Theologie dagegen überwiegt die theologische Erschließung der islamrechtlichen Tradition, und dies wieder auf zwei Wegen: historisch wie gegenwartsbezogen. Dabei fällt auf, dass die gegenwartsbezogene Erschließung einer Bestandsaufnahme gleichkommt: Es werden vereinzelt Versuche unternommen, das islamrechtliche Erbe fortzuschreiben; wir sahen in Kapitel 2 einige Beispiele dafür.

Wir können also festhalten, dass die ›einfache‹ Erscheinung islamrechtlichen Studiums an Medresen eine Transformation erlebt hat. Heute liegt eine im Vergleich dazu komplizierte Verflechtung des is-

115 Für diese drei Zugänge siehe Ali, »Teaching and Learning Islamic Law«; Masud, »Teaching of Islamic Law«; Bedir, »Fıkıh to Law«.

lamrechtlichen Studiums vor. Je nach Ort und Schwerpunkt der jeweiligen Institution und Einrichtung kann das Studium stark variieren. Es kann sogar Teil der Jurist:innenausbildung sein, wenn Elemente des islamischen Rechts in irgendeiner Form zum geltenden Recht gehören. Das Studienfach Islamisches Recht ist somit nicht einheitlich, sondern je nach Anspruch variabel und durchaus anders aufgebaut.

Um ein konkretes Beispiel dafür zu geben, möchte ich auf die Ausrichtung der islamrechtlichen Lehre an deutschen Universitäten eingehen, speziell auf die Islamische Theologie: An den Zentren für Islamische Theologie bzw. Studien ist in allen Bachelorstudiengängen das Fach Islamisches Recht zu finden. Wenn wir auf die Pflichtmodule schauen, sticht hervor, dass sich die Inhalte stark auf die rechtsmethodische und -theoretische Tradition innerhalb des islamischen Rechts beziehen. Vorlesungen gehen dabei auch auf die Geschichte des islamischen Rechts ein, wobei die *furūʿ al-fiqh*, also Werke, die einordnen lassen, ob Handlungen religionsrechtlich legitim bzw. vorgeschrieben sind oder nicht, nur einen geringen Teil ausmachen. Damit haben wir einen starken Fokus auf Inhalte, die auf die Rechtstheorie und -methodik, also auf die *uṣūl al-fiqh* im weitesten Sinne abzielen. Konzepte und Methoden, die seit dem 20. Jahrhundert beliebt sind, wie etwa Rechtsprinzipien (*qawāʿid*) und die übergeordneten Ziele (*maqāṣid*) der Scharia kommen ebenfalls häufig vor.

An einigen Standorten finden wir Veranstaltungen zur Glaubenspraxis oder zu prominenten Konzepten wie dem islamischen Minderheitenrecht (*fiqh al-aqallīyāt*), die sowohl theoretische Überlegungen als auch konkrete Anwendungsfelder des islamischen Rechts besprechen. Nicht selten wird mit dem islamischen Recht auch Ethik in Verbindung gebracht. Das Bild bleibt an vielen Standorten der Islamischen Theologie gleich: Die Vermittlung methodischer Grundsätze liegt im Fokus der universitären, islamtheologischen Ausbildung. Dies ist kein Zufall, denn die Universität gilt als ein Ort, an dem insbesondere Kompetenzen erworben werden, die eine kritische Auseinandersetzung mit bestehenden Konzepten, Vorstellungen etc. erlauben. Der Fokus auf die Wissensvermittlung, wie wir sie teilweise im Islamrechtsstudium in den Medresen der Vormoderne wiederfinden können, entspricht nicht den Zielen, denen sich die Islamische

Theologie in Deutschland verschrieben hat: die kritische Durchdringung des islamischen Wissenserbes.[116]

Dass ein islamrechtliches Studium anders ausgestaltet werden kann, zeigen nicht nur die Curricula der Medresen aus der Vormoderne. So etwa richten sich Studienangebote an nicht-theologischen Fachrichtungen, wie etwa der Islamwissenschaft (z. B. in Göttingen durch den Studienschwerpunkt bzw. das Modulpaket *Islamisches Recht* und Münster durch den Zertifikatskurs *Islamisches Recht*) oder der Rechtswissenschaft (z. B. in Erlangen-Nürnberg und an der Freien Universität Berlin) an Jurist:innen sowie interessierte Studierende aus Bereichen wie den Religionswissenschaften, Sozial- und Politikwissenschaften. Das islamwissenschaftliche Curriculum in Leipzig nimmt dabei eine Zwischenposition ein. Dort wird ähnlich der Ausbildung an den islamtheologischen Standorten vom Lehrbereich Islamisches Recht sowohl im grundständigen Studium als auch im Master eine verpflichtende, modularisierte Lehre angeboten, die Rechtstheorie und -methodik – also eine auf die *uṣūl al-fiqh* blickende Betonung – in erster Linie für Studierende der Arabistik und Islamwissenschaft aus der Rechtsgeschichte heraus abdeckt und in die Beschäftigung mit gegenwartsbezogenen Lebensrealitäten überführt. Dieses Lehrangebot wird durch eine intensive Sprachausbildung des Lehrbereichs Sprache begleitet und bisher mit sozialwissenschaftlichen Methodenkursen des Lehrbereichs Geschichte und Kultur verschränkt.

Was diese Ansätze in der Lehre zeigen, ist, dass die inhaltliche Ausrichtung variieren kann: von der Entstehung und Entwicklung des islamischen Rechts hin zu Fragen zum Islam und der muslimischen Bevölkerung in Europa sowie zur Rechtsvergleichung geltenden staatlichen Rechts.

Festzuhalten ist, dass das islamrechtliche Studium je nach Standort und fachlicher Ausrichtung, innerhalb derer das Fach Islamisches Recht verortet wird, unterschiedlich ausfallen kann. Auf die inhaltliche

116 Engelhardt, *Islamische Theologie*,

Ausgestaltung des Studiums haben auch andere Faktoren eine Auswirkung: Konnte an der Medrese für die vollständige Lektüre eines Rechtswerks viel Zeit in Anspruch genommen werden, gestaltet sich die Organisation der Lehre an der Universität anders. Das textzentrierte Studium an den Medresen wurde bereits mit der Einführung des universitären Studiums des islamischen Rechts sowie heute von einem themenorientierten Studium ersetzt. Im Vordergrund stehen somit nicht Werke, die vollständig gelesen und vom Lehrer (Meister, *šayḫ*) kommentiert werden sollten, in dessen Anwesenheit die Studierenden die Inhalte der Werke ausdiskutierten. Vielmehr sollen ausgewählte Themen im Turnus von Semesterwochenstunden (SWS), also in Einheiten von etwa 90 bis 120 Minuten pro Woche, ein Semester lang studiert werden. Entsprechend reduziert sich die Zeit des Studiums islamrechtlicher Inhalte drastisch. Hinzu kommt, dass das Studium sich nicht hauptsächlich um das islamische Recht dreht. Es war und ist ein Fach neben vielen weiteren Fächern. Dementsprechend mussten die Verantwortlichen an Institutionen, die Islamisches Recht als Studienfach anboten, einen Schwerpunkt wählen, nach dem sich die Inhalte des Studiums ausgestalteten. Mögliche Schwerpunkte, wie etwa die Ethik (siehe Kapitel 2.4), haben wir bereits oben gesehen. Ferner kam es nun verstärkt auf die Studierenden an, sich mit dem islamrechtlichen Material vertieft zu befassen. Das Studium kann nicht vollumfassend gewährleisten, dass alle Inhalte in der Anwesenheit eines:einer Lehrenden und in seiner:ihrer Autorität erlernt werden. Vielmehr sollen die Studierenden im Studium das Handwerkzeug dafür erlernen, sich selbstständig mit islamrechtlichen Themen zu befassen. Dazu verhilft etwa die Besprechung konkreter Fragestellungen im Rahmen von schriftlichen Ausarbeitungen und mündlichen Vorträgen.

Daraus ergibt sich der Bedarf nach weiteren Angeboten, um das islamrechtliche Erbe unter der Anleitung von Expert:innen vertieft kennenzulernen. Denn ohne Expertenwissen kann das Durchdringen etwa der *furūʿ al-fiqh* schwierig sein, haben sie doch einen eigentümlichen Aufbau und funktionieren nach einer besonderen Systematik, die je nach Rechtsschule variieren kann. Daher finden wir zum Beispiel in der Türkei oder in Ägypten Lehreinrichtungen, die neben der universitären Lehre zertifizierte Programme anbieten, in denen Werke studiert werden, die Teil der Curricula bekannter Medresen waren und als Lehrbücher gelesen wurden. Solche zertifizierten Programme fehlen bislang in Deutschland; in England wiederum gibt es Institutionen, die solche Studien anbieten.

Da je nach Verortung des Faches als theologische Disziplin der Inhalt der Lehrveranstaltungen variieren kann, ist die oben beschriebene islamrechtliche Lehre innerhalb der Islamischen Theologie veränderbar. Grundsätzlich lässt sich überlegen, ob islamrechtliche Lehrveranstaltungen nicht doch zu Beginn des Studiums angeboten werden könnten. Bisher sind sie an islamtheologischen Standorten in Deutschland erst im fortgeschrittenen Studium Gegenstand der Lehre. Es wäre denkbar, parallel neben einer allgemeinen Einführung in das Studium der Islamischen Theologie sowie neben Modulen zur Geschichte des Islam islamrechtliche Veranstaltungen anzubieten. Dabei können sowohl die Rechtsmethodik und -theorie (also die *uṣūl al-fiqh*) als auch die theoretische Diskussion über die Grundlagen der religiös begründeten (Rechts-)Praxis (also *furūʿ al-fiqh*) als Propädeutik dienen. Studierende hätten somit die Möglichkeit, an konkreten alltagsrelevanten Beispielen die hermeneutischen und erkenntnistheoretischen Grundlagen der Islamischen Theologie kennenzulernen. Die islamrechtliche Tradition befasst sich schließlich nicht nur mit der Glaubens- und Rechtspraxis der Muslim:innen, sondern auch mit theologischen Grundfragen: Wie können Menschen Wissen erlangen? Wie ist religiöse und ethische Verantwortung zu begründen? In welchem Verhältnis stehen Offenbarungs- und Vernunfterkenntnis? Wie sind die religiösen Texte auszulegen? Woran lässt sich die Authentizität dieser erkennen? Wie sicher ist das Wissen, das aus den Quellen hergeleitet wird? Gibt es bei theologischen sowie rechtlichen Fragen nur eine korrekte Antwort?

Diese und weitere Fragen können anhand von konkreten Beispielen erlernt und somit die Studierenden auf das weitere Studium relevanter Wissenschaftsdisziplinen wie Koranexegese und -wissenschaften, Hadithwissenschaften und systematische Theologie (*kalām*) vorbereitet werden. Damit soll nicht zum Ausdruck gebracht werden, dass diese Wissenschaften keine eigene Systematik hätten. Doch kann die Auseinandersetzung mit dem islamrechtlichen Erbe eine solide Grundlage für das weitere Studium darstellen, da sich die oben aufgezählten Wissenschaften gleiche erkenntnistheoretische und hermeneutische Annahmen mit den islamischen Rechtswissenschaften teilen. Und der Ort, an dem sie ausdiskutiert wurden, sind die *uṣūl al-fiqh*. Die *furūʿ al-fiqh* würden es dagegen den Studierenden erlauben, eine Idee von den Grundannahmen der religiös begründeten muslimischen Praxis in ihrer Vielfalt zu entwickeln.

Natürlich sollte sich das islamrechtliche Studium nicht auf eine Propädeutik mit einem Schwerpunkt auf historisch-analytischer Erschließung beschränken. In höheren Semestern können systematische Fragestellungen mit Bezug auf zeitgenössische Entwicklungen, die wir in Kapitel 2 gesehen haben, besprochen werden. Auf die Frage, wieso bisher das islamische Recht erst nach Modulen zu Koran- und Hadithwissenschaften angeboten wird, kann möglicherweise mit den Entwicklungen in der Moderne geantwortet werden. Wir sahen ja in Kapitel 1, dass die Aufmerksamkeit muslimischer Gelehrter und Wissenschaftler:innen den religiösen Quellen Koran und Sunna galt. Die Lösung theologischer Probleme wurde vermehrt darin gesehen, eine gut begründete, wissenschaftliche Herangehensweise an sie zu entwickeln. Dementsprechend sollen die Studierenden auch zuerst diese beiden Wissenschaften erlernen, bevor sie sich an das islamische Recht und die systematische Theologie herantasten.

Auch wenn ein Lehrbuch wie dieses nach Form und Inhalt nicht das Forum darstellt, diese grundlegenden Aspekte der Lehrplanung zur Diskussion zu stellen, sei dennoch angemerkt, dass zumindest die zeitgleiche Betrachtung der Entstehung des islamischen Rechts und etwa der unterschiedlichen Hadithbewegungen angemessen wäre. Ein Beispiel dafür ist, dass eine Gruppe von Gelehrten nur solche Überlieferungen zusammentrug, die auf den Propheten zurückgeführt werden konnten. Diese Bestrebungen waren vornehmlich eine Reaktion auf den stark rationalistisch geprägten Rechtsdiskurs. Es verwundert daher nicht, dass die frühen Überlieferungswerke wie Rechtswerke aufgebaut sind und dort einen Schwerpunkt haben.[117] Damit soll nicht vermittelt werden, dass zuerst der islamrechtliche Diskurs entstand. Die Disziplinen entwickelten sich vielmehr durch unterschiedliche Faktoren relativ zeitgleich. Ich möchte nur betonen, dass es nicht selbstverständlich ist, dass zunächst Koran- und Hadithwissenschaften studiert werden müssen, um islamisches Recht und *kalām* zu verstehen. Vielleicht wäre eine Umkehrung sogar ertragreicher. Diese Diskussionen sind jedoch noch im Gange und es bleibt spannend zu beobachten, wie sich die Islamische Theologie diesbezüglich entwickeln wird.

4.2 Neue islamrechtliche Forschungsausrichtung

Blicken wir nun auf eine weitere Entwicklung, die mit dem veränderten Lehrformat einherging. Die beschriebenen Veränderungen im Lehrbetrieb hatten nämlich Folgen für die Produktion wissenschaftlicher Studien, Lehr- und Überblickswerke. Da man sich im Studium von Werken entfernte, die in der Vormoderne entstanden – sie wurden mehrheitlich Gegenstand von speziellen Fragestellungen in Bachelor-, Master- und Promotionsarbeiten sowie wissenschaftlichen Artikeln und Monographien –, mussten ab dem 20. Jahrhundert Lehr-, Einführungs- und Grundlagenwerke entstehen, die dem neuen Studienformat entsprachen. Die neuartigen Lehr- und Einführungswerke umfassen zwar die wichtigsten Themen der jeweiligen Subdisziplin des islamischen Rechts, wie z. B. die *uṣūl al-fiqh*. Die einzelnen Themen wurden aber nicht in der Tiefe besprochen, wie vormoderne Werke es vorsehen. Daneben sind viele Einführungswerke so konzipiert, dass sie die unterschiedlichen Ansätze der Rechtsschulen vergleichen. Solche Lehrwerke und Einführungsbücher stellen die zentralen Themen und Konzepte der jeweiligen Disziplin dar. Werke, die einen einführenden bzw. zusammenfassenden Charakter haben, sind der

117 Für diese Entwicklung siehe Band I, Kapitel 2.

vormodernen Tradition nicht unbekannt, unterscheiden sich aber vom Inhalt her signifikant.

Die Wahl der Themen und die Art und Weise, wie mit dem jeweiligen Thema umgegangen wird, ist auch ein Abbild der Entwicklungen im 20. Jahrhundert. So etwa stechen Themen für die Flexibilisierung und die dynamische Natur des islamischen Rechts hervor. Methoden, die bisher in der Vormoderne kritisch betrachtet wurden, werden in einem positiveren Licht dargestellt. Dazu gehören zum Beispiel *maṣlaḥa* ([schützenswertes] Interesse) oder *ʿurf* (Gewohnheitsrecht); Letzteres wird in Lehr- und Einführungswerken als Rechtsquelle angeführt, wogegen dies in der vormodernen Literatur nicht der Fall ist. Lehr-, Einführungs- und Grundlagenbücher können also Themen beinhalten, die in vormodernen Werken nicht im Fokus standen. Diese Einführungswerke versuchen, die Grundthemen und -annahmen innerhalb des islamischen Rechts nach wissenschaftlichem Standard verständlich zusammenzufassen. Sie können entweder in einen Teilbereich der Rechtspraxis,[118] allgemein in die Rechtspraxis[119] oder Rechtstheorie[120] einführen bzw. einen allgemeinen Überblick geben.[121] Naturgemäß sind sie von Fragen geleitet, die zeitgenössischen Entwicklungen und Umständen geschuldet sind. (Die Bände des vorliegenden Handbuchs zum Islamischen Recht sind davon gleichermaßen betroffen.)

Die Entstehung von neuartigen Einführungs-, Grundlagen- und Lehrwerken hat zur Konsequenz, dass vormoderne Werke durch sie verdrängt werden. Nur eine kleine Auswahl an Textauszügen wird Gegenstand der Lehre. Es kann sogar dazu kommen, dass sie komplett vom Studium ausgeschlossen werden.

Werke zu den *furūʿ al-fiqh*, auch einige zu den *uṣūl al-fiqh*, können außerdem rechtsvergleichende Züge haben, indem Islamrechtliches

118 Vgl. Oberauer, *Islamisches Wirtschafts- und Vertragsrecht.*

119 Vgl. Hallaq, *Sharīʿa.*

120 Vgl. Hallaq, *Islamic Legal Theories.*

121 Vgl. Rohe, *Das islamische Recht. Geschichte und Gegenwart*; Ebert/Heilen, *Islamisches Recht.*

mit staatlichem Recht verglichen wird. Ein Beispiel dafür ist Hayreddin Karamans (geb. 1934) rechtsvergleichendes Werk mit dem Titel *Mukayeseli İslam Hukuku,* das das islamische Recht mit dem türkischen Recht vergleicht. Eine andere Art vergleichender Rechtswerke ist das vergleichende Übersichtswerk zum praktischen islamischen Recht von ʿAbd ar-Raḥmān ibn Muḥammad al-Ǧazīrī (gest. 1941), das den Titel *al-Fiqh ʿalā maḏāhib al-arbaʿa* trägt. Das Werk fasst die Meinungen der vier sunnitischen Rechtsschulen zusammen und wurde als Lehrbuch in Auftrag gegeben.

Wir können also festhalten, dass die neuartige Lehre an Universitäten und akademischen Einrichtungen die inhaltliche Ausrichtung von Einführungs-, Grundlagen- und Lehrwerken sowie die der Lehre nachhaltig beeinflusst hat. Die Lehrinhalte wurden und werden ferner von Forschungsarbeiten beeinflusst, die im universitären Rahmen entstehen. Denn: Gegenstand der Lehre waren – und sind es heute auch – nicht nur Einführungs-, Grundlagen- und Lehrbücher, sondern auch wissenschaftliche Artikel in Fachzeitschriften, Einträge in Enzyklopädien, Promotions- und Habilitationsarbeiten sowie Studien zum islamischen Recht in Form von Monographien und Sammelbänden. Daher möchte ich im Folgenden auf Forschungen im Bereich des islamischen Rechts eingehen.

Moderne Studien zum islamischen Recht weichen durch das Forschungsdesign grundsätzlich von vormodernen Werken ab. Dies können wir sowohl bei Forscher:innen sehen, die sich der muslimischen Tradition explizit zuordnen, als auch bei solchen, die nichtmuslimisch sind. Einen wichtigen Teil islamrechtlicher Forschung machten zunächst Forschungen zur Geschichte des islamischen Rechts aus. Die vormoderne Literatur weist selten Werke auf, die die Entstehung und Entwicklung des islamischen Rechts systematisch aufarbeitet. Es gibt rechtsschulspezifische Biographiewerke, die die innere Hierarchie der Rechtsschulen beschreiben und auf Entwicklungen aufmerksam machen.[122] Jedoch fehlen dort systematisch-historische Darstellungen.

122 Für eine Liste solcher Werke in den jeweiligen Rechtsschulen siehe Band I, Kapitel 3.3.

Einige rechtspraktische Werke können auch Aufschluss über die jeweilige Rechtsschule geben, in deren Rahmen sie entstanden ist. Dementsprechend gab es aufseiten muslimischer sowie nicht muslimischer Autor:innen das Bedürfnis – neben möglichen politischen Motiven –, diese Lücke zu füllen. Insbesondere die nichtmuslimische Islamrechtsforschung innerhalb der Orientalistik und Islamwissenschaft trieb die dortige Forschungsarbeit zunächst voran. Hier sticht eine Besonderheit hervor: Das anfängliche Misstrauen und die Skepsis einflussreicher Islamwissenschaftler wie Ignaz Goldziher (gest. 1921) und Joseph Schacht (gest. 1969) gegenüber der muslimischen Geschichtsschreibung bewegte sie, tradierte Vorstellungen neu zu bewerten. Sie trugen damit zwar dazu bei, kritisch mit dem tradierten Wissen umzugehen, jedoch prägten sie auch ein Bild des islamischen Rechts, das der historischen Entwicklung nicht gerecht wurde. Ein Beispiel dazu haben wir oben in der Einleitung dieses Bandes gesehen: die Vorstellung, dass das islamische Recht sich ab einem gewissen Zeitpunkt nicht weiterentwickelt habe.

Es gab muslimische Autor:innen, die derselben Herangehensweise und denselben Grundannahmen folgten. Es gab aber auch Bestrebungen seitens muslimischer sowie nichtmuslimischer Autor:innen, diesen neuen Forschungsstand zu prüfen. So konnten einige, darunter Harald Motzki (gest. 2019) zeigen, dass biographische Daten in muslimischen Quellen nicht per se als tendenziöse Quellen abgetan werden können, und daher für die Geschichte des islamischen Rechts in Betracht kommen.[123] Nachfolgende Forschungen zu unterschiedlichen Genres, zur Rechtsmethodik und -theorie lieferten neue Forschungsergebnisse, sodass es heute eine reichhaltige Literatur zur Geschichte des islamischen Rechts gibt, mit jeweils unterschiedlichen Schwerpunkten etwa auf der Rechtsmethodik,[124] Rechtspraxis[125] oder den Rechtsschulen[126].

123 Motzki, *Anfänge*.

124 Weiss, *Search*.

125 Hallaq, *Sharīʿa*.

126 Melchert, *Formation*.

Forschungen zum islamischen Recht wurden auch mit modernen hadithwissenschaftlichen Methoden und Forschungsarbeiten ergänzt. Motzki etwa konnte zeigen, dass rechtsrelevante Überlieferungen relativ früh datiert werden können und nicht, wie etwa Schacht und G. H. A. Juynboll (gest. 2010) annahmen, erst etwa im 3./9. Jahrhundert entstanden sind. Weitere Arbeiten, die Überlieferungswerke in den Blick nahmen, konnten zeigen, dass tatsächlich viele rechtsrelevante Überlieferungen nicht vom Propheten Muhammad stammen dürften, sondern von Gelehrten späterer Generation, insbesondere der der Nachfolgergeneration (*tābiʿūn*).[127] Dementsprechend haben wir heute ein differenziertes Bild der Entstehung und Entwicklung des islamischen Rechts durch die Berücksichtigung der Erkenntnisse von Forscher:innen aus islamtheologischer sowie nicht-islamtheologischer Perspektive.

Zur systematischen Aufarbeitung des islamrechtlichen Erbes gehören ebenfalls Studien zu einem bestimmten Rechtsbereich oder einem Konzept, wie etwa zur *maṣlaḥa*,[128] zu den *qawāʿid*[129] und zum Idschtihad, sowie Studien zu einzelnen Gelehrten. Dabei werden sowohl bei den Studien zu Theorien und Konzepten und zu rechtsrelevanten Genres als auch zu einzelnen Gelehrten[130] jeweils der historische Kontext des Gelehrten und die historischen Gegebenheiten, unter denen ein Konzept womöglich entstanden ist, detailliert beschrieben; die Analyse erfolgt also mit Rücksicht auf den jeweiligen Kontext. Auch spielen juristische (seien es rechtsvergleichende) Forschungen eine wichtige Rolle, zumal in vielen muslimisch geprägten Ländern einige Bereiche des Rechts – wie etwa das Personenstands-, Familien- und Erbrecht – auf vormodernen islamrechtlichen Traditionen fußen.

127 Motzki, *Anfänge*; Lucas, »Legal Hadith«.

128 Opwis, *Maṣlaḥa*.

129 Kızılkaya, *Legal Maxims*.

130 Arabi/Powers/Spectorsky, *Islamic Legal Thought*.

Erschlossen werden diese Themen in Monographien sowie in Artikeln in Fachzeitschriften und Sammelbänden. Von besonderer Wichtigkeit sind dabei Fachzeitschriften, die wieder islamtheologischer sowie islam- und rechtswissenschaftlicher Ausprägung sein können. Fachzeitschriften[131] garantieren insbesondere den internationalen Austausch sowie die Wahrung gewisser Standards. Über Jahrzehnte hinweg hat sich damit die moderne islamrechtliche Forschung von einem Forschungsfeld über Muslim:innen bzw. muslimische Gelehrte und Wissenschaftler:innen und über das islamische Recht weiterentwickelt. Man spricht nicht mehr nur über muslimische Gelehrte und Forscher:innen als Forschungsobjekt, sondern mit ihnen.

Obschon die Fortschreibung vormoderner Typen von Rechtswerken weitestgehend aufhörte, ist doch eine andere Art islamrechtliche Fortschreibung entstanden, die interdisziplinär ausgerichtet sein kann und einen starken Fokus auf historisch-analytische Forschung legt. Auch sprachlich wurde das Feld bereichert: Forschungsarbeiten entstanden in verschiedenen Sprachen, über islamrelevante Sprachen wie Arabisch, Persisch, Türkisch und Urdu hin zu westlich-europäischen Sprachen wie Deutsch, Englisch, Französisch, Italienisch, Spanisch sowie Russisch.

Blicken wir nun auf eine weitere Art der Fortschreibung islamrechtlichen Erbes. Wir haben bereits in Kapitel 2 gesehen, dass muslimische Gelehrte und Wissenschaftler:innen sich bestimmten Themen widmeten. Dieser Fokus führte dazu, dass eine relativ reiche Literatur diesbezüglich entstand, sodass wir sogar von neuen Genres sprechen können. Vermehrt entstanden Werke, die sich dem Thema der übergeordneten Ziele der Scharia, also den *maqāṣid aš-šarīʿa* widmeten. Diese konnten selbst ein *maqāṣid*-Konzept vorschlagen[132] oder sich auf Gelehrte der Vormoderne beziehen, die zur *maqāṣid*-Debatte beitrugen bzw. den Weg für die moderne *maqāṣid*-Diskussion geebnet

131 Zum Beispiel *Islamic Law and Society, Arab Law Quarterly, Oxford Journal of Law and Religion, İslam Hukuku Araştırmaları Dergisi* und *Zeitschrift für Recht & Islam.*

132 Ibn ʿĀšūr, *Maqāṣid.*

haben sollen[133]. Damit entstand ein neues Genre zu den *maqāṣid*, das auch Gegenstand der Analyse islamrechtlicher Studien wurde.[134]

Ein ähnliches Bild sehen wir im Bereich des islamischen Minderheitenrechts (*fiqh al-aqallīyāt*).[135] Viele Gelehrte haben sich damit konzeptionell beschäftigt und Werke verfasst, die den Titel *fiqh al-aqallīyāt* oder nuanciertere Titel wie ›*fiqh* des Zusammenlebens‹ (*fiqh at-taʿāyuš*) und ›*fiqh* der Staatsbürgerschaft‹ (*fiqh al-muwāṭana*) trugen. Dementsprechend gibt es auch reichlich Forschungen über diese Konzepte.[136] Wir sahen zuvor in Kapitel 2, dass auch viele Forscher:innen auf die ethische Dimension des islamischen Rechts blickten. Dadurch entstanden Forschungsfelder, die sich neben Konzepten der Ethik etwa mit bioethischen und wirtschaftsethischen Themen befassten. Zumindest das Forschungsfeld, das heute als ›Islamisches Wirtschaften‹ (Islamic Finance) bekannt ist, verdankt seine Entstehung einem solchen Prozess. Es nahmen außerdem Forschungen zur Ethik und ethisch relevanten Fragen zu.

Das Entstehen neuer Genres bezieht sich nicht nur auf diese Felder. Vermehrt entstanden auch Bücher, die geschlechterspezifische islamrechtliche Fragen thematisierten, auch wenn sie überwiegend populärwissenschaftlich sind, so etwa die frauenbezogenen Rechtswissenschaften (*fiqh an-nisāʾ*). Wir können zwar solche Werke bereits in der vormodernen Literatur finden; sie unterscheiden sich aber vom Anspruch und Aufbau her von zeitgenössischen Büchern.[137] Weitere populärwissenschaftliche Publikationen sollen hier nicht thematisiert werden. Es sei hier als möglicher Forschungsgegenstand lediglich die Art katechismusartiger Werke genannt, die seit den Osmanen in der türkischen Kultur weit verbreitet sind. Sie werden als

133 Al-Badawī, *Maqāṣid aš-šarīʿa ʿinda Ibn Taymīya*; Ibn ʿUmar, *Maqāṣid aš-šarīʿa ʿinda l-Imām al-ʿIzz ibn ʿAbd as-Salām.*

134 Opwis, »New Trends«; Duderija, *Maqāṣid al-Sharīʿa.*

135 Al-Qaraḍāwī, *Fiqh al-aqallīyāt*; al-ʿAlwānī, *Madḫal.*

136 Für eine Übersicht siehe El-Wereny, *Normenlehre des Zusammenlebens*; Franke, »Fiqh al-aqallīyāt«.

137 Abdel-Hady, *Rechtsgenre.*

ʿilm al-ḥāl (*ilm-i hâl*) bezeichnet und geben vereinfacht die ideale Praxis für gläubige Muslime wieder.[138] Solche Werke entstanden ab dem 16., intensiver erst im 19. und 20. Jahrhundert. Sie fassen Meinungen nach der hanafitischen Rechtsschule zusammen und dienen als Orientierungshilfe und sogar als Lehrbuch an Schulen für den Religionsunterricht, was in der Türkei mit den Reformen des Schulwesens ab dem 19. Jahrhundert einherging.

Eine alternative Form von Texten, die Handlungsempfehlungen beinhalten, sind neuerdings entstehende Handreichungen für Muslim:innen, um einordnen zu können, ob Handlungen islamrechtlich legitimiert werden können. Dies geht mit der Erwartung einher, dass islamisch-theologische Studien eine Transferarbeit in die Gesellschaft hinein leisten sollen.[139] Mit diesen Handreichungen wird der Bereich, der früher nur mit Fatwas abgedeckt worden ist, bereichert. Dabei sticht oft hervor, dass in Handreichungen zwar Quellen zitiert werden und theologisch argumentiert wird, jedoch der Argumentationsstrang und das Ergebnis sich von einer Fatwa unterscheiden. Während eine Fatwa eine klare Meinung vorschlägt, formulieren Handreichungen nur Handlungsempfehlungen. Für solche Handlungsempfehlungen können hier interdisziplinäre Bezüge hergestellt werden. Ein Beispiel dafür sind Handreichungen für die Entscheidungsfindung in akutintensivmedizinischen Situationen. Dort wird medizinische mit theologischer Expertise ins Gespräch gebracht, um islamrechtlich gerechtfertigte Entscheidungen treffen zu können.[140] Solche Handreichungen geben den Forschungsstand im islamischen Recht wieder und werden in der Zukunft womöglich selbst Gegenstand der islamrechtlichen Forschung, als eine neue Form islamrechtlichen Wissens.

Die Literatur bzw. das Wissen im Bereich von Handlungsanweisungen werden neben diesen Handreichungen durch ein weiteres Genre ergänzt. Dies sind die bereits angesprochenen Resolutionen (*qarārāt*), die islamrechtliche Akademien erlassen. Sie sprechen zwar

138 Şentürk/Yazıcı, *İslam İlmihali.*

139 Agai et al., »Islamische Theologie«, 22–25.

140 Aweimer/Kurnaz, *Islamrechtliche Fragestellungen in der Akutmedizin.*

Empfehlungen für Handlungen aus, sind aber schwächer formuliert als Fatwas. Wir erinnern uns: Der Unterschied zwischen Resolutionen und Fatwas liegt darin, dass an islamrechtlichen Akademien ein interdisziplinärer Ausschuss aus Expert:innen diverser Disziplinen gemeinsam mit Theolog:innen ein islamrelevantes Thema behandelt. Fatwas dagegen können von einer einzelnen Person erlassen werden, wobei es, wie wir oben sahen, auch Fatwa-Gremien gibt, wie etwa das *Dār al-Iftāʾ* in Ägypten und Diyanet in der Türkei, die eine kollektive Fatwa erlassen.

Die bisherige Beschreibung zu Forschungsarbeiten erfasst natürlich nicht alles. Es entstehen in gewissen Kreisen immer noch kleinere Abhandlungen (also *rasāʾil*) nach altem Vorbild. Vormoderne Werke werden immer noch kommentiert. Ferner können Forschungsarbeiten rechtstheoretische und -philosophische Themen wie die übergeordneten Ziele der Scharia mit politik- und sozialwissenschaftlichen Zugängen bereichern.[141] Aufgrund dieser mannigfaltigen islamrechtlichen Forschung entstand der Bedarf nach Überblickswerken, also Enzyklopädien, Handbücher und Lexika. Lexika können sich speziell auf eine Disziplin wie die *uṣūl al-fiqh* oder insgesamt auf das islamische Recht beziehen. Sie alle fassen den gegenwärtigen Forschungsstand zusammen und besprechen die Entwicklung, Thesen, Grundannahmen etc. für das jeweilige Thema oder die relevante Terminologie in einem Forschungsfeld. Somit dienen sie als erste Anlaufstelle für Forschungsarbeiten.

Eine islamrechtliche Forschung kann sich unterschiedlich ausgestalten. Zusammenfassend seien hier einige Punkte genannt, die für das Fach Islamisches Recht innerhalb der Islamischen Theologie relevant sind:

141 So zum Beispiel Bassiouni, *Menschenrechte*.

1) Analyse rechtsrelevanter Entwicklung in Geschichte und Gegenwart mit Bezug auf ein klares Textkorpus bzw. das Wirken eines bestimmten Gelehrten oder einer Gelehrtengruppe zu einer bestimmten Zeit,
2) Erschließung von Rechtskonzepten und -vorstellungen in Geschichte und Gegenwart,
3) interdisziplinäre Erforschung zu rechtsrelevanten Themen in Geschichte und Gegenwart, sei es aus sozial-, politik-, religions- und kulturwissenschaftlicher, ethnographischer sowie rechtsvergleichender Perspektive.

Diese Forschungsfelder spielen alle eine zentrale Rolle für die Islamische Theologie, ungeachtet der historischen oder gegenwartsbezogenen Ausrichtung. Denn auch historische Forschungen geben für die theologische Deutung islamrechtsrelevanter Entwicklungen Aufschluss und lassen entdecken, unter welchen Vorzeichen das islamische Recht sich in eine bestimmte Richtung entwickelt hat. Zudem ermöglicht diese Forschungsperspektive Grundlagenforschung. Daher wäre eine Reduktion theologischer Islamrechtsforschung auf gegenwartsbezogene Themen hinderlich für die wissenschaftliche Durchdringung islamrechtlichen Erbes und eine adäquate Fortschreibung. Um diesem Ziel gerecht zu werden, gibt es noch zwei wichtige Forschungsfelder, die eine zentrale Aufgabe innerhalb islamrechtsrelevanter Studien einnehmen: Übersetzungen und Editionen, denen das nächste Unterkapitel gewidmet ist.

4.3 Übersetzungen und Editionen von islamrechtlichen Primärquellen

4.3.1 Übersetzungen

Eine wichtige Forschungsleistung, die gesondert aufgeführt werden muss und bisher nicht angesprochen wurde, sind Übersetzungen und

Editionen von Primärquellen.[142] Übersetzungen können unterschiedliche Funktionen übernehmen. Sie dienen dazu, das unbekannte Material in einer spezifischen Kultur einem breiteren Kreis von Rezipient:innen einer anderen Kultur (oder mehreren) zur Verfügung stellen, die eine gemeinsame Sprache teilen. Dadurch wird der übersetzte Text in einer Zielsprache sowohl Forscher:innen als auch generell Interessierten zur Verfügung gestellt. Nicht selten wurden islamrechtliche Texte auch mit Blick auf Jurist:innen und Diplomat:innen übersetzt, die die Sprache des übersetzten Originals nicht verstehen konnten bzw. können. Hinzu kommen verstärkt Studierende als Adressat:innen der Übersetzungen in Frage. Übersetzungen ermöglichen es, sich mit ihrer Hilfe mit dem oft schwer zugänglichen arabischen Original zu befassen. Es kann allerdings nicht Sinn der Übersetzungen sein, das Original zu ersetzen. Ziel sollte es vielmehr sein, mit dem Fachwissen des:der Übersetzer:in den Forschenden aus unterschiedlichen Fachrichtungen innerhalb der Islamstudien und Studierenden eine Primärquelle zugänglich zu machen.

Dabei kann es zwei Typen von Übersetzungen geben: paraphrasierende Übersetzungen,[143] in denen die Übersetzenden das Original in eigenen Worten zusammenfassen, oder wörtliche Übersetzungen, die entweder Auszüge aus Primärquellen[144] oder vollständige[145] Quellentexte übersetzen (und manchmal auch kommentieren). Je nach Sprache gibt es wenige bis viele vollständige Übersetzungen von islamrechtlichen Texten – es ist nicht der Ort, sie hier alle aufzuzählen. Es sollte aber an dieser Stelle angesprochen werden, welchen Anforderungen eine Übersetzung gerecht werden sollte und was dabei

142 Die folgenden Ausführungen basieren auf Kurnaz, »*Fiqh*-Texte übersetzen«.

143 Zum Beispiel Weiss, *Search.*

144 Kurnaz, *Tradition und Fortschreibung*; Dutton, »Introduction«; Arslan, *Juridische Hermeneutik.*

145 Für ein Beispiel zu den *uṣūl al-fiqh,* siehe Bou Akl, *Averroès;* Vishanoff, »A Critical Introduction«, waraqat.vishanoff.com/e/e-note. Ein Beispiel für ein vollständig übersetztes *furūʿ*-Werk ist Ibn Rushd, *The Distinguished Jurist's Primer.*

besondere Herausforderungen sind. Denn: Kommentierte Übersetzungen können Gegenstand von Bachelor- und Masterarbeiten sowie von Dissertationen, Habilitationen und sonstigen Forschungsarbeiten im Bereich des islamischen Rechts sein.

Für eine erfolgreiche Übersetzung muss der:die Übersetzer:in auf unterschiedliche Aspekte achten. Rechtstexte haben, je nach Disziplin innerhalb der Rechtswissenschaften, einige Spezifika, die im Übersetzungsprozess beachtet werden sollten und auf die ich im Folgenden eingehen möchte:

1) Kontextualisierung,
2) Einordnung der Textsorte,
3) Einheitlichkeit,
4) Entlehnungen und Wortneuschöpfung,
5) notwendige Ergänzungen und Kommentare

Kontextualisierung und Einordnung der Textsorte

Bekanntermaßen ist es in Übersetzungstheorien umstritten, wie genau ein Text übersetzt werden kann. Oft lesen wir die Formel »so wörtlich wie möglich, so frei wie nötig«. Der Fokus auf eine der beiden Optionen kann zu Verständnisschwierigkeiten führen: Eine wortlautzentrierte Übersetzung kann dazu führen, dass der Text aus der ›fremden Kultur‹ nicht verstanden wird. Dagegen kann eine freie Übersetzung in das Original Bedeutungen hineinfließen lassen, die nicht unbedingt auf den Wortlaut zurückgeführt werden können. Also bewegt sich eine Übersetzung, die dem Original treu bleiben, aber dennoch ohne den Vergleich zum Original verständlich sein will, in einer Grauzone. Um diesem Ziel gerecht zu werden, ist es unabdingbar, den Entstehungskontext etwa eines Rechtstextes zu kennen. Darunter fallen verschiedene Fragen: Wer sind die Adressat:innen? Zu welcher Zeit ist der zu übersetzende Text entstanden? Welcher Rechtsschule gehört der:die Autor:in an? Welchem Genre ist ein Text zuzuordnen? Bevor diese Fragen nicht beantwortet worden sind, lässt sich nicht entscheiden, welche Übersetzungsmethode die passendste ist.

Die Kenntnis des historischen Kontextes, in dem der:die Autor:in gelebt hat, ist insofern wichtig, als dass es hilfreich sein kann, die Herangehensweise des:der Autor:in einzuordnen; sie ist für Kommentareinträge wichtig, um wichtige Passagen der Übersetzung zu erklären. Die Einordnung der Textsorte spielt ebenfalls eine zentrale Rolle für die Wahl der Übersetzungsmethode. So bietet sich für kurze Abhandlungen eine weitestgehend wortwörtliche Übersetzung an. Solche Abhandlungen waren bzw. sind dafür gedacht, Definitionen anzuführen, um zum Beispiel auswendig gelernt zu werden und dann Gegenstand etwa der Medrese-Lehre zu sein. Dementsprechend erscheinen – oder sind – diese Texte in ihrer Eigenheit selbst kryptisch, summarisch und erklärungsbedürftig, weshalb sie auch oft kommentiert wurden. Um dem:der Leser:in die Beschaffenheit des Textes in der Zielsprache der Übersetzung näher zu bringen, ist eine wortwörtliche Übersetzung angemessen. Eine eher freie Übersetzung würde der originalen Konzeption des Werkes widersprechen. Dazu ein Beispiel:

Textbeispiel 3: Kurzabhandlung

Rn. 24	*Uṣūl al-fiqh* sind die allgemeinen Hinweise des *fiqh*, man sagt [auch, es ist] ihre Kenntnis.	أصول الفقه: دلائل الفقه الإجمالية، وقيل معرفتها.
Rn. 25	Der *uṣūlī* ist derjenige, der Kenntnis über sie sowie die Wege ihrer Nutzbarkeit und über diejenigen hat, die dazu berechtigt sind.	والأصولي العارف بها، وبطرق استفادتها ومستفيدها.
Rn. 26	*Fiqh* ist das Wissen um die rechtlich praktischen Normen, die aus den detailspezifischen Hinweisen erworben werden.	والفقه العلم بالأحكام الشرعية العملية، المكتسب من ادلتها التفصيلية.

Textbeispiel 3: as-Subkī, *Ǧamʿ al-ǧawāmiʿ*, 13[146]

146 Ich habe die Vokalisation, die sich in der Edition befindet, ausgelassen.

Dieses kurze Beispiel zeigt die Schwierigkeit der wörtlichen Übersetzung. So etwa wird eingangs der Begriff *uṣūl al-fiqh* definiert, weshalb eine Übersetzung an dieser ersten Nennung (siehe Rn. 24) ausbleiben muss. Gleiches gilt für die Erstnennung von *fiqh* (siehe Rn. 24), das erst bei der zweiten Nennung definiert wird. Ferner ist zu sehen, dass das aktive Partizip wie *ʿārif* und *mustafīd* im Deutschen anders wiedergegeben werden muss, damit die Übersetzung nicht allzu fremd klingt. Alternativ könnte es in Rn. 25 heißen: »Der *uṣūlī* ist derjenige, der Kenntnis über sie sowie die Wege ihrer Nutzbarkeit und die dazu Berechtigten hat.« Schwierig ist die Übersetzung des Wortes *aš-šarʿīya* (Rn. 26). Dieser Begriff bedeutet oftmals, dass etwas auf der Offenbarung basiert und eine Handlungsanweisung beinhaltet. Übersetzungsvarianten könnten also ›offenbarungsbasiert‹, ›religiös‹ oder ›schariatisch‹ sein; letztere Variante würde die Mehrdeutigkeit von *aš-šarʿīya* wiedergeben, aber selbst unklar und unbestimmt bleiben. Die anderen Varianten könnten Nuancen wie die Rechtsrelevanz untergraben. An solchen Stellen bieten sich Kommentare der Übersetzer:innen an, über die weiter unten noch zu sprechen sein wird.

Eine eher freie Übersetzung lässt sich für andere Textsorten begründen, wie etwa für kurze, mittellange oder umfangreiche Kommentarwerke (*šurūḥ, ḥawāšī*). Hier kann man sogar zwei Übersetzungsmethoden kombinieren: Der kommentierte Text kann wortwörtlich übersetzt werden, wogegen die Übersetzung des dazugehörigen Kommentars nicht am Wortlaut hängen muss. Dies ist sinnvoll, wenn das kommentierte Original und der Kommentar voneinander getrennt sind. Schwieriger gestaltet sich eine freie Übersetzung, wenn das Original und der Kommentar wie ein fortlaufender Text geschrieben sind und ineinanderfließen. Für beide Textsorten möchte ich je ein Textbeispiel anführen:

Textbeispiel 4: Kommentarwerk I

Haupttext		
Rn. 27	Das Buch der Miete	كِتَابُ الْإِجَارَةِ
Rn. 28	Sie [d. h. die Miete] ist der Verkauf von Nutzen. Sie wurde mit Rücksicht auf das Bedürfnis der Menschen erlaubt, obwohl sie dem Grundprinzip widerspricht.	وَهِيَ بَيْعُ الْمَنَافِعِ، جُوِّزَتْ عَلَى خِلَافِ الْقِيَاسِ لِحَاجَةِ النَّاسِ
Kommentar		
Rn. 29	Das Buch der Miete	كتاب الإجارة
Rn. 30	Sie ist der Verkauf von Nutzen. Sie wurde mit Rücksicht auf das Bedürfnis der Menschen erlaubt, obwohl sie dem Grundprinzip widerspricht.	(وهي بيع المنافع، جوزت على خلاف القياس لحاجة الناس)
Rn. 31	Bereicherung an [real existierenden] Dingen hat zwei Arten: mit einem Ersatz, und das ist der Kauf[vertrag], den wir bereits erklärten,	وتمليك العين نوعان: بعوض وهو البيع وقد بيناه
Rn. 32	und ohne Ersatz, und das sind Schenkung, Almosen und Testament.	وبغير عوض وهو الهبة والصدقة والوصية.

Textbeispiel 4: al-Mawṣilī, *al-Iḫtiyār*, II:50

An diesem Beispiel ist zu sehen, dass der Autor ʿAbdallāh ibn Maḥmūd al-Mawṣilī (gest. 683/1284), ein hanafitischer Rechtsgelehrter, der sein kurzgefasstes Werk selbst kommentiert, den Grundlagentext vom Kommentar trennt – zumindest sind beide Texte in der Druckfassung voneinander getrennt; die Handschrift, auf der die Druckfassung basiert, kann anders aussehen. Wenn wir auf Rn. 28 und den Begriff *al-qiyās* schauen, kommt genau das zum Tragen, was noch detaillierter anzusprechen sein wird: die genaue Ermittlung des Themas und des Diskurses. Denn hier ist mit *al-qiyās* kein Analogieschluss gemeint – üblicherweise wird *qiyās* als Analogie(schluss) übersetzt –, sondern ein allgemeingültiges Prinzip. Hinter dieser Aussage von al-Mawṣilī steckt die folgende Diskussion: Grundsätzlich ist es nur erlaubt, real existierende Gegenstände zu verkaufen. Verkauft man aber das Nutzungsrecht an einer Sache, so existiert der Nutzen noch nicht, den man von einem Gegenstand haben wird. Also dürfte das Nutzungsrecht nicht Gegenstand eines Kauf- bzw. Mietvertrages sein. Man übergeht aber diese Grundregel, weil die Menschen Mietverträge und ähnliche Geschäfte brauchen.

Das nächste Textbeispiel zeigt, dass der Kommentar mit dem kommentierten Text ein Ganzes ergibt und die beiden Texte nicht voneinander getrennt sind. Die Herausforderung der Übersetzung liegt darin, den kommentierten Text in solch einer Art und Weise zu übersetzen, dass er auch ohne die Lektüre der Kommentare sinnvoll ist bzw. dem Original entspricht. Textbeispiel stammt aus *Kanz ar-rāġibīn* vom schafiitischen Gelehrten Ǧalāl ad-Dīn al-Maḥallī (gest. 864/1459), der das einflussreiche Werk *Minhāǧ aṭ-ṭālibīn* von Yaḥyā ibn Šaraf an-Nawawī (gest. 676/1277) kommentiert.

Textbeispiel 5: Kommentarwerk II

Rn. 33	**»Das Ramadanfasten wird verpflichtend, erreicht [der Monat] Šaʿbān 30«** Tage	(يجب صوم رمضان بإكمال شعبان ثلاثين) يوماً
Rn. 34	**»oder wird die Mondsichel gesichtet«** [und dies] am dreißigsten Tag in ihm [d. h. dem Monat Šaʿbān].	(أو رؤية الهلال) ليلة الثلاثين منه
Rn. 35	Er – Gott segne ihn und schenke ihm Heil – [d. h. der Prophet] sagte: »Fastet bis zu ihrer Sichtung [d. h. die der Mondsichel] und brecht das Fasten mit ihrer Sichtung! Wenn ihr es nicht sehen könnt, dann vervollständigt die Anzahl [der Tage] Šaʿbāns zu dreißig [Tagen].«	قال صلى الله عليه وسلم «صوموا لرؤيته وأفطروا لرؤيته، فإن غم عليكم فأكملوا عدة شعبان ثلاثين».

Rn. 36	Damit es [d. h. das Fasten] verpflichtend wird für den, der sie [d. h. die Mondsichel] nicht sichten konnte, muss die Sichtung [anderweitig bereits] feststehen, laut al-Qāḍī.	ولا بد في الوجوب على من لم يره من ثبوت رؤيته عند القاضي.
Rn. 37	**»Die Feststellung der Sichtung«** ergibt sich **»durch einen gerechten [Zeugen]«**; Ibn ʿUmar [gest. 73/693] sagte: »Ich benachrichtigte den Gesandten Gottes, Gott segne ihn und schenke ihm Heil, dass ich die Mondsichel sah. Daraufhin fastete er und befahl den Menschen, [ebenfalls] zu fasten.«	(وثبوت رؤيته) تحصل (بعدل) قال ابن عمر: «أخبرت رسول الله صلى الله عليه وسلم: إني رأيت الهلال فصام وأمر الناس بصيامه».

Textbeispiel 5: al-Maḥallī, *Kanz*, 170

Die Ermittlung der Textsorte ist, wie wir oben im Textbeispiel 4 sahen, zentral für die Entscheidung unter konkurrierenden Übersetzungsvarianten von technischen Begriffen. So können Begriffe, die vom Wortlaut her gleich klingen oder von derselben Wurzel eines Wortes stammen, je nach Kontext unterschiedliche Bedeutungen haben. Ferner können Begriffe doppelt belegt sein: So etwa kann *naṣṣ* bedeuten, dass ein klarer Text aus den Quellen vorliegt oder dass es überhaupt einen Referenztext für den besprochenen Fall in den Quellen gibt. Die Rechtsschulzugehörigkeit eines Gelehrten bzw. sein spezifischer Kontext können insofern ausschlaggebend sein, als dass einige Gelehrte bestimmte Begriffe, die eine klare Konnotation haben, auch anders verwenden können. Der Zahirit Ibn Ḥazm (gest. 456/1064) etwa benutzt *dalīl* nicht nur im Sinne eines Hinweises aus den autoritativen Quellen, sondern auch für syllogistische Schlussformen.[147] Die Kontextualisierung hilft außerdem, zu verhindern, moderne Konzepte auf Primärquellen zu projizieren. Wir sehen z. B., dass Šams al-

147 Kurnaz, *Methoden*, 325 f.

A'imma as-Saraḫsī (gest. 483/1090) gelegentlich nach dem Sinn (*al-maqṣūd*) einer Regelung fragt, um eine Entscheidung unter konkurrierenden Meinungen zu treffen.[148] Es wäre falsch, davon auszugehen, dass as-Saraḫsī hier eine Form von *maqāṣid* im Sinn hat, über die wir heute diskutieren. Die *maṣāliḥ* ([schützenswerte] Interessen), die den Ausgangspunkt der *maqāṣid* ausmachen, waren zwar zu seiner Zeit terminologisch bekannt. Doch weder er noch seine hanafitischen Kollegen und Nachfolger haben sich mit den *maṣāliḥ* oder den *maqāṣid* befasst.

Einheitlichkeit

Ein weiterer wichtiger Aspekt für Übersetzungen ist, dass Fachtermini einheitlich übersetzt werden. Dies dient nicht nur der Nachvollziehbarkeit der Übersetzung, sodass die Leser:innen sich darauf verlassen können, dass ein Fachbegriff stets gleich übersetzt wird. Es verhilft auch dazu, durch die Übersetzung in der Zielsprache zu zeigen, dass Wörter, die von demselben Wortstamm stammen, auch ähnlich übersetzt werden. Der:Die Leser:in kann somit der Übersetzung wie dem Original folgen und sehen, welche Begriffe in Verbindung zueinander stehen.

Ein Beispiel dafür ist die Übersetzung von *al-amr*: Übersetzen wir *al-amr* als ›das Gebieten‹, so wird es möglich, *al-ma'mūr bih* als ›das, was geboten wurde‹ bzw. ›das Gebotene‹ zu übersetzen. Damit werden sowohl von der Wortwahl her als auch vom Modus her die Begrifflichkeiten des arabischen Originals einheitlich wiedergegeben. *Al-Amr* ließe sich zwar durchaus auch als ›der Imperativ‹ übersetzen, in diesem Falle kommt es aber zu einer Schieflage zum Komplementärbegriff *an-nahy*, ›das Verbieten‹. Übersetzen wir *al-amr* als ›das Gebieten‹ und *an-nahy* als ›das Verbieten‹, so wird auch in der Zielsprache

148 Kurnaz, »*al-Maqṣūd*«.

klar, dass diese beiden Begriffe Gegensatzpaare sind. Dementsprechend kann *al-manhī ʿanh* als ›das, was verboten wurde‹ bzw. ›das Verbotene‹ übersetzt werden. Es könnte an dieser Stelle gefragt werden, weshalb *al-amr* und *an-nahy* nicht einfach als ›Gebot‹ und ›Verbot‹ übersetzt werden könnten. In diesem Falle hätten wir eine Kollision mit der Übersetzung von *ḥarām*, das gemeinhin als ›Verbot‹ übersetzt wird. Es gibt auch einen inhaltlichen Grund: die Folge des *an-nahy* ist *ḥarām*. Wenn wir nun *nahy* als ›Verbot‹ übersetzen, ist es nicht mehr sinnvoll zu sagen, dass das ›Verbot‹ zum ›Verbot‹, also *ḥarām*, führt. Sollte man nun *ḥarām* anders übersetzen, zum Beispiel als ›das Untersagte‹ bzw. ›die Untersagung‹, dann wäre eine adäquate Übersetzung von *al-maḥẓūr* nicht mehr möglich, was auch im Sinne von ›das Untersagte‹ übersetzt werden müsste. Sinnvoller erscheint es daher, *an-nahy* als ›das Verbieten‹ zu übersetzen, das ›das Verbot‹ (*al-ḥarām*) zur Folge hat. Diese Übersetzung hat weitere Vorteile, denn so lässt sich der Begriff *taḥrīm* als ›Verbotserklärung‹ und *muḥarram* als ›verboten‹ verständlich und mit Rücksicht auf den Wortstamm von *ḥarām* einheitlich übersetzen.

Das letzte Beispiel sollte gezeigt haben, dass die Kenntnis der Wortfelder innerhalb einer Disziplin wichtig ist. Ferner müssen Definitionen bei der Übertragung und auch die wörtliche Bedeutung eines *terminus technicus* im arabischen Original berücksichtigt werden. Ein anschauliches Beispiel dafür ist der Begriff *muǧmal*, das passive Partizip von *aǧmala*, wörtlich ›summieren‹, ›als Ganzes bewerten‹ und ›zusammensetzen‹. Als Fachbegriff wird *muǧmal* u. a. definiert als das, was mehrere Bedeutungen in sich summiert bzw. umfasst: Es kann nicht ohne weiteres entschieden werden, welche der Bedeutungsoptionen vorzuziehen ist. Also ist die Aussage bzw. ein Wort, die bzw. das *muǧmal* ist, unklar. Eine Übersetzung, die die Wortbedeutung und die Definition für *muǧmal* berücksichtigt, kann daher ›summarisch‹ lauten. Auf Anhieb ist diese Übersetzung in der Zielsprache nicht klar, aber es gibt genau das wieder, was der Originaltext wiedergeben möchte. Es wäre nicht gerechtfertigt, hier *muǧmal* als ›unklar‹ zu übersetzen. Denn die Unklarheit ist nur ein Aspekt des *muǧmal*. Da wir uns in einer Fachdisziplin befinden, in der Wörter auf eine bestimmte Art und Weise definiert werden, sollten Übersetzungen, trotz der Gefahren des eigentümlichen Klangs in der Zielsprache, der Definition gerecht werden.

Bisher habe ich die einheitliche Übersetzung betont. Es sollte hier aber darauf hingewiesen werden, dass aus inhaltlichen Gründen gerechtfertigte Abweichungen möglich sind. So kann zum Beispiel das Wort *ḥukm* – wie oben am Beispiel zu *qiyās* (siehe Rn. 28) – in Rechtswerken unterschiedlich verwendet werden und verschiedene Bedeutungen annehmen: ›Norm‹, ›Regelung‹, ›Rechtsfolge‹ und ›richterliches Urteil‹. Ist eine Abweichung inhaltlich gerechtfertigt, so sollte der:die Übersetzer:in nicht auf Einheitlichkeit beharren und dadurch möglicherweise inhaltliche Fehler begehen.

Entlehnungen, Wortneuschöpfung und Verzicht auf Übersetzung

Übersetzungen nehmen oft eine Brückenfunktion ein: Sie übertragen nicht nur einen Text in eine Zielsprache, sondern übersetzen gleichzeitig eine Rechtskultur in eine andere. Dabei gibt es einen Überschneidungspunkt, der dazu verhilft, bekannte Begriffe in der Zielsprache für die Übersetzung in Anspruch zu nehmen. Der gemeinsame Nenner ist bei beiden, im Original sowie in der Übersetzung, das Recht bzw. die Rechtswissenschaften. Obwohl in den meisten Fällen bei der Nutzung bekannter Begriffe aus der Zielsprache keine vollständige Übereinstimmung mit den Termini der Ausgangssprache vorliegt, erlauben sie in größtmöglichem Umfang eine verständliche Übertragung des übersetzten Textes in die Zielsprache. So etwa können diverse Vertragsformen, die im deutschen Recht bekannt sind, für die Übersetzung von Vertragsformen im islamischen Recht verwendet werden. Es ist auch nicht verkehrt, wörtliche Übersetzungen mit feststehenden Termini zum Beispiel im deutschen Recht zu kombinieren. Ein Beispiel dafür sind die beiden Begriffe *mafhūm al-muwāfaqa* und *mafhūm al-muḫālafa*. Ersterer bedeutet wörtlich ›das übereinstimmende Verstandene‹, das identisch mit dem Erst-recht-Argument, dem *argumentum a fortiori* ist. *Mafhūm al-muḫālafa* bedeutet ›das widersprechende Verstandene‹, was zugleich ein Umkehrschluss ist. In diesem Falle könnten wörtliche Übersetzungen in Fußnoten oder eckigen Klammern erfolgen, um die Äquivalenz mit bestehenden Termini in der Zielsprache auszuweisen. Hier können wir auch beobachten, dass viele Übersetzer:innen sich eher auf die Unterschiede konzentrieren und weniger bzw. nicht die mögliche Äquivalenz betonen. Es liegt natürlich nicht fern, dass ähnliche Begriffe in zwei unterschiedlichen Rechtskulturen Nuancen aufweisen und nicht vollständig deckungsgleich sind. Aber wenn die Überschneidung größer ist als die Abweichung, dann ist es sinnvoll, sich bereits etablierter Termini zu bedienen, statt neue Übersetzungen anzubieten, was die Verständlichkeit der Übersetzung gefährdet.

Daneben gibt es viele Fälle, in denen es keine Äquivalenz zwischen der Ausgangs- und Zielsprache gibt. Ein Beispiel dafür haben wir oben bei *muǧmal* gesehen. Übersetzer:innen islamrechtlicher Texte stehen damit der Herausforderung gegenüber, bekannte Termini in die Übersetzung einzubinden und neue, verständliche und kreative Übersetzungen für Begriffe zu finden, die keine Entsprechung in der Zielsprache haben. Diese Herausforderung wird um einen weiteren Aspekt verschärft: Einige Begriffe lassen sich kaum übersetzen, da sie wie Kodes fungieren, die viele Bedeutungen implizieren und eine bestimmte Kenntnis voraussetzen. Für diese Fälle lässt sich fragen, ob der Verzicht auf eine Übersetzung nicht die bessere Wahl ist. Damit kann zugleich die Zielsprache um neue Termini bereichert werden. Beispiele dafür sind Begriffe wie Scharia (*šarīʿa*), Idschtihad (*iǧtihād*), Fatwa (*fatwā*), Kadi (*qāḍī*) und *uṣūl al-fiqh*. Sie stehen repräsentativ für eigenständige und komplexe Konzepte, sodass eine Übersetzung den vielfältigen Implikationen nicht gerecht werden könnte. Hier bewegen wir uns aber auf dünnem Eis: Wird diese Haltung zu stark erweitert, kann eine Übersetzung bis zur Unverständlichkeit mit arabischen Fachtermini überfrachtet werden. Daher ist es ratsam, nur bei wenigen Begriffen, die allgemeine Konzepte wiedergeben, auf eine Übersetzung zu verzichten. Hat man sich einmal dafür entschieden, hat dies natürlich Konsequenzen für verwandte Begriffe. So sollte man folglich diejenigen, die Idschtihad betreiben, als ›Mudschtahid‹ (*muǧtahid*) aufführen – und nicht unspezifisch als ›Gelehrte‹.

Notwendige Ergänzungen und Kommentare

Oft müssen Übersetzungen erklärt werden, da Sätze aus dem Original ohne Erklärungen nur schwer verständlich sind. Damit eine wörtliche Übersetzung auch verständlich bleibt, bieten sich Erklärungen in eckigen Klammern im übersetzten Text an, die zum Beispiel Wörter erklären, elliptische Konstruktionen der Ausgangssprache auflösen und Sterbedaten sowie Namen von Gelehrten ergänzen. In den bisherigen Textbeispielen waren solche Ergänzungen zu sehen. Hier ist darauf zu achten, die Übersetzung so anzufertigen, dass sie auch ohne die eckigen Klammern möglichst verständlich ist, wenn auch nicht in der Klarheit, die die eckigen Klammern garantieren, sofern eine wortwörtliche Übersetzung aus den oben genannten Gründen vorzuziehen ist. Nützlich sind daneben erklärende Aussagen im Fußnotenapparat, wobei hier auch darauf geachtet werden muss, dass der Text nicht mit zu vielen Fußnoten überfrachtet wird. Es kann nicht Sinn und Zweck einer Übersetzung sein, die Expertise des:der Übersetzer:in der Übersetzung voranzustellen. Kommentierte Übersetzungen dagegen können das übersetzte Original segmentieren und nach jedem Segment einen Kommentarabschnitt hinzufügen.[149] Eine andere Variante ist, den Text durchgehend zu übersetzen und im Anschluss zu kommentieren. Hilfreich sind in diesem Falle Rand- bzw. Segmentnummern, die dazu verhelfen, die Kommentare im Anhang dem Original zuzuordnen.[150]

149 Ein Beispiel dafür ist Kurnaz, *Tradition und Fortschreibung*.

150 Ein Beispiel dafür ist Bou Akl, *Le philosophe*. Gelungene Übersetzungen sind auch al-Nawawī, *Vierzig Hadithe* und Ibn Rushd, *Maßgebliche Abhandlung*, die zwar beide nicht in den Bereich der Rechtswissenschaften gehören, aber eine gute Vorlage für Übersetzungen sind.

Kommentare dienen nicht nur der Klärung des Inhalts und der Analyse eines Texts, sondern bieten auch die Möglichkeit, über die Art der jeweils unterschiedlichen Zugänge zu verdeutlichen, wieso eine bestimmte Übersetzung einer anderen, möglicherweise etablierten Übersetzung vorgezogen wurde. Es bietet sich auch an, die eigene Übersetzung mit bestehenden Übersetzungen in derselben oder in anderen Zielsprachen zu vergleichen.

4.3.2 Editionen von Handschriften

Wir haben bisher gesehen, dass Primärquellen aus der Vormoderne sowohl für die Lehre als auch für die Forschung und Übersetzungstätigkeit in Betracht kommen. Es lässt sich fragen, wie diese Quellen beschaffen sind und worauf man achten muss, wenn sie den Gegenstand der Forschung darstellen. Hier sei nur angemerkt, dass Primärquellen nicht nur aus der Vormoderne stammen; ich möchte aber nur auf solche eingehen, da sie einige Besonderheiten aufweisen.

Die Primärquellen, die aus der Vormoderne stammen, liegen in Form von Handschriften vor. Auf Grundlage dieser Handschriften werden sie in Buchform gedruckt. Das heißt, dass im Idealfall ein:e Forscher:in ein Werk, das in Form einer Handschrift vorliegt, erschließt, mit Hilfe eines Computerschreibprogramms abtippt (oder durch fortschrittliche Techniken aus den Digital Humanities erschließt) und in Buchform publiziert. Dieses Verfahren, das auf Anhieb einfach klingt, kann durchaus kompliziert sein. Denn viele Werke, vor allem solche, die auf Autor:innen aus früheren Jahrhunderten zurückgehen, liegen uns nicht als Autographen vor. Das heißt, viele der vorliegenden Handschriften sind nur Kopien von dem Schriftstück, das die Gelehrten *möglicherweise* selbst geschrieben haben (d. h. Autographen, arab. *nusḫat al-muʾallif*). Oft fehlt ein Autograph, da die Gelehrten ihre Werke ihren Schülern diktieren konnten oder sie in Studienkreisen unter den Schülern entstanden. So konnten die Schüler eines Gelehrten das vom Gelehrten Vorgetragene aufschreiben bzw. die Rechtsmeinungen ihres Meisters zusammentragen und bearbeiten.

Dieses Bild ändert sich zwar in späteren Jahrhunderten, aber auch dann liegen uns oft Kopien des Originals bzw. des Original-Diktats vor, meist in vielfacher Form. Diese unterschiedlichen Kopien, die über Bibliotheken weltweit verteilt sein können, können Unterschiede aufweisen, einige fehlerhaft, unvollständig bzw. teilweise zerstört sein. Damit steht der:die Editor:in einer Handschrift für die Erfassung des Textes vor mehreren Herausforderungen:

1) Feststellung aller zugänglichen Handschriften eines Werkes,
2) Beschaffenheit der Handschriften (Vollständigkeit usw.),
3) Erstellungsdatum und Rezeption der Handschriften (Handschriften beinhalten im Kolophon bzw. im Paratext Informationen und Angaben zum Kopisten, zum Erstellungsdatum und zum Überlieferungsweg),
4) Identifikation des:der Autor:in bzw. Überprüfung der Zurückführbarkeit auf den:die vermeintliche:n Autor:in.

Mithilfe dieser Informationen wird es dem:der Editor:in möglich sein, mit etwaigen Abweichungen in den Handschriften nachvollziehbar umzugehen und sich unter den konkurrierenden Schriftbildern für eine der Varianten zu entscheiden. Entsprechend müssen Abweichungen in den Handschriften im Fußnotenapparat angemerkt werden. Damit umfasst die Editionstätigkeit nicht nur die korrekte Erfassung des Textes, sondern auch die historische Erschließung der Handschrift und damit verbundener Erkenntnisse dazu, wer – unabhängig vom Kopisten – der:die Autor:in des Werkes ist, wann es entstanden ist und wie es nach Fertigstellung von wem aufbewahrt worden ist. Im Idealfall zeigt eine Studie, wie dieses Werk rezipiert worden ist oder ob es in Vergessenheit geriet, und in diesem Falle, welche Gründe dafür vorliegen.

Insbesondere bei älteren Handschriften und Werken stellt sich die kritische Frage nach der Autorschaft: In bio-bibliographischen Werken werden Bücher auf Gelehrte zurückgeführt, jedoch muss überprüft werden, inwiefern diese Rückführung gerechtfertigt ist und ob bzw. inwiefern nicht die Schüler eines Gelehrten das Werk konzipiert bzw. rezensiert und neustrukturiert haben. Editionstätigkeiten sind daher wichtige Forschungsleistungen, die die Grundlagen für Forschungen über das islamrechtliche Erbe ermöglichen. Handschriften können über bio-bibliographische Werke ermittelt werden; moderne bio-bibliographische Werke, auch Handschriftenkataloge, zeigen die Orte auf, an denen Handschriften zu finden sind.[151]

Mit einem einfachen Editionsbeispiel möchte ich dieses Kapitel abschließen. Dabei möchte ich einen Auszug aus dem bereits edierten Werk *al-Maḥṣūl* von Faḫr ad-Dīn ar-Rāzī (gest. 606/1210) vorstellen. Es handelt sich dabei um den Anfang des ersten Kapitels des Buchs. Ich habe die Zeilen mit Ziffern versehen, diesen handschriftlichen Auszug abgetippt und übersetzt. Zwei Stellen habe ich mit einer Edition verglichen, der mehrere Handschriften zugrunde liegen.

Vergleichen wir diese Textstelle mit der oben erwähnten Edition, sehen wir einige kleine Unterschiede. So etwa beginnt Zeile 1 dort mit »*iʿlam anna l-murakkaba* […]«: »Wisse, dass das Zusammengesetzte […].« Der Editor gibt an, in welcher Handschrift dieser Zusatz zu finden ist.[152] Ferner heißt es in Zeile 2 nicht *yaṣluḥu*, sondern *yaṣiḥḥu*.[153] Entsprechend müsste dann die Übersetzung lauten: »… aus der heraus die Zusammensetzung gültig ist«. Zwischen ›gültig sein‹ und ›möglich sein‹ liegt kein großer Unterschied; es kann aber Passagen geben, an denen solche Abweichungen eine zentrale Rolle spielen können. Daher ist eine präzise Edition eines Werks, im Idealfall im Vergleich mit vielen Handschriften, sofern es sie gibt, äußerst wichtig, um eine dem Original entsprechende Druckfassung anzufertigen. Ferner hilft der Vergleich zu anderen Handschriften, unklare Stellen korrekt zu lesen. Einen solchen Fall haben wir oben in Zeile zwei (vgl. Rn. 41), nach dem Wort *al-fiqh*. Es ist nur mit viel Mühe und etwas Fantasie herauszulesen, dass dort *ṯumma taʿrīf* steht – ein Vergleich mit intakten Handschriften erleichtert, solche Verschmutzungen einzuordnen und korrekt zu lesen.

151 Brockelmann, *Geschichte der arabischen Litteratur*; aḏ-Ḏahabī, *Siyar*; Ibn an-Nadīm, *Fihrist*; Sezgin, *Geschichte des arabischen Schrifttums*; az-Ziriklī, *Aʿlām*.

152 Ar-Rāzī, *al-Maḥṣūl*, I:78.

153 Ar-Rāzī, *al-Maḥṣūl*, I:78. In der Fußnote 5 gibt der Editor Abweichungen an.

Textbeispiel 6: Handschrift und Edition

Abbildung 1: ar-Rāzī, *al-Maḥṣūl*: dpul.princeton.edu/islamicmss/catalog/fn107157w (image 6)[154]

Rn. 38	Kapitel über die Prämissen; dazu gibt es [mehrere] Abschnitte.	الكلام في المقدمات وفيه فصول	
Rn. 39	Der erste Abschnitt ist über die Erläuterung [des Begriffs] *uṣūl al-fiqh*.	الفصل الأول في تفسير أصول الفقه	
Rn. 40	Das zusammengesetzte [Wort] kann erst nach dem Wissen um seine Einzelworte verstanden werden; [diese müssen] nicht aus allerlei Hinsicht [verstanden werden], sondern aus der Hinsicht, aus der heraus	المركب لا يمكن أن يعلم إلا بعد العلم بمفرداته لا من كل وجه بل من الوجه الذي لأجله	1

154 Zur Beschaffenheit des Manuskripts: dpul.princeton.edu/islamicmss/catalog/fn107157w; catalog.princeton.edu/catalog/9962626103506421.

Rn. 41	die Zusammensetzung möglich wird. Daher müssen wir [zuerst] *al-aṣl* und *al-fiqh* definieren und danach *uṣūl al-fiqh* definieren. Nun,	يصلح أن يقع التركيب فيه فيجب علينا تعريف الأصل والفقه ثم تعريف أصول الفقه أما	2
Rn. 42	*al-aṣl* ist das, dessen man bedarf. Und *al-fiqh* bedeutet sprachlich das Verstehen der Absicht	الأصل فهو المحتاج إليه وأما الفقه فهو في أصل اللغة عبارة عن فهم غرض	3
Rn. 43	des Sprechenden. In der Fachterminologie der Gelehrten bedeutet es ›das Wissen um die rechtlich-praktischen Normen, hergeleitet	المتكلم وفي اصطلاح العلماء عبارة عن العلم بالأحكام الشرعية العملية والمستدل	4
Rn. 44	von ihren [zugehörigen] Formulierungen [in den religiösen Quellen]‹, sodass man nicht darauf schließen kann, dass sie [d. h. die Normen] notwendig zur Religion gehören.	على أعيانها بحيث لا يعلم كونها من الدين ضرورة	5

Textbeispiel 6: ar-Rāzī, *al-Maḥṣūl*

Editionen spielen damit eine zentrale Rolle für die historische islamrechtliche Forschung. Nur eine kritische Edition von Handschriften erlaubt es, auf die Druckfassung eines Werkes zu vertrauen und Analysen vorzunehmen. Es ist bekannt, dass unkritische Abschriften, ja sogar Eingriffe von Editor:innen auf die Handschriften (indem zum Beispiel Passagen nicht abgedruckt und ausgelassen werden) Forschungsarbeiten negativ beeinflussen können. Oft schleichen sich auch unschuldige Tipp- und Lesefehler ein; daher bedarf es einer aufmerksamen Lektüre der Primärquellen. Ein Beispiel:

Textbeispiel 7: Editionsfehler

Rn. 45	Nun die *ratio* [vom *ribā*-Verbot]; wir sagen dazu [Folgendes]: Die Gelehrten der großen Städte – Gott erbarme sich ihrer – einigten sich darauf, dass die Bewertung des *ribā* nicht [nur] die sechs Dinge[, die im Hadith vorkommen,] beabsichtigt.	وأما المعنى فنقول اتفق فقهاء الأمصار رحمهم الله على أن حكم الربا غير مقصود [sic] على الأشياء الستة

Textbeispiel 7: as-Saraḫsī, *al-Mabsūṭ*, XII:112

Die Stelle, die falsch abgetippt worden ist, ist mit ›[sic]‹ markiert: es müsste *ġayr maqṣūr* und nicht *maqṣūd* heißen, denn es geht hier um die Beschränkung der Dinge, die unter das *ribā*-Verbot fallen. Dementsprechend müsste die Übersetzung lauten: »(…) dass die Bewertung des *ribā* sich nicht auf die sechs Dinge[, die im Hadith vorkommen,] beschränkt.« Eine Voraussetzung dafür, solche Fehler zu erkennen, ist meist die Kenntnis der Diskussion, auf die der übersetzte Text eingeht. Oft reichen auch Sprachkenntnisse aus.

Zusammenfassung

Sowohl der Lehrbetrieb als auch die Forschungsarbeiten und -felder veränderten sich im Bereich der islamischen Rechtswissenschaften seit dem 20. Jahrhundert. Die Medrese-basierte Lehre wurde mehrheitlich von universitärer Lehre ersetzt. Islamrechtliche Lehre wurde zum Beispiel an europäischen Universitäten als ein neues Fach eingeführt. Die Ausrichtung dieses Studienfaches konnte je nach Verortung (juristisch, religionswissenschaftlich, kulturwissenschaftlich, theologisch) variieren. Forschungsarbeiten haben sich mehrheitlich auf die historische Erforschung bzw. Analyse der islamischen Rechtswissenschaften konzentriert, gegenwärtige Entwicklungen auch nicht ausgeschlossen. Daneben ist eine andere Art islamrechtlicher Fortschreibung mit Fokus auf Themen wie *maqāṣid, fiqh al-aqallīyāt* und Ethik (zum Beispiel Bioethik und Wirtschaftsethik) zu erkennen. Übersetzungsarbeiten sowie Editionstätigkeiten nehmen eine weitere wichtige Funktion in Forschungsarbeiten ein: Übersetzungsarbeiten erfordern spezielle Kenntnisse und Fertigkeiten, um eine Primärquelle in einer Zielsprache adäquat wiederzugeben. Editionsarbeiten bieten die Grundlage für die historische Erforschung der islamischen Rechtswissenschaften.

Schlussbetrachtung

In den bisherigen Kapiteln konnten wir sehen, wie die islamische Rechtstradition sich sukzessive änderte. Um noch einmal die Entwicklungen und ihre Auswirkungen einzuordnen, seien die wichtigsten aufgezählt:

1) Das islamische Recht geriet in eine Konkurrenzsituation mit staatlichem (respektive nationalem) Recht.
2) Es wurde entweder Teil des nationalen Rechts oder komplett ersetzt.
3) Verstärkt wurde das islamische Recht in die Sphäre der religiösen Einordnung der alltäglichen sowie religiösen Praxis der Gläubigen gedrängt und je nach Kontext (vermehrt) auf den Fatwa-Diskurs reduziert.
4) Die Gelehrten verloren ihr Mitspracherecht an der Rechtsprechung; ihre Autorität beschränkte sich auf Fatwas.
5) Das traditionelle Recht konnte auf viele neue Ereignisse nicht antworten bzw. wurde ihm diese Fähigkeit abgesprochen, sodass neue methodische Zugänge gesucht wurden.
6) Die Methodendiskussionen drehen sich stark um das Idschtihad-Verständnis, der Bestimmung dessen, was als übergeordnete Ziele der Scharia gilt, die Betonung von umstritten Rechtsquellen und Methoden, die auch in der vormodernen Tradition zu finden sind sowie die Suche nach neuen Zugängen und Konzepten, wie etwa die historisch-kritische Einordnung von Koranpassagen und Überlieferungen aus der Sunna. Auch die ethische Dimension des islamischen Rechts rückte in den Fokus.

7) Methodische Diskussionen haben sich ebenfalls vermehrt auf Koran und Sunna und ihre Auslegung konzentriert. Damit rückten diese beiden Quellen in den Mittelpunkt der Diskussionen, was auf die Vormoderne zwar grundsätzlich ebenfalls zutrifft, dort aber komplexer war, zumindest in den islamischen Rechtswissenschaften.
8) Aufgrund der Komplexität der islamrechtsrelevanten Themen setzte sich allmählich der kollektive Idschtihad durch.
9) Der kollektive Idschtihad führte zur Entstehung von islamrechtlichen Akademien und Gremien, die Fatwas und Resolutionen erteilen.
10) Zum Kontext Deutschland und Europa: Es gibt verschiedene Bereiche, in denen das islamische Recht als religiöses Recht im Sinne von Fatwas und der Ausgestaltung des privaten Lebens mit Rücksicht auf die Ausübung der Religionsfreiheit sowie als nationales Recht im Rahmen des Internationalen Privatrechts angewandt werden kann.
11) Die veränderte Situation, in der sich das islamische Recht befindet, wirkte sich auch auf Forschung und Lehre in diesem Bereich aus.
12) Obwohl die Medrese-Lehre noch besteht, wurde sie durch die universitäre Lehre größtenteils ersetzt, was sich auf die Produktion von Lehrbüchern und Forschungsarbeiten sowie die Ausgestaltung der Lehre auswirkte.
13) Das Fach Islamisches Recht hat in Deutschland eine längere Geschichte als gemeinhin angenommen wird. Es entwickelte sich im 20. Jahrhundert von philologisch dominierter Forschung und Lehre hin zu einem multidisziplinären Fach an unterschiedlichen Standorten. Diese Multidisziplinarität wurde seit der Einführung der Islamischen Theologie in Deutschland erweitert.

Wir können also festhalten, dass es kein einheitliches islamisches Recht in der Moderne gibt und dies auch nicht das Ziel derer ist, die sich mit dem islamischen Recht befassen. Islamisches Recht war plural und wird es auch bleiben. Diese Pluralität wirkt sich auch auf die Erforschung des islamischen Rechts sowie die islamrechtliche Lehre an Bildungseinrichtungen aus. Der Vorteil zeitgenössischen Wissenschaftsverständnisses ist, dass das islamische Recht dadurch auch interdisziplinär erschlossen wird. Dieser Ansatz wird der facettenreichen Struktur und Entwicklung des islamischen Rechts eher gerecht als eine rein theologische Betrachtung.

Islamisches Recht gehört zu den Kernfächern der Islamischen Theologie, sodass man sich die Frage stellen kann, was es bedeutet, islamisches Recht theologisch zu betrachten bzw. theologische Islamrechtsforschung zu betreiben. Die Erschließung und Fortschreibung der islamrechtlichen Tradition in ihrer gesamten Breite sollten meines Erachtens in drei Schritten erfolgen, was im Übrigen für alle Forschungsansätze gilt, seien sie explizit als theologisch markiert oder auch nicht: über 1) eine Historisierung im doppelten Sinn, 2) Dekonstruktion und schließlich 3) (Re-)Konstruktion.

1) Historisierung im doppelten Sinn: Jede Forschungsarbeit sollte zwei Ebenen der Kontextualisierung vor Augen führen: a) Kontextualisierung des Forschungsgegenstandes bzw. der Fragestellung im eigenen Entstehungskontext und b) Eigenkontextualisierung, d. h. sich selbst über den eigenen Kontext bewusst zu sein. Letzteres ist besonders wichtig, denn wir selbst stellen die Fragen an die islamrechtliche Tradition, die uns heute beschäftigen. Unsere eigene Lebensrealität bewegt uns dazu, bestimmte Fragen zu stellen und Forschungsarbeiten in einer spezifischen Ausrichtung anzufertigen. Wir wählen also aus, mit welchen Gelehrten, Konzepten und Themen wir uns befassen. Somit sind weder ›die islamrechtliche Tradition‹ noch unsere Lösungen, Kritiken und Feststellungen überzeitlich gültig.

2) Dekonstruktion: Die Dekonstruktion schließt sich diesem Prozess der Historisierung an. Ziel ist es zu verstehen – und nicht unbedingt zu bewerten, wie Konzepte und Lösungen entstanden sind, wie sie rezipiert wurden, welche Grundannahmen sie voraussetzen und welche Konsequenzen sie haben. Dekonstruktion ist hier nicht in dem Sinne gemeint, dass man entlarven soll, welche Fehler die Gelehrten in der Geschichte gemacht haben und wie wir diese Fehler korrigieren können.

3) Die (Re-)Konstruktion: Sie schafft den Gegenwartsbezug, der für die theologische Arbeit zentral ist. Theologien haben den Anspruch, die Welt aus ihrer Perspektive aufs Neue zu deuten.[155] Die Islamische Theologie bespricht somit Fragen wie: Brauchen wir eine Neuorientierung und wie kann man neue Konzepte, Ansätze und Lösungen formulieren? Können bestehende Ansätze und Konzepte auch heute gelten?

Das Wort ›Konstruktion‹ ist in allen Schritten ein wichtiger Begriff. Ungeachtet dessen, welchen Anspruch wir haben, sind alle Konzepte, Ansätze und Lösungsvorschläge menschliche Konstruktionen; nur die göttliche Offenbarung ist davon befreit, selbst wenn auch sie sich u. a. auf menschliche Konstrukte bezieht. Das, was ich denke, vorschlage und für richtig halte, konstruiere ich mit einem bestimmten Blick auf Geschichte und Gegenwart und mit Rücksicht auf Überzeugungen, seien es theologischer, philosophischer, hermeneutischer usw. Natur. Dies erfordert, dass man sich stets bewusst sein muss, selbst Fehler zu machen und nur bedingt Dinge erfassen zu können; wir alle sind durch unsere eigene Zeit begrenzt. Unsere Lösungen sind – genauso wie die islamrechtliche Tradition – zeitlich bedingt, fehlerhaft bzw. vorteilhaft, und dies unter bestimmten Umständen.

Theologische Relevanz bzw. eine theologische islamrechtliche Forschung ergibt sich nicht daraus, dass man zwanghaft normativ zu zeigen versucht, wie Muslim:innen handeln sollen, was sie zu denken haben und welche Fehler sie machen. Vielmehr gilt für eine theologische islamrechtliche Forschung, dass man den Forschungsgegenstand wissenschaftlich akkurat aufarbeitet und analysiert. Es ist weder die Methode, die eine Arbeit als theologisch einordnen lässt, noch der Forschungsgegenstand. Drei Aspekte sind es, die meines Erachtens eine Arbeit zu einer theologischen Arbeit machen:

155 Ich danke Ömer Özsoy dafür, dass ich diese seine Aussage, die er in einem Vortrag im Rahmen der *Muslimisch-Christlichen Werkwochen* im *Jerusalemer Studienjahr* getätigt hat, hier wiedergeben darf.

1) Positionalität: Grundannahmen, die theologisch markiert sind, sich aber nicht unbedingt auf die Forschungsmethoden auswirken müssen, wie etwa die Annahme, dass der Koran das Wort Gottes ist.
2) Die Bestimmung des Adressatenkreises bzw. die Rezeption von islamrechtlicher Forschung: Wenn die muslimische Gemeinschaft eine islamrechtliche Position oder Forschung als maßgeblich erachtet, dann wird diese Forschung theologisch und normativ, ungeachtet dessen, ob der:die Forschende dies so beabsichtigt.
3) Fragen, die muslimische Wissenschaftler:innen beschäftigen, können andere sein und die muslimische Gemeinschaft eher ansprechen als die von nichtmuslimischen.

Also ist die Theologizität einer Forschung ein komplexer Vorgang und nicht unbedingt ein klar erkennbarer methodischer Unterschied zu nichttheologischer Islamrechtsforschung. Zu wissenschaftlicher Theologie gehört also, dass man die Prämissen, die man vertritt, transparent macht und methodisch akkurat die Forschungsfrage bearbeitet.

Literaturempfehlungen und Bibliographie

Die folgenden Literaturempfehlungen sind zugleich die Quellen dieser Einführung. Übersichtsinformationen sind zudem in den jeweiligen Einträgen zu den Quellen in den folgenden Enzyklopädien empfohlen, die ich ebenfalls konsultiert habe.

Enzyklopädien und Lexika

Bearman, Peri J./Th. Bianquis/C. E. Bosworth/E. van Donzel/W. P. Heinrichs et al. (Hgg.): *Encyclopaedia of Islam, Second Edition* (EI^2), 13 Bde., Leiden: Brill, 1986–2004.

Fleet, Kate/Gudrun Krämer/Denis Matringe/John Nawas/Everett Rowson et al. (Hgg.): *Encyclopaedia of Islam – Three* (EI^3), Leiden: Brill, seit 2007.

Hallermann, Heribert/Thomas Meckel/Michael Droege/Heinrich de Wall (Hgg.): *Lexikon für Kirchen- und Religionsrecht*, 4 Bde., Gesamtausgabe: Brill/Schöningh, 2019–2021.

Türkiye Diyanet Vakfı İslâm Ansiklopedisi (*TDVİA*), türkisch, islamansiklopedisi.org.tr (letzter Aufruf 12.11.2021).

Bibliographie

Abdel-Hady, Noha: *Das Rechtsgenre themenspezifischer Rechtsliteratur. Das Beispiel der frauenbezogenen Rechtswissenschaft (fiqh an-nisāʾ)*, Baden-Baden: Nomos, 2018.

Abou Archid, Jasser: *Die moderne Rechtsdiskussion um die normative Aussagekraft von Hadithen im Kontext der Rollenvielfalt des Propheten Muḥammad und ihre Auswirkung auf die Vorstellung von seiner Unfehlbarkeit (ʿiṣmat an-nabīy). Eine Vergleichsstudie über methodische und rechtspraktische Ansätze ausgewählter arabischer Autoren des 20. und 21. Jahrhunderts*, unveröffentlichte Dissertationsarbeit, Universität Osnabrück, Institut für Islamische Theologie, 2021.

Abou El Fadl, Khaled: »Qurʾanic Ethics and Islamic Law«, in: *Journal of Islamic Ethics* 1 (2017), 7–28.

Agai, Bekim et al.: »Islamische Theologie in Deutschland. Herausforderungen im Spannungsfeld divergierender Erwartungen«, in: *Frankfurter Zeitschrift für islamisch-theologische Studien* 1 (2014), 7–28.

Ali, Hafez Ghulam: »Epistemology of Disagreement (Ilm-ul-Ikhtilaf) in Islam: A Comparative Case Study of Ahmad Raza Khan Barelwi and Rashid Ahmad Gangohi«, in: *Journal of Historical Studies* 5.1 (2019), 78–97.

Ali, Shaheen Sardar: »Teaching and Learning Islamic Law in a Globalized World: Some Reflections and Perspectives«, in: *Journal of Legal Education* 61.2 (2011), 206–230.

Alsoufi, Rana/Serdar Kurnaz/Mira Sievers (Hgg.): *Wege zu einer Ethik. Neue Ansätze aus Theologie und Recht zwischen modernen Herausforderungen und islamischer Tradition*, Baden-Baden: Nomos, 2023.

al-ʿAlwānī, Ṭāhā Jābir: *Ijtihad*, Herndon: International Institute of Islamic Thought, 1993, www.jstor.org/stable/j.ctvkc67jm (letzter Aufruf 9.6.2022).

al-ʿAlwānī, Ṭāhā Ǧābir: »Madḫal ilā fiqh al-aqallīyāt«, in: *al-Fikr al-islāmī al-muʿāṣir* 19.5 (1999), citj.org/index.php/citj/article/view/1775/1617 (letzter Aufruf 3.3.2022).

Arabi, Oussama/David S. Powers/Susan A. Spectorsky (Hgg.): *Islamic Legal Thought. A Compendium of Muslim Jurists*, Leiden/Boston: Brill, 2013.

Arslan, Hakki: *Juridische Hermeneutik* (uṣūl al-fiqh) *der hanafitischen Rechtsschule am Beispiel des* uṣūl al-fiqh-*Werks* Mirqāt al-wuṣūl ilā ʿilm al-uṣūl *von Mulla Ḫusraw (gest. 885/1480)*, Berlin [u. a.]: Peter Lang, 2016.

Aweimer, Assem/Serdar Kurnaz: *Islamrechtliche Fragestellungen in der Akutmedizin* (AIWG-Praxisperspektiven 2), hrsg. von der Akademie für Islam in Wissenschaft und Gesellschaft (AIWG), Frankfurt am Main, 2022, aiwg.de/wp-content/uploads/2022/04/AIWG006_Praxisperspektiven_Intensivmedizin_220221_Screen.pdf (letzter Aufruf 9.6.2022).

al-Badawī, Yūsuf Aḥmad Muḥammad: *Maqāṣid aš-šarīʿa ʿinda Ibn Taymīya*, al-ʿAbdalī: Dār an-Nafāʾis, 2000.

Bakker, Jens: *Normative Grundstrukturen der Theologie des sunnitischen Islam im 12./18. Jahrhundert*, Berlin: EB-Verlag, 2012.

Bassiouni, Mahmoud: *Menschenrechte zwischen Universalität und islamischer Legitimität*, Berlin: Suhrkamp, 2014.

Bedir, Murteza: »*Fıkıh* to Law: Secularization Through Curriculum«, in: *Islamic Law and Society* 11.3 (2004), 378–401.

Bigiyef, Musa Carulla [Mūsā Ǧār Allāh Bigiev]: *İslam Şeriatının Esasları, Değişkenleri, Sabiteleri*, Ankara: Kitâbiyât, 2002.

Bou Akl, Ziad: *Averroès: Le philosophe et la loi. Édition, traduction et commentaire de l'*Abrégé *du* Mustaṣfā, Boston: De Gruyter, 2017.

Bouhafa, Feriel: »Ethics and *Fiqh* in al-Fārābī's Philosophy«, in: *Philosophy and Jurisprudence in the Islamic World*, hrsg. von Peter Adamson, Berlin/Boston: De Gruyter, 2019, 11–27.

Brockelmann, Carl: (*GAL*) *Geschichte der arabischen Litteratur*, 2 Bde., Leiden: Brill, zweite, den Supplementbänden angepasste Auflage, 1943 und 1949.

Caeiro, Alexandre: »The Power of European Fatwas: The Minority *Fiqh* Project and the Making of an Islamic Counterpublic«, in: *International Journal of Middle East Studies* 42.3 (2010), 435–449.

aḏ-Ḏahabī, Abū ʿAbdallāh: *Siyar aʿlām an-nubalāʾ*, 2 Bde., hrsg. von Ḥassān ʿAbd al-Mannān, Beirut: Dār al-Afkār ad-Duwalīya, 2004.

Dār al-Iftāʾ: »Fatwa zur Kryptowährung« (28.5.2017), www.dar-al ifta.org/Home/ViewFatwa?ID=14139 (letzter Aufruf 9.6.2022).

Duderija, Adis: *Maqāṣid Al Sharīʿa and Contemporary Reformist Muslim Thought. An Examination*, New York: Palgrave Macmillan, 2014.

Dutton, Yasin: »The Introduction to Ibn Rushd's Bidāyat al-Mujtahid«, in: *Islamic Law and Society* 1.2 (1994), 188–205.

Ebert, Hans-Georg/Julia Heilen: *Islamisches Recht. Ein Lehrbuch*, Leipzig: Edition Hamouda, 2016.

Elliesie, Hatem: »Klassisches Islamisches Recht in der deutschen Hochschultradition: Genese und wissenschaftsgenealogische Einblicke«, in: *Islamisches Recht in Wissenschaft und Praxis. Festschrift zu Ehren von Hans-Georg Ebert*, hrsg. von Hatem Elliesie, Beate Anam und Thoralf Hanstein, Berlin et al.: Peter Lang, 2018, 67–132.

Elliesie, Hatem: »Thematische Einführung: Wie begegnet die Rechtsforschung und -praxis außergerichtlicher Konfliktregulierung (›Paralleljustiz‹) nahöstlich geprägter Bevölkerungsgruppen?«, in: *Migration und Heimatrecht – Herausforderungen muslimisch geprägter Zuwanderung nach Deutschland*, hrsg. Irene Schneider, Hatem Elliesie und Silvia Tellenbach, Würzburg: Harrassowitz, 2022, 13–30.

Elliesie, Hatem, gemeinsam mit Marie-Claire Foblets/Mahabat Sadyrbek/Mahmoud Jaraba: »Konfliktregulierung in Deutschlands pluraler Gesellschaft: ›Paralleljustiz‹? – Konzeptioneller Rahmen eines Forschungsprojekts«, Max Planck Institute for Social Anthropology, Working Papers, Working Paper No. 199, Halle/Saale, 2019, pure.mpg.de/rest/items/item_3243082_3/component/file_3 243088/content (letzter Aufruf 9.6.2022).

Elliesie, Hatem/Clara Rigoni: »Paralleljustiz in Nordrhein-Westfalen aus strafrechtlicher Sicht«, in Kooperation mit dem Ministerium mit der Justiz des Landes Nordrhein-Westfalen (2022), www.jus tiz.nrw/JM/fachveroeffentlichungen/paralleljustiz_studie_ellisie_ rigoni.pdf. (letzter Aufruf 5.1.2023).

Elliesie, Hatem/Peter Scholz: »Strafrechtliche Aufarbeitung von Kriminalität im arabisch-migrantischen Milieu Berlins – ein Fallbeispiel zum Umgang mit ›Selbstjustiz‹ und ›Familienehre‹«, in: *Migration und Heimatrecht – Herausforderungen muslimisch geprägter Zuwanderung nach Deutschland*, hrsg. von Irene Schneider, Hatem Elliesie und Silvia Tellenbach, Wiesbaden: Harrassowitz, 2022, 31–43.

El-Wereny, Mahmud: »›Ihr Gläubigen! Gehorchet Gott und dem Gesandten‹ (Sure 4/59) – Die innerislamische Debatte des 20./21. Jh.s um den normativen Stellenwert der Sunna«, in: *Hikma* 10.2 (2019), 120–146.

El-Wereny, Mahmud: *Normenlehre des Zusammenlebens. Religiöse Normenfindung für Muslime des Westens. Theoretische Grundlagen und praktische Anwendung*, Berlin: Peter Lang, 2018.

El-Wereny, Mahmud: »Reichweite und Instrumente islamrechtlicher Normenfindung in der Moderne: Yūsuf al-Qaraḍāwīs *iǧtihād*-Konzept«, in: *Die Welt des Isams* 58 (2018), 65–100.

Engelhardt, Jan Felix: *Islamische Theologie im deutschen Wissenschaftssystem. Ausdifferenzierung und Selbstkonzeption einer neuen Wissenschaftsdisziplin*, Wiesbaden: Springer, 2017.

Erdoğan, Mehmet: *İslâm Hukukunda Ahkâmın Değişmesi*, Istanbul: IFAV, [12]2022.

Fakhry, Majid F.: *Ethical Theories in Islam*, Leiden/New York/Köln: Brill, 1994.

Franke, Patrik: »Fiqh al-aqallīyāt«, in: *Bamberger Islam-Enzyklopädie*, www.uni-bamberg.de/islamwissenschaft/bie/f/ bzw. *Wikipedia. Die freie Enzyklopädie*: de.wikipedia.org/w/index.php?title=Fiqh_al-aqall%C4%ABy%C4%81t&oldid=205917539 (letzter Aufruf 3.3.2022).

Friedrich-Alexander-Universität Erlangen-Nürnberg (FAU), Rechts- und Wirtschaftswissenschaftliche Fakultät, Erlanger Zentrum für Islam und Recht in Europa (EZIRE): »Unser Leistungsprofil« (o. J.), www.ezire.fau.de/ueber-das-ezire/unser-leistungsprofil (letzter Aufruf 13.3.2022).

Gad Makhlouf, Ahmed: *Das Konzept des kollektiven iǧtihād und seine Umsetzungsformen. Analyse der Organisation und Arbeitsweise islamischer Rechtsakademien*, Berlin: Peter Lang, 2018.

Gad Makhlouf, Ahmed: »Evolution of Islamic Law in the 20th Century: The Conception of Collective *Ijtihād* in the Debate Between Muslim Scholars«, in: *Oxford Journal of Law and Religion* 9 (2020), 157–178.

Gad Makhlouf, Ahmed: »Zur Mitwirkung von Frauen an den Fiqh-Institutionen«, in: *Zeitschrift für Recht und Islam/Journal of Law & Islam* 9 (2017), 135–154.

Georg-August-Universität Göttingen (GAU), Seminar für Arabistik / Islamwissenschaft: »Master of Arts Arabistik / Islamwissenschaft Studienschwerpunkt ›Islamisches Recht‹« (o. J.), www.uni-goettingen.de/de/document/download/a5865dfbb3d116499ee89ca1dfe20adc.pdf/flyer%20master%20Islamisches%20Recht.pdf (letzter Aufruf 13.3.2022).

Georg-August-Universität Göttingen (GAU), Seminar für Arabistik/Islamwissenschaft: »Studium und Lehre« (o. J.), www.uni-goettingen.de/de/studium+%26+lehre/484068.html (letzter Aufruf 13.3.2022).

Gesellschaft für Arabisches und Islamisches Recht e. V. (GAIR): »Arbeitskreis Islamic Finance« (o. J.), www.gair.de/arbeitskreis-islamic-finance (letzter Aufruf 19.6.2023).

Gesellschaft für Arabisches und Islamisches Recht e. V. (GAIR): »Homepage« (o. J.), www.gair.de (letzter Aufruf 8.6.2022).

Gesellschaft für Arabisches und Islamisches Recht e. V. (GAIR): »Zeitschrift für Recht & Islam / Journal of Law & Islam (ZRI) [vormals GAIR-Mitteilungen]« (o. J.), www.gair.de/zri (letzter Aufruf 8.6.2022).

Gleave, Robert: *Islam and Literalism: Literal Meaning and Interpretation in Islamic Legal Theory*, Edinburgh: Edinburgh University Press, 2013.

Gleave, Robert: »Moral Assessments and Legal Categories: The Relationship between Rational Ethics and Revealed Law in Post-Classical Imāmī Shīʿī Legal Theory«, in: *Journal of Arabic and Islamic Studies* 21 (2021), 183–207.

Goethe-Universität Frankfurt am Main: *UniReport Satzungen und Ordnungen* (4.9.2020), www.uni-frankfurt.de/91777773/BA_Islamische_Studien_HF_2020_09_04.pdf (letzter Aufruf 18.6.2023).

Griffel, Frank: »Introduction«, in: *Shari'a: Islamic Law in the Contemporary Context,* hrsg. Abbas Amanat und Frank Griffel, Stanford: Stanford University Press, 2007, 1–19.

Griffel, Frank: »The Harmony of Natural Law and Shari'a in Islamist Theology«, in: *Shari'a: Islamic Law in the Contemporary Context,* hrsg. von Abbas Amanat und Frank Griffel, Stanford: Stanford University Press, 2007, 38–61.

Günther, Sebastian (Hg.): *Knowledge and Education in Classical Islam. Religious Learning between Continuity and Change,* Bd. I, Leiden/Boston: Brill, 2020.

Hajatpour, Reza: »Lehr- und Lernpraktiken in der *ḥauze* vor und nach der Islamischen Revolution«, in: *Bildungskulturen im Islam. Islamische Theologie lehren und lernen,* hrsg. von Abbas Poya, Farid Suleiman und Benjamin Weineck, Berlin/Boston: De Gruyter, 2022, 260–274.

Hallaq, Wael B.: *A History of Islamic Legal Theories,* Cambridge: Cambridge University Press, 2005.

Hallaq, Wael B.: *Sharīʿa: Theory, Practice, Transformation,* Cambridge: Cambridge University Press, 2012.

Hallaq, Wael B.: »Was the Gate of Ijtihad Closed?«, in: *International Journal of Middle East Studies* 16.1 (1984), 3–41.

Halm, Heinz: »Was ist ›Euro-Islam‹? Muslime und Islam in der Diaspora«, in: *Religion, Kultur und Politik im Vorderen Orient. Die islamische Welt im Zeichen der Globalisierung,* hrsg. von Peter Pawelka, Lutz Richter-Bernburg, Wiesbaden: VS Verlag für Sozialwissenschaften, 200, 121–131.

Ibn ʿĀšūr, Muḥammad aṭ-Ṭāhir: *Maqāṣid aš-šarīʿa al-islāmīya,* al-ʿAbdalī: Dār an-Nafāʾis, ²2001.

Ibn an-Nadīm, [Abū l-Farağ]: *al-Fihrist,* Beirut: Dār al-Maʿrifa, o. J.

Ibn Rushd: *Die Maßgebliche Abhandlung (Faṣl al-maqāl),* übers. und komm. von Frank Griffel, Berlin: Verlag der Weltreligionen, 2010.

Ibn Rushd, Abu l-Walid: *The Distinguished Jurist's Primer,* übers. Imran Ahsan Khan Nyazee, 2 Bde., London: Garnet, 1994–1996.

Ibn ʿUmar, ʿUmar ibn Ṣāliḥ: *Maqāṣid aš-šarīʿa ʿinda l-Imām al-ʿIzz ibn ʿAbd as-Salām,* al-ʿAbdalī: Dār an-Nafāʾis, 2003.

Ibrahim, Yasir S.: »Rashīd Riḍā and *Maqāṣid al-Sharīʿa*«, in: *Studia Islamica* 102/103 (2006), 157–198.

International Fiqh Academy: »Resolution Nr. 233 (4/24)« (20.11.2019), iifa-aifi.org/ar/5201.html und iifa-aifi.org/en/33153.html (letzter Aufruf 9.6.2022).

»Islamisches Recht als Herausforderung des deutschen Internationalen Privatrechts? Aktuelle Reformvorschläge für eine Regelanknüpfung des gewöhnlichen Aufenthalts im Internationalen Familien- und Erbrecht«, WD 7 – 3000 – 136/12, 10 ff.

Izutsu, Toshihiko: *Ethico-Religious Concepts in the Qur'an*, Montreal/Kingston/London/Ithaca: McGill-Queen's University Press, 2002.

Johann Wolfgang Goethe-Universität Frankfurt am Main (Hg.): *Uni Report Satzungen und Ordnungen* (4.9.2020), www.uni-frankfurt.de/91777773/BA_Islamische_Studien_HF_2020_09_04.pdf (letzter Aufruf 2.3.2022).

Johnston, David L.: »*Maqāṣid al-Sharīʿa*: Epistemology and Hermeneutics of Muslim Theologies of Human Rights«, in: *Die Welt des Islams* 47.2 (2007), 149–187.

Kamali, Mohammad Hashim: »*Istiḥsān* and The Renewal of Islamic Law«, in: *Islamic Studies* 43.4 (2004), 561–581.

Karacan, Murat: *Traditionsbegründung und -fortschreibung durch Rechtsprinzipien. Eine Analyse über die Verwendung von Rechtsprinzipien im 18. Jahrhundert am Beispiel von Muḥammad Abū Saʿīd al-Ḫādimī (gest. 1176/1762)*, Berlin: Peter Lang, 2023.

Katz, Marion: »Ethics, Gender, and the Islamic Legal Project«, 1–29, law.yale.edu/sites/default/files/area/center/kamel/katz_final_proofs.pdf (letzter Aufruf 2.3.2022).

Khalfaoui, Mouez: *Islamisches Recht, Scharia und Ethik – Eine europäische Perspektive*, Baden-Baden: Nomos, 2022.

Kızılkaya, Necmettin: *Legal Maxims in Islamic Law. Concept, History and Application of Axioms of Juristic Accumulation*, Leiden/Boston: Brill, 2021.

Krämer, Gudrun: »Justice in Modern Islamic Thought«, in: *Shari'a: Islamic Law in the Contemporary Context*, hrsg. Abbas Amanat und Frank Griffel, Stanford: Stanford University Press, 2007, 20–37.

Krawietz, Birgit: *Hierarchie der Rechtsquellen im tradierten sunnitischen Islam*, Berlin: Duncker & Humblot, 2002.

Kurnaz, Serdar: »*Al-Maqṣūd* als Deutungs- und Entscheidungsgrundlage für die Normderivation in *as-Saraḫsīs* (gest. 483/1090) *Kitāb al-Mabsūṭ*«, in: *Islamische Normen in der Moderne zwischen Text und Kontext*, hrsg. von Hatem Elliesie, Irene Schneider und Bülent Uçar, Berlin: Peter Lang, 2019, 125–149.

Kurnaz, Serdar. »Der Diskurs über *maqāṣid aš-šarīʿa*: Eine Begriffsgeschichte«, in: *Maqāṣid aš-Šarīʿa. Die Maximen des islamischen Rechts*, hrsg. von Jameleddine Ben Abdeljelil und Serdar Kurnaz, Berlin: EB-Verlag, 2014, 85–149.

Kurnaz, Serdar: »*Fiqh*-Texte übersetzen – Herausforderungen, Schwierigkeiten, Lösungsansätze«, in: *Jahrbuch für islamische Rechtswissenschaften*, hrsg. von Çefli Ademi und Mathias Rohe, München: C. H. Beck, 2021, 29–48.

Kurnaz, Serdar: »Göttliches Recht im Wandel der Zeiten aus muslimischer Sicht«, in: *Gibt Gott Gesetze? Ius divinum aus christlicher und muslimischer Perspektive*, hrsg. von Nora Kalbarczyk, Timo Güzelmansur und Tobias Specker, Regensburg: Pustet, 2018, 75–114.

Kurnaz, Serdar: »Islamisches Recht als Teildisziplin der Islamischen Theologie in Deutschland – Problemfelder, Herausforderungen und Lösungsvorschläge«, in: *Bildungskulturen im Islam. Islamische Theologie lehren und lernen*, hrsg. von Abbas Poya, Farid Suleiman und Benjamin Weineck, Berlin/Boston: de Gruyter, 2022, 333–364.

Kurnaz, Serdar: *Methoden zur Normderivation im islamischen Recht. Eine Rekonstruktion der Methoden zur Interpretation autoritativer textueller Quellen bei ausgewählten islamischen Rechtsschulen*, Berlin: EBV, 2016.

Kurnaz, Serdar: »Möglichkeiten der Anwendung der *maqāṣid* in den erkenntnistheoretischen Grenzen der *uṣūl al-fiqh* am Beispiel des Analogieschlusses bei al-Ġazālī, des Vorziehens der *maṣlaḥa* bei aṭ-Ṭūfī, der juristischen Präferenz (*istiḥsān*) und der Spezifikation (*taḫṣīṣ*)«, in: *Historizität und Transzendenz im Islam*, hrsg. von Jameleddine Ben Abdeljelil, Berlin: EB-Verlag, 2017, 241–263.

Kurnaz, Serdar: *Tradition und Fortschreibung bei Ibn Rušd. Eine rechtsschulübergreifende Analyse zu Kauf- und Tauschgeschäften im islamischen Recht*, Baden-Baden: Nomos, 2020.

Kurt, Irem: »Die Frage nach der Umwandlung (*istiḥāla*) von unreinen Objekten in reine – Herausforderungen der Halal-Ernährung im globalen Diskurs der islamischen Speisegebote«, in: *Zeitschrift für Recht und Islam* 13/14 (2021/2022) [im Erscheinen].

Lucas, Scott C.: »Where are the Legal *Ḥadīth*? A Study of the *Muṣannaf* of Ibn Abī Shayba«, in: *Islamic Law and Society* 15.3 (2008), 283–314.

al-Maḥallī, Ǧalāl ad-Dīn: *Kanz ar-rāġibīn Šarḥ Minhāǧ aṭ-ṭālibīn*, hrsg. von ʿAbd al-Laṭīf ʿAbd ar-Raḥmān, Beirut: Dār al-Kutub al-ʿIlmīya, 2001.

March, Andrew: »Sources of Moral Obligation to Non-Muslims in the ›Jurisprudence of Minorities‹ (*Fiqh al-aqalliyyāt*) Discourse«, *Islamic Law and Society* 16 (2009), 34–64.

Masud, Muhammad Khalid: »Teaching of Islamic Law and *Sharīʿah*: A Critical Evaluation of the Present and Prospects for the Future«, in: *Islamic Studies* 44.2 (2005), 165–189.

al-Mawṣilī, ʿAbdallāh ibn Maḥmūd: *al-Iḫtiyār li-taʿlīl al-Muḫtār*, hrsg. von Maḥmūd Abū Daqīqa, 5 Bde., Beirut: Dār al-Kutub al-ʿIlmīya, o. J.

Max-Planck-Institute for Social Anthropology Halle/Saale (MPI SoA): »Scharia in genuin europäischen Settings: Konnex muslimischer Lebenspraxis zu islamischer Normativität: Zum Forschungsprojekt« (o. J.), www.eth.mpg.de/4722604/project1 (letzter Aufruf 8.6.2022).

Max-Planck-Institut für ausländisches und internationales Privatrecht Hamburg (MPI Priv): »Forschungsgruppe ›Das Recht Gottes im Wandel – Rechtsvergleichung im Familien- und Erbrecht islamischer Länder‹« (o. J.), www.mpipriv.de/forschungsgruppe (letzter Aufruf 8.6.2022).

Melchert, Christopher: *The Formation of the Sunni Schools of Law, 9th–10th C. E.*, Leiden/New York/Köln: Brill, 1997.

Motzki, Harald: *Die Anfänge der islamischen Jurisprudenz. Ihre Entwicklung in Mekka bis zur Mitte des 2./8. Jahrhunderts*, Stuttgart: Steiner, 1991.

Al-Nawawī, Yaḥya Ibn Sharaf: *Das Buch der Vierzig Hadithe* (*Kitāb al-Arbaʿīn*), mit dem Kommentar von Ibn Daqīq al-ʿĪd, übers. und hrsg. von Marco Schöller, Frankfurt am Main/Leipzig: Verlag der Weltreligionen, 2007.

Oberauer, Norbert: *Islamisches Wirtschafts- und Vertragsrecht*, Baden-Baden: Nomos, ²2021.

Opwis, Felicitas: *Maṣlaḥa and the Purpose of the Law. Islamic Discourse on Legal Change from the 4th/10th to 8th/14th Century*, Leiden/Boston: Brill, 2010.

Opwis, Felicitas: »New Trends in Islamic Legal Theory: *Maqāṣid al-Sharīʿa* as a New Source of Law?«, in: *Die Welt des Islams* 57 (2017), 7–32.

Opwis, Felicitas: »The Ethical Turn in Legal Analogy: Imbuing the *Ratio Legis* with *Maṣlaḥa*«, in: *Journal of Arabic and Islamic Studies* 21 (2021), 159–182.

Özsoy, Ömer: »Das Unbehagen der Koranexegese: Den Koran in anderen Zeiten zum Sprechen bringen«, in: *Frankfurter Zeitschrift für islamisch-theologische Studien* 1 (2014), 29–68.

Özsoy, Ömer: »Islamische Theologie heute: Orte, Gesichter und Tendenzen«, in: *Islam III. Vom 19. Jahrhundert bis heute*, hrsg. von Peter Antes, Stuttgart: Kohlhammer, 2002, 177–217.

Özsoy, Ömer: »Pioniere der historischen Koranhermeneutik: Amīn al-Ḫūlī, Fazlur Raḥmān und Nasr Hamid Abu Zaid«, in: *Historizität und Transzendenz im Islam. Offenbarung, Geschichte und Recht*, hrsg. von Jameleddine Ben Abdeljelil, Berlin: EB-Verlag, 2018, 23–45.

al-Qaraḍāwī, Yūsuf: *Fī fiqh al-aqallīyāt al-muslima*, Kairo: Dār aš-Šurūq, 2001.

Ramadan, Tariq: *Radikale Reform. Die Botschaft des Islam für die moderne Gesellschaft*, München: C. H. Beck, 2009.

ar-Rāzī, Faḫr ad-Dīn: *al-Maḥṣūl fī ʿilm uṣūl al-fiqh*, hrsg. von Ṭāhā Ǧābir Fayyāḍ al-ʿAlwānī, 6 Bde., Beirut: Muʾassasat ar-Risāla, ²1992.

ar-Rāzī, Faḫr ad-Dīn: *al-Maḥṣūl fī uṣūl al-fiqh*, Islamic Manuscripts, Garrett no. 2219Y (1300–1399), Collections: Princeton Digital Library of Islamic Manuscripts, dpul.princeton.edu/islamicmss/catalog/fn107157w; catalog.princeton.edu/catalog/9962626103506421 (letzter Aufruf 27.2.2022).

Reinhart, A. Kevin: *Before Revelation: The Boundaries of Muslim Thought*, Albany (New York): State University of New York Press, 1995.

Reinhart, A. Kevin: »Islamic Law as Islamic Ethics«, in: *The Journal of Religious Ethics* 11.2 (1983), 186–203.

Rohe, Mathias: *Das islamische Recht. Geschichte und Gegenwart*, München: C. H. Beck, 42022.

Rohe, Mathias: *Das islamische Recht. Eine Einführung*, München: C. H. Beck, 2013.

Rohe, Mathias: *Der Islam in Deutschland. Eine Bestandsaufnahme*, München: C. H. Beck, 2016.

Rohe, Mathias: »Paralleljustiz. Eine Studie im Auftrag des Ministeriums der Justiz und für Europa Baden-Württemberg« (2019), www.ezire.fau.de/files/2022/03/studie_paralleljustiz_bw_rohe_2019.pdf (letzter Aufruf 5.1.2023).

Rohe, Mathias/Mahmoud Jaraba: »Paralleljustiz. Eine Studie im Auftrag des Landes Berlin, vertreten durch die Senatsverwaltung für Justiz und Verbraucherschutz« (2015), www.berlin.de/sen/justva/_assets/gesamtstudie-paralleljustiz.pdf (letzter Aufruf 2.3.2022).

Rudolph, Ulrich: »Al-Ghazālī on Philosophy and Jurisprudence«, in: *Philosophy and Jurisprudence in the Islamic World*, hrsg. von Peter Adamson, Berlin/Boston: De Gruyter, 2019, 67–91.

Şahin, Ertuğrul: *Europäischer Islam. Diskurs im Spannungsfeld von Universalität, Historizität, Normativität und Empirizität*, Wiesbaden: Springer VS, 2017.

Şentürk, Lütfi/Yazıcı, Seyfettin: *İslam İlmihali*, Ankara: Diyanet İşleri Başkanlığı Yayınları, 342019.

as-Saraḫsī, Šams ad-Dīn: *Kitāb al-Mabsūṭ*, 31 Bde., Beirut: Dār al-Maʿrifa, o. J.

Scholz, Peter: »Grundfälle zum IPR: Ordre public-Vorbehalt und islamisch geprägtes Recht – Teil 1 (Allgemeiner Teil)«, in: *Zeitschrift für das Juristische Studium* 2 (2010), 185–197.

Scholz, Peter: »Islam-rechtliche Eheschließung und deutscher ordre public«, in: *Das Standesamt* 11 (2002), 321 ff., hier: www.gair.de/pdf/publikationen/Scholz_Islam-rechtliche_Eheschliessung.pdf, 1–22 (05.01.2023)

Şeker, Nimet: *Koran und Gender. Exegetische und hermeneutische Studien zum Geschlechterverhältnis im Koran*, Hamburg: Editio Gryphus, 2020.

Sezgin, Fuat: (GAS) *Geschichte des arabischen Schrifttums,* Bd. I: Qur-ʾānwissenschaften, Ḥadīṯ, Geschichte, Fiqh, Dogmatik, Mystik, bis ca. 430 H., Leiden: Brill, 1967.

as-Subkī, Tāğ ad-Dīn: *Ǧamʿ al-ǧawāmiʿ fī uṣūl al-fiqh,* hrsg. von ʿAbd al-Munʿim Ḫalīl Ibrāhīm, Beirut: Dār al-Kutub al-ʿIlmīya, ²2003.

Vishanoff, David: »A Critical Introduction to Islamic Legal Theory based on Imām al-Ḥaramayn al-Juwaynī's *Kitāb al-Waraqāt*«, waraqat.vishanoff.com/e/e-note (letzter Aufruf 3.3.2022).

Weiss, Bernard G.: *The Search for God's Law. Islamic Jurisprudence in the Writings of Sayf al-Dīn al-Āmidī,* Salt Lake City: University of Utah Press, 2010.

Westfälische Wilhelms-Universität Münster (WWU), Institut für Arabistik & Islamwissenschaft: »Zertifikatskurs Islamisches Recht« (o. J.), www.uni-muenster.de/ArabistikIslam/Studieren/Zertifikatskurs_Islamisches_Recht.html (letzter Aufruf 13.3.2022).

Zeitschrift für Recht & Islam: »Startseite« (o. J.), zri.gair.de/index.php/de (letzter Aufruf 8.6.2022).

az-Ziriklī, Ḫayr ad-Dīn: *al-Aʿlām Qāmūs tarāğim li-ašhar ar-riğāl wa-n-nisāʾ min al-ʿarab wa-l-mustaʿribīn wa-l-mustašriqīn,* 7 Bde., Beirut: Dār al-ʿIlm al-Malāyīn, ⁵1980.

Anhang

Denomination	Standort	Link
Islamisches Recht in Geschichte und Gegenwart	Berlin	www.islamische-theologie.hu-berlin.de/de/professuren/islamisches-recht-in-geschichte-und-gegenwart/team/prof-dr-serdar-kurnaz[156]
Islamisch-Religiöse Studien mit textwissenschaftlichem Schwerpunkt und Normenlehre	Erlangen-Nürnberg	www.dirs.phil.fau.de/ueber-uns/team/professorinnen/prof-dr-mohammed-nekroumi
Normenlehre	Frankfurt am Main	www.uni-frankfurt.de/74222595/Prof__Dr__Alsoufi__Rana
Juniorprofessur für Islamische Philosophie und Normenlehre	Hamburg	vakant
Islamische Normenlehre und ihre Methodologie	Münster	www.uni-muenster.de/ZIT/Personen/Professoren/personen_ademi_cefli.html
Islamische Rechtswissenschaften und Glaubenspraxis (Fiqh)	Osnabrück	www.irp-cms.uni-osnabrueck.de/forschung/lehrstuehle/islamische_rechtswissenschaften_und_glaubenspraxis_fiqh.html

156 Alle Links zuletzt aufgerufen am 8.6.2023.

Denomination	Standort	Link
Islamische Normenlehre	Paderborn	www.uni-paderborn.de/person/41661
Islamisches Recht	Tübingen	uni-tuebingen.de/fakultaeten/zentrum-fuer-islamische-theologie/personen/wissenschaftliches-personal/professor-dr-mouez-khalfaoui/

Index

Schlagwortverzeichnis

A

B

C

D

E

F

G

H

I

J

K

L

M

N

O

P

Q

R

S

U

V

W

Z

Personenverzeichnis

F

G

H

I

J

K

L

M

N

O

P

Q

R

S

T

Y

Mehr Informationen zur Reihe und weitere interessante Titel zur islamischen Theologie finden Sie unter:

WWW.EBVERLAG.DE

ebv BERLIN

EBVERLAG

Dr. Brandt e.K.
Jägerstraße 47
13595 Berlin

WWW.EBVERLAG.DE

Tel.: 030 | 68977233
Fax: 030 | 91607774
E-Mail: post@ebverlag.de